ZHONGZAI JIAOTONG DONGTAI GUOQIAO

重载交通动态过桥可视化仿真与安全评价

KESHIHUA FANGZHEN YU ANQUAN PINGJIA

韩万水 李彦伟 马麟 武隽 赵永祯 著

人民交通出版社股份有限公司
China Communications Press Co.,Ltd.

内 容 提 要

首先，基于长期的交通流监测信息，获取公路重载交通荷载各参数的分布特性；其次，重点介绍了桥梁结构三维动力可视化分析软件 BDANS 中，随机车流-桥梁耦合振动分析模块的建立及精细化分析实现过程；最后，介绍了该分析软件在重载交通冲击系数谱、结构安全评价以及车辆限载研究等工作中的应用。书中内容所呈现的随机车流-桥梁耦合振动分析系统建立理念与开发的分析平台，对于传统分析方法的革新与改进具有重要的参考价值。

本研究可为本领域的科研工作者、工程设计人员、桥梁运营管理者在其研究与工作中提供参考。

图书在版编目(CIP)数据

重载交通动态过桥可视化仿真与安全评价 / 韩万水等著. — 北京 ：人民交通出版社股份有限公司，2016.3

ISBN 978-7-114-12842-4

Ⅰ. ①重… Ⅱ. ①韩… Ⅲ. ①载重汽车—作用—桥梁结构—结构静力分析—可视化仿真—研究②载重汽车—作用—桥梁结构—结构静力分析—安全评价—研究 Ⅳ. ①U443

中国版本图书馆 CIP 数据核字(2016)第 051517 号

书　　名：重载交通动态过桥可视化仿真与安全评价
著 译 者：韩万水　李彦伟　马　麟　武　隽　赵永祯
责任编辑：王　霞　谢海龙
出版发行：人民交通出版社股份有限公司
地　　址：(100011)北京市朝阳区安定门外外馆斜街 3 号
网　　址：http://www.ccpress.com.cn
销售电话：(010)59757973
总 经 销：人民交通出版社股份有限公司发行部
经　　销：各地新华书店
印　　刷：北京鑫正大印刷有限公司
开　　本：787×1092　1/16
印　　张：11.25
字　　数：256 千
版　　次：2016 年 3 月　第 1 版
印　　次：2016 年 6 月　第 2 次印刷
书　　号：ISBN 978-7-114-12842-4
定　　价：48.00 元

前　言

由于货运需求急剧增长及相应的交通运输政策和公路桥梁设计规范存在着不协调的发展关系，导致重载交通运输普遍存在，其将对桥梁结构的耐久性、安全性形成较大隐患，最终使其无法达到长寿命健康运营的设计初衷。鉴于此，大量学者借助交通流监测设备对交通荷载展开了大量的调查与归纳，进而进行分析，取得了丰硕的研究成果，并被中国2015版桥梁设计规范的修订工作所吸收。然而，与强大的硬件监测系统相比，与其相适应的软件分析平台的相对滞后，导致公路桥梁汽车荷载尤其是重载交通的实时动态高真实度仿真以及基于仿真结果的结构评价仍存在需要改进之处。

现有国内外桥梁分析软件大多侧重于桥梁设计阶段分析，所采用的汽车荷载均是虚拟等代荷载，很少有一款能够计算正常运营状态(随机车流荷载、风荷载及温度荷载等)下以及突发事件(如强烈地震、意外大风或其他严重事故等)时的结构响应和力学状态的仿真软件。作者自2000年攻读硕士期间就开始了软件研发方面的尝试，并树立了“以理论创新为先导，软件研发跟进，现场实测验证，理论、软件、现场实测三位一体，相互校验、补充、提高，打造可应用和具有指导性的研究成果”的科研理念。组建研发团队，基于Visual Fortran和VC＋＋混合编程技术，历时十余年，研发了桥梁结构三维动力可视化分析软件BDANS(Bridge Dynamic Analysis System)。BDANS软件的一个显著特点就是针对成桥阶段桥梁在风、随机车流、温度等运营荷载作用下的动力仿真。

BDANS软件适用于桥梁结构静力分析、自振特性、风致振动分析，以及风、地震和随机车流下的桥梁等多种荷载交互作用下的桥梁结构行为分析。BDANS已经成功运用于桥梁抗风、荷载试验、桥梁健康监测仿真分析、公路桥梁设计荷载研究、桥梁限载标准确定、结构疲劳和耐久性分析评价等多个领域。

①桥梁抗风，BDANS软件具有大跨径桥梁三维空间脉动风场模拟模块，气动耦合颤振、抖振频域与时域分析模块。

②静动载荷载试验，BDANS开发了静动载荷载试验模块，采用可视化整车加载，并且具备动载试验仿真模块，从而克服了现有商业软件加载烦琐且容易出错以

及无法模拟无障碍和有障碍等动载试验的不足。

③健康监测系统仿真与评价，BDANS 软件开发了能够有效参与健康监测的计算模块，将仿真计算和健康监测系统紧密联系起来，从而实现对结构的评价。

④重载交通条件下中小跨径桥梁仿真与评价，BDANS 软件可以为重载过桥仿真分析、安全评价、设计荷载与限载标准制定提供强大软件支撑，较以往借助商业软件静力影响线加载方式有较大的进步。

⑤基于微观尺度交通荷载模拟的风和随机车流作用下大跨桥极端事件安全评价风并进行设计荷载研究。

本书主要介绍 BDANS 软件在重载交通研究领域的应用情况。首先，基于国内多省份国道、高速公路监测数据，分析常规车辆荷载及重载交通荷载特性；其次，通过典型车辆运动方程的建立、汽车-桥梁耦合关系的确定及车桥系统运动方程的建立与求解，并在考虑交通流参数随机设置功能基础上编制了随机车流-桥梁耦合振动分析模块，进一步引入有限元模型修正技术、考虑路面粗糙度非一致激励及缆索承重桥梁全过程几何非线性的影响，实现 BDANS 随机车流-桥梁耦合振动模块精细化分析；最后，以 BDANS 为平台，分析重载交通下典型装配式中小跨径冲击系数谱、响应特征、运营安全及车辆限载等问题。

全书共 7 章，由韩万水、李彦伟、马麟、武隽、赵永祯和王涛负责确定各章节内容、制订全书大纲及进行全书的统稿工作。各章主要撰写人为：第 1 章韩万水、赵永祯；第 2章李彦伟、王涛、赵建峰；第 3 章韩万水、赵永祯、马麟、院素静；第 4 章韩万水、武隽、陈笑；第 5 章陈安洋、赵付安、郭道俊、袁阳光；第 6 章韩万水、舒涛、赵付安；第 7 章袁阳光、刘焕举。此外，李永庆、廉涛、汪炳、闫君媛、杨飞、杨雨豪、张克、陆久飞、吴柳杰、包大海、肖强、袁堂超、杜群乐、庞增贵、张二辉等，也参与了部分研究工作。

本书撰写过程中得到了国家自然科学基金（50808018、51108154、51278064、51408053）的资助，使得整个团队能够持续不断地进行基础理论创新、BDANS 软件研发与验证以及工程实践与应用。本书凝聚了整个年轻团队十余年的点滴工作，但对于自然现象的认识总是不断前进的，书中的成果是阶段性的、局限性的，这也将激励我们团队继续深入研究下去。同时由于作者水平有限，书中难免有表述不当或不足之处，希望同行与读者能够给予批评指正。

韩万水

2015 年 10 月

目　　录

第1章 绪 论

1.1 重载交通的形成及研究意义

自20世纪90年代至今，一大批高速公路、一级公路的建设完成及投入运营使我国陆上公路交通运输网不断发展完善，为重载交通运输的形成提供了可能。另外，实际交通荷载的发展变化与社会经济发展模式、汽车工业的发展及国家宏观运输政策密切相关。在我国现代化建设进程中，各个地区主要采用由轻工业向重工业演变的传统发展模式，煤炭、矿产、石油等低端能源及重工业产品的运输需求呈现较快的上升趋势。汽车工业在这一需求下不断发展成熟，车辆重型化的趋势越来越明显，民间车辆改装服务业的蓬勃发展进一步加速了公路运输车型的多元化、复杂化。国内公路运输市场政策法规的发展滞后导致行业内部无序竞争激烈，运价持续走低，运输业者出于对利益最大化的追求，不断提高车辆装载重量，甚至超载运输。在以上多重因素的影响下，重载交通运输在国内多个地区、多个路段已经形成，与正常交通荷载相比，重载交通中车辆装载水平更高、交通流中载货汽车比例更大、载货汽车类型更加复杂。图1-1为公路运输中典型的重载运输场景。

a)

b)

图1-1 高速公路重载交通运输

重载交通运输的形成直接导致了实际运营车辆荷载特性的改变，研究人员在当前阶段对交通荷载的认知已无法准确描述重载交通荷载特性及其将会对公路基础设施产生的影响。公路桥梁均是依据标准的汽车荷载设计、建造完成，结构在运营期间的承载能力是有限的，重载交通的形成与进一步发展无疑将会加大设计荷载与实际运营荷载的差异，使结构的安全运营无法达到预期水准。

车辆荷载是公路桥梁尤其是中小跨径桥梁在服役期间主要承受的基本可变荷载，在新桥设计、旧桥评估等工作的荷载组合中占据重要地位。重载交通较正常交通荷载具有更高的载货汽车比例与荷载水平，且已经与当前设计汽车荷载呈现出不协调的发展关系，但迄今为止，与重载交通相关的研究仍显不足。借助交通荷载调查手段获取实测数据，分析重载交通各荷载参数概率分布特性，可以从宏观上把握当前阶段的重载交通荷载特性，为重载高速公路的设计及相关领域的研究提供参考；通过建立功能强大的移动荷载分析平台计算重载交通荷载效应，据此展开的结构响应特征分析、重载交通冲击系数谱研究以及桥梁安全性、可靠性评估等工作，对于基础理论研究及工程实践均具有重要意义。

1.2 交通荷载调查与分析现状

基于交通流观测设备获取实测数据并分析荷载特性是国内外研究的主流方法，动态称重(Weigh in motion)设备在交通领域的应用大大促进了交通荷载研究的发展。迄今为止，国内外学者基于 WIM 数据开展了以下几个方面的研究：

(1)公路车辆总重、轴重及轴距的统计分析[1-3]；

(2)交通流模拟及车辆荷载效应分析[4-7]；

(3)公路运输车辆荷载谱及疲劳荷载谱研究[8-11]等。

然而以上研究的重点主要针对正常交通荷载，针对重载交通并基于多个测点的交通流信息对其荷载参数的统计分析仍有不足。O'Brien[12]基于实测数据使用蒙特卡洛方法模拟交通荷载，分析了中小跨径桥梁在重载下的结构空间响应，但也未对重载交通荷载参数分布特征进行深入探讨。

为了采集到准确可靠的交通流数据并对交通荷载各参数进行分析，建立全自动自校核的交通信息采集系统，该系统包括动态称重系统、路面摄像系统及线阵 CCD 成像设备。由于实际中车辆装载状态的复杂性及设备精度的限制，WIM 系统采集的交通流信息难免存在误差，路面摄像系统及线阵 CCD 成像技术可作为辅助手段对车型、车速、车辆行驶位置等信息进行校核，路面摄像系统中通过安装发光二极管照明灯以保证设备在夜间的正常使用，一旦行驶车辆被路面摄像系统捕捉，线阵 CCD 成像设备将对图像进行分割处理，进而识别车型、车辆行驶位置等信息。动态称重系统、路面摄像系统与线阵 CCD 成像设备对交通流信息的联合采集，可以显著提高采集精度。在交通流数据分析方面，针对当前研究的不足，不仅关注正常交通荷载，尤其将对重载交通荷载特性进行深入探讨，在研究过程中，不仅对各荷载参数统计特征值进行分析，而且对其概率分布类型进行优度拟合，具体流程如图 1-2 所示。

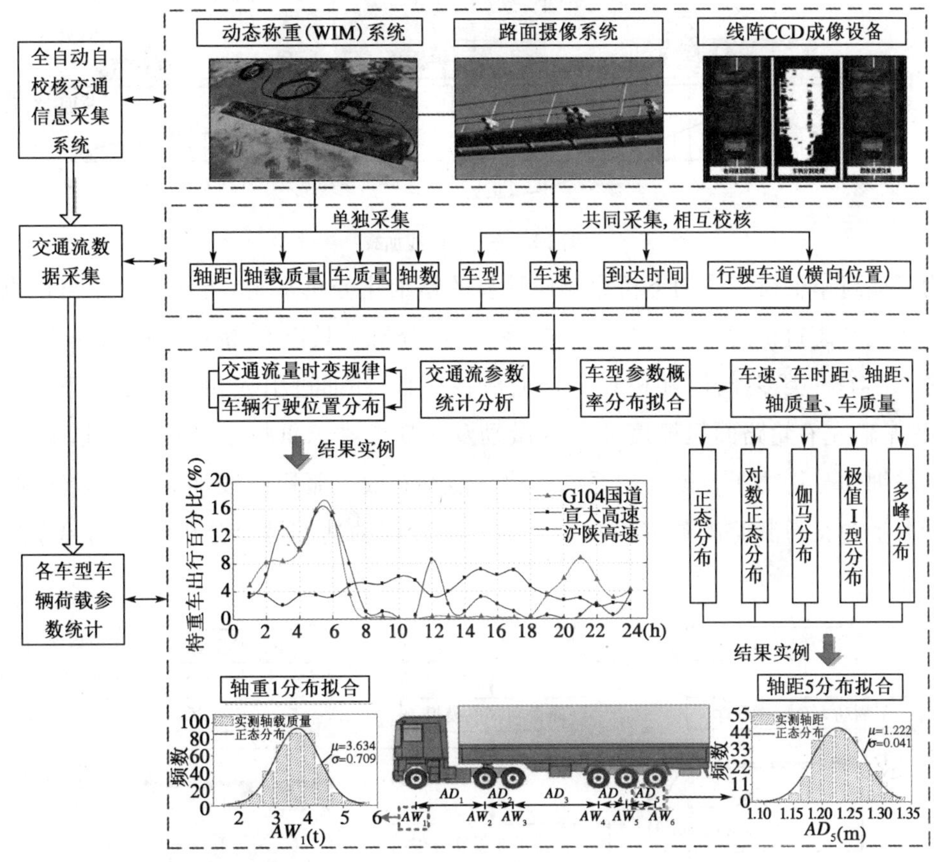

图 1-2 交通荷载调查分析流程

1.3 车辆荷载分析工具

动态称重系统仅能够提供车辆荷载的轴重、轴距、车速等数据,为了得到结构在车辆荷载作用下的内力及位移响应,研究者须借助有效的分析工具或分析方法。在当前阶段应用最为广泛的分析方法为影响线加载,如图 1-3 所示。该方法借助内力的横向分布将空间问题转化为平面问题。目前,与车辆荷载标准制定等相关的研究[13-15]均基于该分析手段展开。

影响线方法简化了车辆加载分析过程,但存在以下不足:

(1)对宽体式箱梁等结构适用性较差;

(2)仅能得到桥跨结构顺桥向各截面的最不利响应;

(3)很难进行多车道随机车流的模拟。

该方法采用内力横向分布系数实现了空间问题向平面问题的转化,但桥梁附属构件对结构的刚化效应等往往使转化过程产生不可忽略的误差。

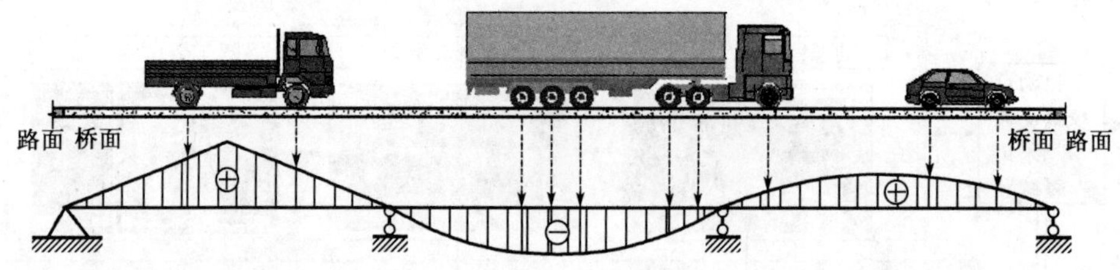

图 1-3　车辆影响线加载

为了提高车辆荷载作用下桥梁响应计算的精细化分析水平，将建立一个可以真实再现随机车流动态过桥的三维可视化分析系统，该分析工具以车-桥耦合振动理论为基础，可以考虑车辆种类多样性，随机设置交通流各参数，并通过引入初始有限元模型修正技术、考虑车辆左右轮路面粗糙度非一致激励及实现缆索承重桥全过程几何非线性分析，完善其精细化分析功能。该分析系统的建立能够有效克服影响线加载分析方法的不足，且对于海量的交通流监测数据的加载处理具有较好的适用性。分析系统的建立过程如图 1-4 所示。

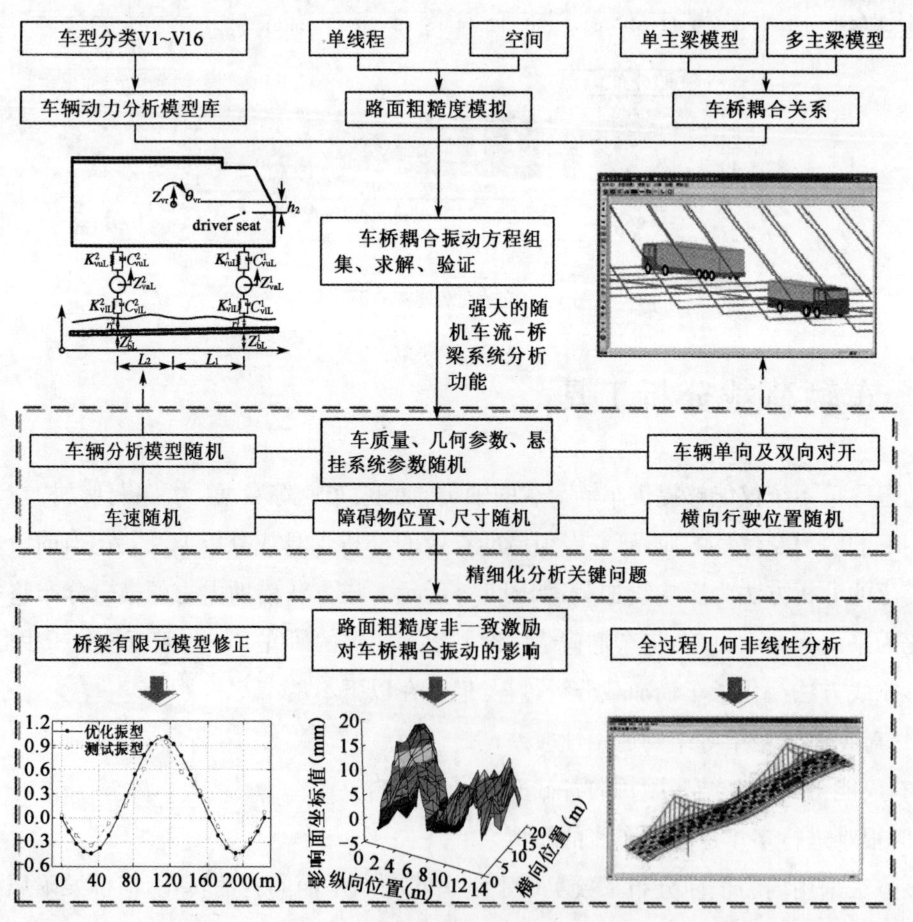

图 1-4　车-桥耦合分析系统建立过程

1.4 结构安全评价及冲击系数谱研究

结构自身性能的劣化及运营期间荷载水平的发展变化，是人们对桥梁结构运营安全性产生质疑的主要原因。由于结构的安全评价工作能够帮助桥梁管理者做出对结构进行养护、加固等工作的正确决策，该领域的研究已成为近年来国内外学者关注的热点问题[16]。截至目前，该领域的研究主要集中在以下 3 个方面：

(1)以当前阶段结构外观及材料状态的调查结果为基础对结构进行评价[17-19]；

(2)基于健康监测系统(SHM)提供的应变监测数据对结构运营状况进行评价[20,21]；

(3)基于 WIM 系统所提供的车辆荷载数据，采用影响线加载得到汽车荷载效应，并通过荷载效应的极值外推评价结构的安全性[22]。

健康监测系统提供的监测数据能够将结构的实际状况和实际荷载状况完美结合，但仅能够提供监测期内特定桥梁的结构响应信息，此外健康监测系统的安装成本较高，目前仅能应用于少数重要大跨桥梁，相比之下 WIM 系统已经得到了更为广泛的应用，但受限于分析工具与分析手段，基于 WIM 数据的桥梁结构安全评价未能得到充分发展。随机车流-桥梁耦合振动分析系统的建立可为结构安全评价工作提供一个经济、可靠的评价流程，进而为该领域第三个分支的发展提供契机。

结构安全评价应考虑车辆的冲击效应，桥梁冲击系数谱的研究可以为结构安全评价提供更加合理的冲击系数取值，并为规范冲击系数取值方法的优化提供参考。国内外学者针对冲击系数已经进行了系统的研究，其中包括针对不同桥型冲击系数的研究[23,24]，桥梁跨径、车辆行驶速度、路面粗糙度等因素对冲击系数取值的影响[25,26]，以及冲击系数取值方法的研究[27]。尽管与冲击系数相关的研究已经林林总总，但有关重载交通冲击系数的研究却屈指可数。本书中拟根据汽车荷载静动力响应的分析结果对正常交通荷载及重载交通冲击系数的概率分布特性进行研究，并进一步分析重载交通冲击系数的合理取值方法，为重载下的结构安全评价等工作提供数据支撑。重载下结构安全评价及冲击系数谱的分析流程如图 1-5 所示。

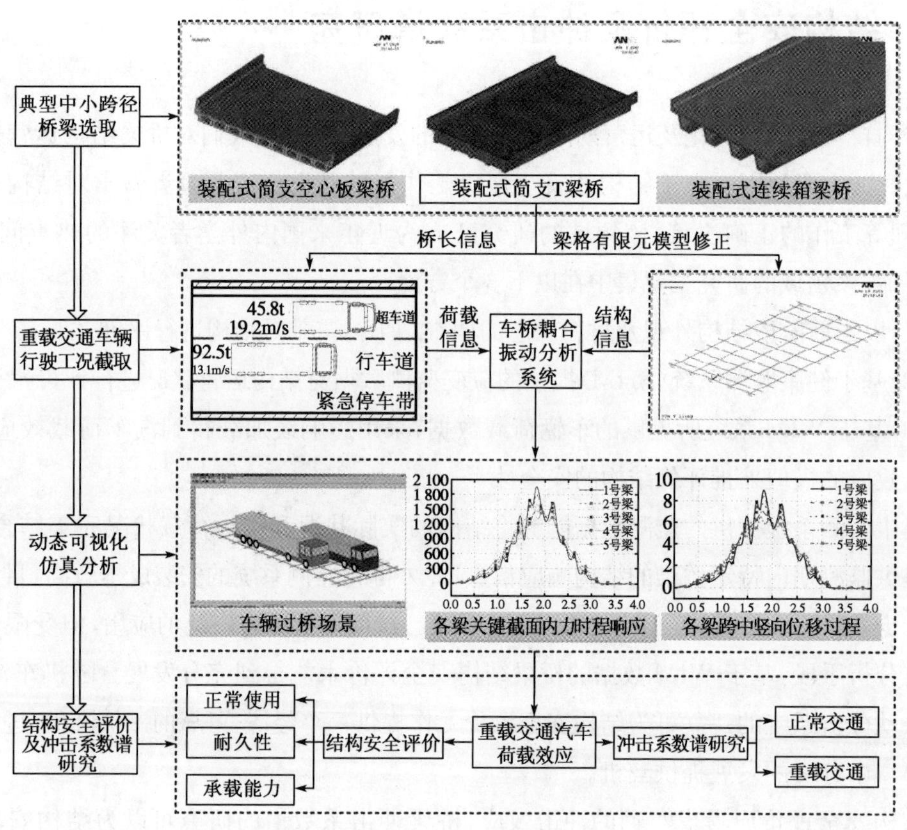

图 1-5　结构安全评价及冲击系数谱研究流程

1.5　车辆限载研究

重载货车是桥梁等交通基础设施主要承受的可变荷载，实际货车荷载水平与限载标准直接相关，并且在很大程度决定了结构设计与安全评价工作中所采用的标准荷载。可以认为货车限载标准是影响桥梁结构劣化、运营养护预算的关键因素。为协助公路运输执法机构制定合理的限载标准，国内外学者对该领域相关问题进行了深入研究，主要包括以下几个方面：

(1)车辆载重规制的定位、作用等问题的定性分析[28]；

(2)基于可靠度等理论的货车限载标准制定[29-31]；

(3)货车限载标准的调整对桥梁等基础设施的影响[32-33]。

此外，美国当前阶段借助以轴长为变量的货车限载公式对货车载重水平进行控制，但在确定限载公式过程中，将车辆荷载近似为沿轴长范围的均布荷载。在中国，货车限载质量以货车轴数为主要变量，货车轴距对荷载效应及限载标准的影响，在两类标准中均不能得到充分体现。

有关车辆限载的研究中，将重点针对当前研究成果及限载规范对车型种类考虑不全面的问题，以交通荷载调查为基础建立需要进行限载研究的重载货车车型库，使用可靠度理论研究各车型的限载标准。由于汽车荷载效应分布参数对限载分析结果的影响不可忽略，研究过程中将以实测货车荷载样本为基础，使用随机车流-桥梁耦合振动分析系统获取重载货车荷载效应样本，进而确定汽车荷载效应概率分布类型及分布参数，以确保分析结果的正确可靠。最后，对当前治超标准的合理性进行初步探讨。具体分析流程如图 1-6 所示。

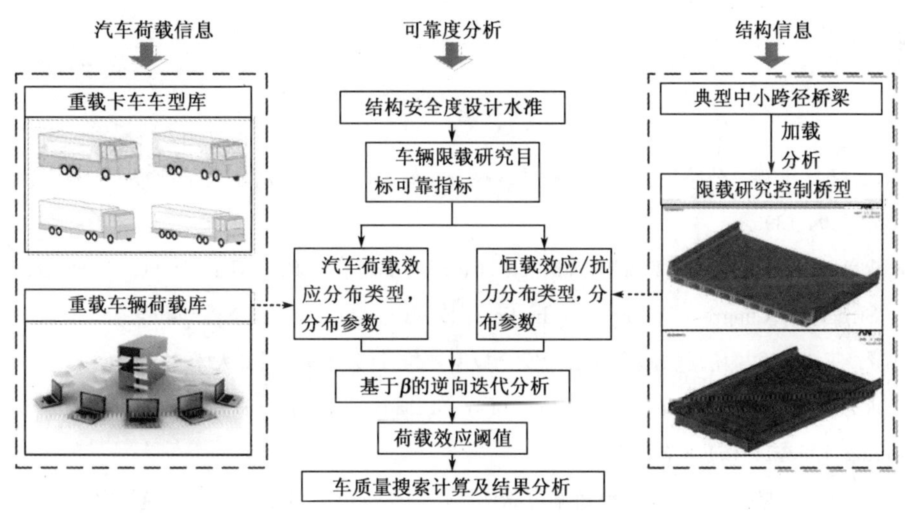

图 1-6 基于可靠度理论的车辆限载研究流程

1.6 全书各章内容简介

本书的出版有望使作者在重载交通领域的研究成果在学术界与工程界得到进一步的发展和应用，从而取得预期的学术价值与社会价值。全书各章主要内容如下：

(1)第 1 章绪论，讨论重载交通产生背景及研究意义等问题，并简介本书研究内容；

(2)第 2 章重载交通荷载调查与特征分析，介绍交通荷载的调查分析方法，并基于交通流监测数据分析正常交通荷载及特重车荷载的荷载特征；

(3)第 3 章随机车流-桥梁耦合振动分析系统建立及动态可视化，推导各车型运动方程，模拟路面粗糙度，确立车桥系统耦合关系，进而建立并求解车-桥系统运动方程，通过交通流各参数随机设置及动态可视化分析功能的实现，建立随机车流-桥梁耦合振动分析系统，并验证分析系统的准确性；

(4)第 4 章随机车流-桥梁耦合振动分析系统精细化分析，考虑模型修正、路面粗糙度非一致激励、全过程几何非线性分析等问题，实现系统的精细化分析功能；

(5)第 5 章重载下中小跨径桥梁响应特征及安全评价，以典型装配式中小跨径桥梁为分析对象，研究结构空间响应特征，并从荷载的角度出发对结构的运营安全性进行评价；

(6)第 6 章正常及重载交通下桥梁冲击系数谱研究，基于车辆荷载静动力效应的分析结果分析正常交通荷载及重载交通的冲击系数谱，并研究重载交通冲击系数的合理取值方法；

(7)第 7 章基于可靠度理论的中小跨径桥梁车辆限载研究，建立公路桥梁重载车型库，以典型中小跨径桥梁为控制桥型，研究各车型的限载标准，并对当前国家治超标准的合理性进行初步探讨。

本章参考文献

[1] 梅刚，秦权，林道锦. 公路桥梁车辆荷载的双峰分布概率模型[J]. 清华大学学报(自然科学版)，2003，43(10):1394-1396.

[2] Nowak AS, Ferrand DM. Truck load models for bridges[C]. BLANDFORD G E. Processing of the 2004 Structures Congress-building on the Past: Securing the Future. Nashville: ASCE,2004:1-10.

[3] 周小燚. 三塔悬索桥中塔鞍座主缆抗滑安全概率评价[D]. 上海:同济大学,2008.

[4] Nowak A S, Nassif H, DeFrain L. Effect of truck loads on bridges[J]. Journal of Transportation Engineering,1993,119(6):853-867.

[5] 郭彤，李爱群，赵大亮. 用于公路桥梁可靠性评估的车辆荷载多峰分布概率模型[J]. 东南大学学报(自然科学版),2008,38(5):763-766.

[6] 阮欣，周小燚，郭济. 基于合成车流的桥梁车辆荷载效应极值预测[J]. 同济大学学报(自然科学版)，2012,40(10):1458-1462.

[7] Zhao J, Tabatabai H. Evaluation of apermit vehicle model using Weigh-in-Motion truck records[J]. Journal of Bridge Engineering,2012,17(2):389-392.

[8] Fu G K, You J. Truck loads and bridge capacity evaluation in China[J]. Journal of Bridge Engineering, 2009,14(5):327-335.

[9] Kozikowski M. WIM based live load model for bridge reliability[D]. Lincoln: University of Nebraska,2009.

[10] Laman J A, Nowak A S. Fatigue-load models for girder bridges[J]. Journal of Structural Engineering,1996,122(7):726-733.

[11] Cohen H, Fu G K and Dekelbab W. Predicting truck load spectra under weight limit changesand its application to steel bridge fatigue assessment[J]. Journal of Bridge Engineering,2003,8(5):312-322.

[12] O'Brien E J, Enright B. Modeling same-direction two-lane traffic for bridge loading[J]. Structural Safety,2011,33:296-304.

[13] 李文杰.公路桥梁车辆荷载研究[D]. 大连:大连理工大学, 2009.

[14] Enright B. Simulation of traffic loading on highway bridges[D]. Dublin: University College Dublin,2010.

[15] 张喜刚.公路桥梁汽车荷载标准研究[M]. 北京:人民交通出版社,2014.

[16] Kim Y J, Tanovic R and Wight R G. Recent advances in performance evaluation and flexural response of existing bridges[J]. Journal of Performance of Constructed Facilities,2009(23):190-200.

[17] Enright MPand Frangopol DM. Survey and evaluation of damaged concrete bridges[J]. Journal of Bridge Engineering,2000,5(1):31-38.

[18] Ingersoll J S,Wipf T J,Klaiber F W. Experimental evaluation of precast channel bridges[J]. 2003 Mid-Continent Transportation Research Symp., Ames, Iowa,2003.

[19] Kim Y J,Green M F,Fallis G J,et al. Damaged bridge girder strengthening: Field application of prestressed fiber-reinforced polymer sheets[J]. Concrete International,2006,28(11):47-52.

[20] Liu Ming,Dan M Frangopol,Kim Sunyong. Bridge safety evaluation based on monitored live load effects[J]. Journal of Bridge Engineering,2009,14:257-269.

[21] Ni YQ,Xia HW,Wong K Y,et al. In-service condition assessment of bridge deck using long-term monitoring data of srain response[J]. Journal of Bridge Engineering,2012,17:876-885.

[22] Nowak A S,Ferrand D M. Truck load models for bridges[J]. Structure,2004:1-10.

[23] Huang D Z,Mohsen S. Impact analysis of continuous multigirder bridges due to moving vehicles[J]. Journal of Structural Engineering,1992,118(12):3427-3443.

[24] Deng Lu,He Wei,Shao Yi. Dynamic impact factors for shear and bending moment of simply supported and continuous concrete girder bridges[J]. Journal of Bridge Engineering,10.1061/(ASCE)BE.1943-5592.0000744,04015005.

[25] 宋一凡,贺拴海. 公路桥梁冲击系数的影响因素分析[J]. 西安公路交通大学学报,2001,21(2):47-49.

[26] 盛国刚,赵冰. 多个移动质量-弹簧-阻尼系统作用下梁的动力特性分析[J]. 振动与冲击,2003, 22(1):43-46.

[27] 黄东洲.曲钢箱梁桥冲击系数的实用计算方法:第十八届全国桥梁学术会议论文集(下册)[C].北京:人民交通出版社,2008.

[28] 杭文.公路货运车辆载重规制策略研究[D].南京:东南大学,2005.

[29] Michel Ghson. Development oftruck weight regulations using bridge reliability model[J]. Journal of Bridge Engineering,2000,5:293-303.

[30] 王松根,李松辉.公路桥梁限载标准的可靠性分析方法[J]. 工程力学,2010,27(10):162-181.

[31] 李松辉.公路桥梁限载取值的可靠性分析模型研究[J]. 土木工程学报,2013,46(09):83-90.

[32] Michel Ghson, Fred Moses. Effect ofchanging truck weight regulations on U. S. bridge network[J]. Journal of Bridge Engineering, 2000, 5: 304-310.

[33] Fu G, Feng J, Dekelbab W, et al. Impact of commercial vehicle weight change on highway bridge infrastructure[J]. Journal of Bridge Engineering, 2008, 13(6): 556-564.

第2章 重载交通荷载调查与特征分析

公路交通荷载调查及荷载特征分析是设计汽车荷载标准值确定、桥梁结构安全评价、剩余寿命预测等工作的基础。由于公路交通荷载在时间和空间上的分布随机性较强，基于多地区、多参数的交通荷载调查及调查数据的合理统计分析是研究公路交通荷载的一个有效途径。

采用准确可靠的交通荷载调查方法和分析流程，对交通荷载进行全方位调查并对采集数据进行统计分析，得到正常运营尤其是重载交通下的车型、车质量、车速、行驶位置等关键参数的分布情况，全面深入地分析国内典型路段当前阶段公路交通荷载特征，为车辆荷载规范的修订、随机车流模型的生成等工作提供借鉴。

2.1 交通荷载调查

2.1.1 交通荷载调查路段选择

为了使交通荷载调查分析结果具有更大的适用性，并便于分析中国不同地区交通荷载的差异性，在全国范围内选取了3条典型公路段进行交通荷载调查，测点布置如图2-1所示。

从图2-1可以看出，3个典型公路测点分别位于浙江省、河北省及上海市。浙江省和上海市位于秦岭—淮河以南，在地理意义上属于南方，主要以食品、纺织、家电和造纸等轻工业为主，运输的货物具有体积大而质量轻的特点，同时由于人口相对稠密，公路客运、货运需求较大。而河北省属于北方地区，北方地区由于矿产资源较为丰富，以能源、钢铁、机械和化工等重工业为主，大型设备及重型货物的运输主要依靠大型和特大型载货汽车。

各典型调查路段的测点布设及交通特点如下：

(1)G104国道测点选择绍兴市钟家湾立交桥，如图2-2所示。公路等级为一级公路。钟家湾立交桥为单向双车道，结构布置形式为弯梁桥。该测点的特点是交通量较大，过往车辆的车型种类丰富，以中小型客货车为主，重车及特重车在夜间行驶的比例较大，基本可以代表我国南方以中短途运输为主的国道干线公路的交通状况。

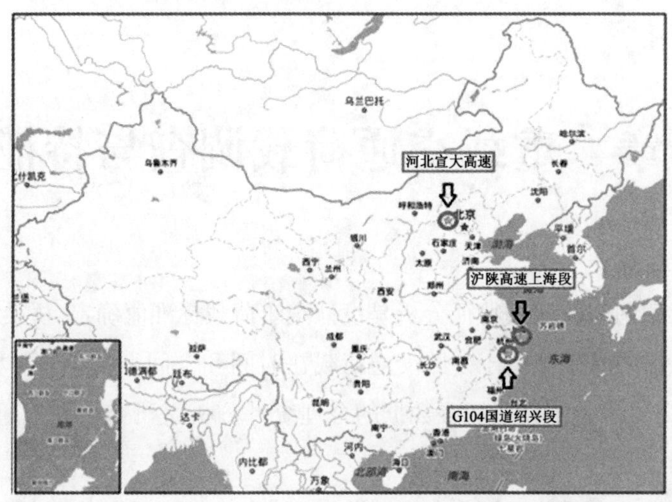

图 2-1　交通荷载调查测点布置

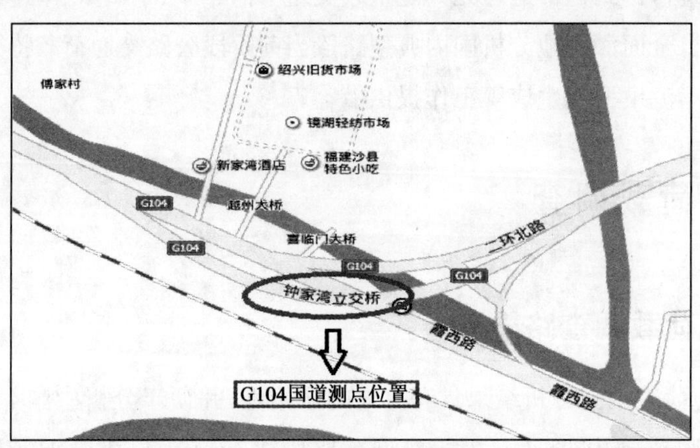

图 2-2　钟家湾立交桥地理位置

(2)宣大高速公路测点选择河北省张家口市宣化县，该路段全长 127km，建设标准为全封闭全立交双向四车道高速公路。作为晋煤外运的主要通道之一，该测点交通量不大，但重车及特重车比例较大。具体路线如图 2-3 所示。

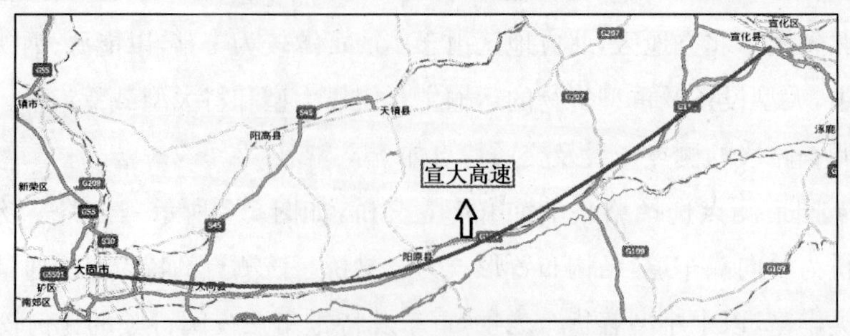

图 2-3　河北宣大高速公路地理位置

(3)沪陕高速公路测点选择上海市某公路大桥，如图 2-4 所示，大桥设计为双向六车道。沪陕高速是连接华东、华中与西北地区的主通道，交通运输繁忙，车流密度大，车型种类众多，实测日平均交通量为 14 479 辆，可以代表我国量大面广的普通高速公路交通荷载状况。

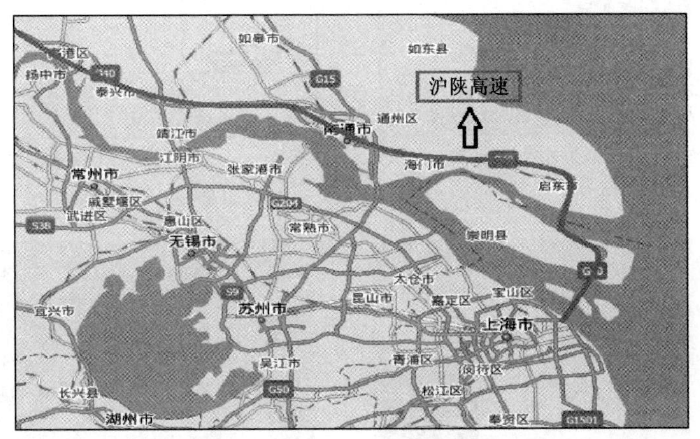

图 2-4　沪陕高速公路上海段地理位置

2.1.2　交通荷载调查方法

目前，利用动态称重（WIM）系统来获得车辆信息是采集车辆荷载数据的有效手段。WIM 系统可以自动采集包括车型(轴数和轴距)、车道位置、到达时刻、车速、轴质量和车质量等交通荷载参数信息，有效提高了交通调查工作的效率和精度。尽管如此，WIM 系统仍存在对车辆类型的识别不够细致、缺乏针对异常数据的判断依据和标准及有效的验证手段等不足之处。

为了弥补 WIM 系统存在的不足，本书提出了一种准确可靠的交通荷载调查方法——全自动自校核交通荷载信息采集系统。该系统采用动态称重系统、交通信息采集系统同人工辅助记录相结合的方式进行交通荷载调查，从而可以收集得到精度更高的交通荷载数据信息。

(1)交通荷载调查仪器设备

进行交通荷载调查所采用的仪器设备主要包括安装在桥头的动态称重设备[图 2-5a)]和交通信息采集系统[图 2-5b)]，由于动态称重设备存在无法对采集到的异常数据进行自动分析处理的不足，为了对 WIM 系统采集记录的交通荷载数据信息进行校核，此时可根据交通信息采集系统抓拍到的车辆照片(图 2-6)，并运用图像分割处理技术得到完整清晰的交通荷载图像信息，通过对比分析可以验证车辆荷载信息的准确性，从而极大地提高交通荷载调查的精度。

(2)交通荷载数据采集

通过 WIM 系统及交通信息采集系统实时监测记录详细的车辆荷载信息。WIM 系统

a)弯板式动态称重系统(WIM)

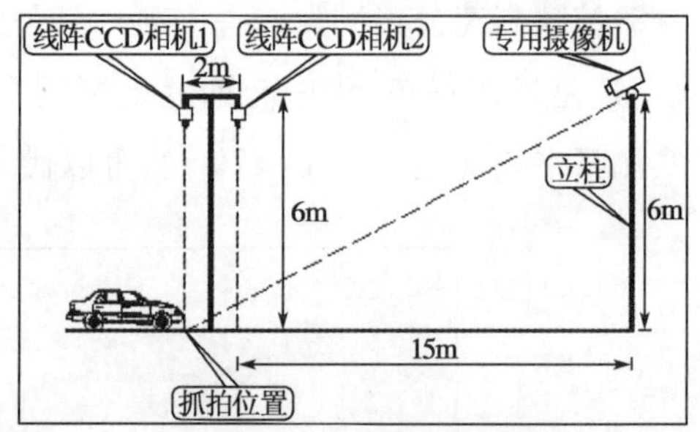

b)交通信息采集系统现场布局

图 2-5　弯板式动态称重系统及交通信息采集系统现场布局

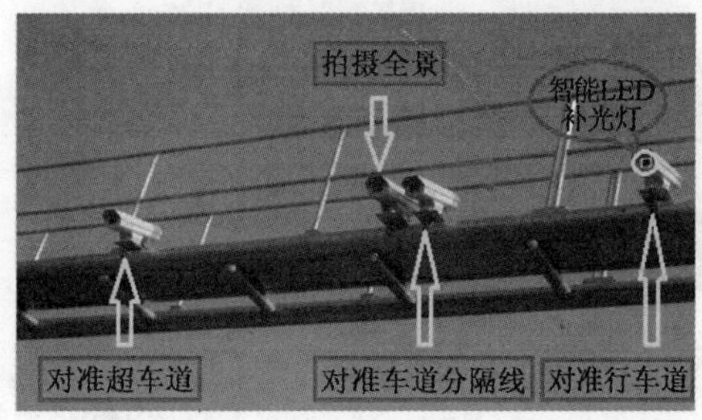

a)

b)

图 2-6　抓拍相机安装及拍摄效果

可以采集的车辆参数包括：轴数、轴距、轴质量和车质量。交通信息采集系统可以根据线阵 CCD 抓拍图片进行处理分割(图 2-7)得到车辆外形轮廓[1]，由此确定车辆所在车道及确切的横向行驶位置。而车辆荷载其他部分的信息参数可以由 WIM 系统和交通信息采集系统共同采集获得，如车辆到达时刻和车速，车型可以通过 WIM 系统测量得到的轴数和轴距参数以及线阵成像系统得到的车辆外形轮廓共同确定，两者可以相互补充，相互校核。将采集记录的每一条交通荷载信息即时形成数据库文件并上传至 PC 终端，通过网络传输通道，由远程客户端同步下载接收，整理形成交通荷载数据样本并进行统计分析。

a)

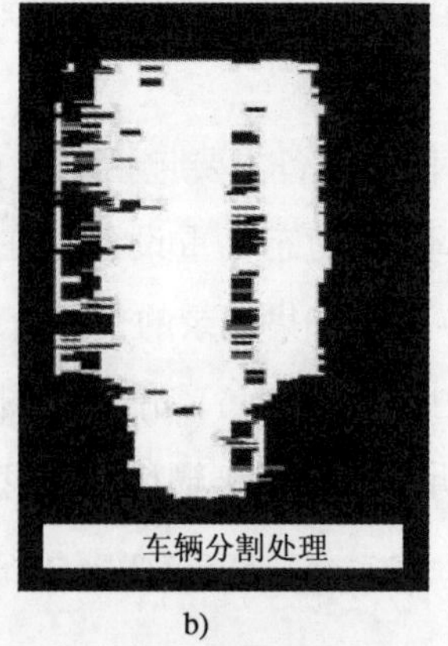

b)

c)

图 2-7　夜间抓拍图像分割处理

2.2 交通荷载调查数据分析流程

将长期交通调查采集到的交通荷载数据汇总，形成公路交通荷载数据库。参阅车型参数相关资料和高速公路收费车辆分类标准，建立车型分类标准，对车辆类型进行科学合理划分。依据划分后车型对随机车流样本数据库进行统计分析，得出各车型百分比、车道、车速、车时距和车质量等的分布规律，并对分布规律进行优度拟合检验，具体调查分析流程如图 2-8 所示。

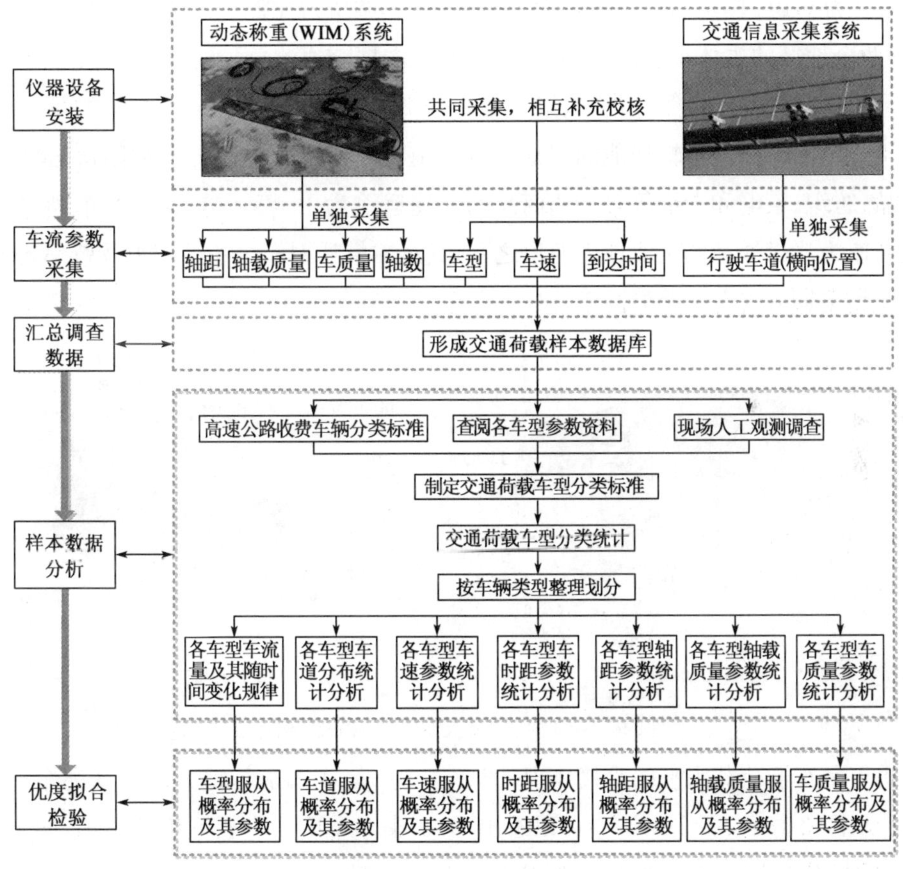

图 2-8 交通荷载调查分析流程

2.3 正常运营交通荷载特征分析

采用全自动自校核交通信息采集系统，在 G104 国道绍兴段、河北宣大高速公路和沪陕高速公路上海段 3 个典型地区测点，分别进行为期 9 个月、18 个月和 6 个月的交通荷载观测。选取具有典型代表性的 G104 国道绍兴段和河北省宣大高速公路，提取了 2 个测点连续 1 个月的实测数据，对车辆荷载各参数进行统计分析。从车型分类、车型构成比例、交通量时变规律、分车型交通量时变规律及车道、车速、车时距、轴距、轴载质量、车质量参数分析等方面，对比分析 G104 国道和宣大高速的车辆荷载分布特点。

2.3.1 车型构成及车质量分析

根据车辆的运输功能、轴数及外轮廓尺寸，将两个地区的车型统一初步划分为 5 大类：第 1 类车为小轿车、越野车；第 2 类车为两轴中型客车、货车；第 3 类车为两轴大型客车、货车；第 4 类车为三轴、四轴整体式大货车；第 5 类车为半拖挂卡车。

图 2-9 为 G104 国道、宣大高速两个路段 5 类车型所占比例。由图 2-9 可知：

(1)两个地区的主体车型均为第 1 类车，分别占据交通流总量的 73.64%、60.5%；

(2)除第 1 类车之外，第 2 类车、第 5 类车分别为 G104 国道与宣大高速的第 2 大车型，该差异主要由两个路段运输功能的差别所致，G104 国道为我国南方典型国道运输，运输功能以食品、纺织、家电和造纸等轻工业商品的短途运输为主，第 2 类、第 3 类车辆明显居多，而宣大高速为晋煤外运的主要地面通道之一，其运输性质对车辆货运能力及效率要求较高，所以第 5 类车辆的占有率明显高于 G104 国道。

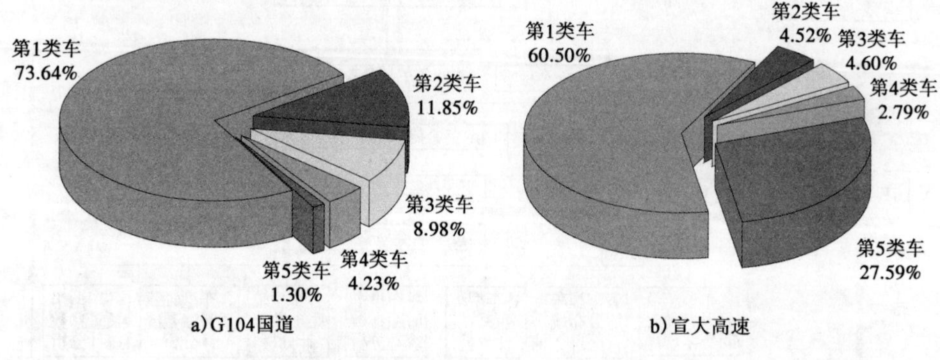

图 2-9 G104 国道及宣大高速车型构成比例对比

车质量是车辆荷载水平的直接体现，图 2-10 为 G104 国道与宣大高速 5 类车型的车质量分布。从图 2-10a)、图 2-10b)中可以看出，第 1 类车车质量一般不超过 3.0t，两个路段第 1 类车车质量分布均不拒绝极值-I 型分布。从两个路段第 2 类车车质量分布可以看出，G104 国道第 2 类车的车质量分布呈明显的双峰分布，主要由于该路段第 2 类车包含中型客车与中型货车，而宣大高速中型客车数量极少，其第 2 类车车质量呈现单峰分布。

图 2-10e)、图 2-10f)分别为两个路段第 3 类车车质量分布，第 3 类车包括两轴大客车及两轴大货车，G104 国道第 3 类车车质量呈现双峰分布，两处峰值分别对应于大客车与大货车，而宣大高速路段大型客车数量仍比较少，该路段第 3 类车车质量呈单峰分布。

从第 4 类车、第 5 类车车质量的分布图中可以看出，G104 国道两种类型车辆的车质量分别呈现双峰分布与多峰分布，宣大高速两类车型均呈现单峰分布。

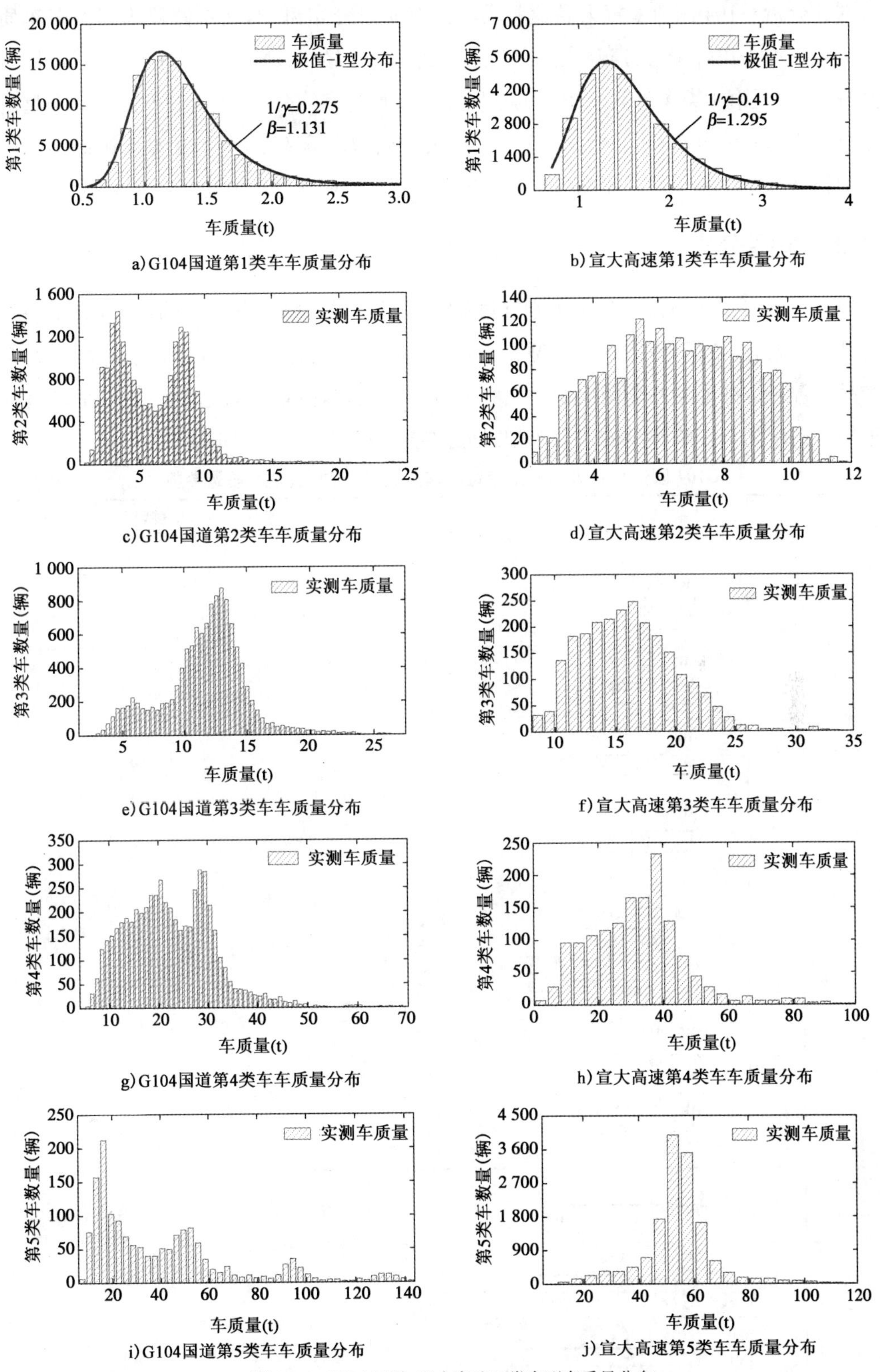

图 2-10 G104 国道、宣大高速 5 类车型车质量分布

对比分析 G104 国道及宣大高速各类车的车质量分布可知，两个路段第 1 类车车质量分布类似且均为单峰偏态分布，主要因为第 1 类车为小轿车、越野车，其车质量变异性较弱。G104 国道除了第 1 类车外其余车型的车质量分布均为多峰分布，宣大高速的所有车型的车质量分布均为单峰分布，主要由于 G104 国道为开放型运输体系，各类车型无限制汇入与驶出导致该路段车型种类较为丰富，而宣大高速为全封闭管理且运输功能明确。

2.3.2 车型分类

通过现场人工观测并结合交通流监测系统对调查区域内运营车辆的统计，对车辆类型进行精细化划分，依据《中国汽车车型手册》[2]和中国工业与信息化部颁布的《车辆生产企业及产品公告》[3]，并根据各车型出现的频数进行加权平均，选取与各参数的加权平均值最为接近的车型作为该车辆类型的代表车型，划分结果见表 2-1，共计 16 种车型。

G104 国道和宣大高速主流运输车型比例及轴距、轴载质量参数　　表 2-1

序号	车型	轴数	图示轴距(m)及轴载质量(t)	各地区车辆数量(辆)及比例(%)			
				宣大高速	比例	G104 国道	比例
1	V1	2	AW_1 AW_2 AD_1	32 718	60.5	122 011	73.64
2	V2	2	AW_1 AW_2 AD_1	—	—	7 513	4.53
3	V3	2	AW_1 AW_2 AD_1	2 447	4.52	12 125	7.32
4	V4	2	AW_1 AW_2 AD_1	—	—	6 960	4.20
5	V5	2	AW_1 AW_2 AD_1	2490	4.60	7 921	4.78
6	V6	3	AW_1 AW_2 AW_2 AD_1 AD_2	—	—	166	0.10
7	V7	3	AW_1 AW_2 AW_3 AD_1 AD_2	492	0.91	1 764	1.06
8	V8	3	AW_1 AW_2 AW_3 AD_1 AD_2	170	0.31	2 460	1.48
9	V9	4	AW_1 AW_2 AW_3 AW_4 AD_1 AD_2	845	1.56	2 626	1.58
10	V10	3	AW_1 AW_2 AW_3 AD_1 AD_2	32	0.06	—	—
11	V11	4	AW_1 AW_2 AW_3 AW_4 AD_1 AD_2 AD_3	84	0.16	403	0.24

续上表

序号	车型	轴数	图示轴距(m)及轴载质量(t)	各地区车辆数量(辆)及比例(%)			
				宣大高速	比例	G104 国道	比例
12	V12	5	AW_1 AW_2 AW_3 AW_4 AW_5 / AD_1 AD_2 AD_3 AD_4	149	0.28	303	0.18
13	V13	5	AW_1 AW_2 AW_3 AW_4 AW_5 / AD_1 AD_2 AD_3 AD_4	5	0.01	34	0.02
14	V14	5	AW_1 AW_2 AW_3 AW_4 AW_5 / AD_1 AD_2 AD_3 AD_4	19	0.04	13	0.01
15	V15	6	AW_1 AW_2 AW_3 AW_4 AW_5 AW_6 / AD_1 AD_2 AD_3 AD_4 AD_5	9 265	17.13	I)352	0.21
						II)258	0.16
						III)241	0.15
16	V16	6	AW_1 AW_2 AW_3 AW_4 AW_5 AW_6 / AD_1 AD_2 AD_3 AD_4 AD_5	5 364	9.92	I)385	0.23
						II)157	0.09
合计(辆)				54 080		165 692	

从表 2-1 可以看出，两条调查公路上运行的车辆类型、数量及比例明显不同。G104 国道绍兴段的车流总量大，车辆类型丰富，但运营车辆主要以小轿车和中小型客货汽车为主，拖挂车的数量较小；宣大高速为山区重载高速公路，车流量较小，运营车辆除小轿车外，用于煤炭运输的 6 轴拖挂车型所占比例较大。

通过对 G104 国道绍兴段测点的调查发现：该路段 V15 车型包含有 3 类具有不同运输特点的拖挂车型，对应编号分别为 V15-1、V15-2 和 V15-3。其中，V15-1 和 V15-2 车型的半挂车车身尺寸均相对较小，依据装载能力强弱划分，V15-1 车型代表车型为仓栅式拖挂车，V15-2 车型代表车型为自卸式和罐式拖挂车；V15-3 车型的半挂车车身尺寸较大，主要用于运输体积较大的货物。V16 车型根据半挂车的车身尺寸大小分为 V16-1 和 V16-2 两种车型。其中，V16-2 车型的车长相对较大，主要用于大件货物的运输。

2.3.3 轴距及轴载质量分析

按照观测得到的各车型样本数量对各车型的轴质量和轴距进行分析处理，对经整理的各车型的轴质量及轴距数据采用 K-S 检验法分别按正态、对数正态、极值-I 型、威布尔和伽马 5 种分布类型进行概率分布的优度拟合检验，并由极大似然估计法或其近似公式给出各种分布参数。

K-S 检验法的基本原理是针对未知的总体分布，根据样本或经验提供的有关分布信息，先假设其服从某种分布，然后根据样本建立检验统计量 $D_n = |F_n(X_k) - F_0(X_k)|$，即经验分布函数与理论分布函数差值的绝对值，在给定的置信度 α 下做统计判断，当 $\mathrm{Max}D_n$ 小于

临界值 $D_{n,a}$（可由 K-S 检验临界值表查得），表示样本总体不拒绝该分布。表 2-2～表 2-3 分别给出了 G104 国道、宣大高速各车型轴距的概率分布及参数，图 2-11、图 2-12 分别以 G104 国道 V7 车型、宣大高速 V8 车型为例，给出了轴距实际分布与理论分布的对比图，其他车型轴距分布的拟合详见本章参考文献[4]。

G104 国道各车型轴距概率分布及其参数 表 2-2

轴距编号(AD_i)		分布类型	分布参数	
V1	AD_1	正态	$\hat{\mu}=2.587$	$\hat{\sigma}=0.171$
V2	AD_1	正态	$\hat{\mu}=3.870$	$\hat{\sigma}=0.226$
V3	AD_1	对数正态	$\hat{\mu}=1.158$	$\hat{\sigma}=0.090$
V4	AD_1	正态	$\hat{\mu}=5.366$	$\hat{\sigma}=0.336$
V5	AD_1	正态	$\hat{\mu}=4.760$	$\hat{\sigma}=0.545$
V6	AD_1	极值-I 型	$\hat{\beta}=6.051$	$1/\hat{\gamma}=0.201$
	AD_2	正态	$\hat{\mu}=1.302$	$\hat{\sigma}=0.044$
V7	AD_1	正态	$\hat{\mu}=1.766$	$\hat{\sigma}=0.104$
	AD_2	威布尔	$\hat{m}=12.301$	$\hat{\eta}=5.165$
V8	AD_1	极值-I 型	$\hat{\beta}=3.255$	$1/\hat{\gamma}=0.337$
	AD_2	对数正态	$\hat{\mu}=0.226$	$\hat{\sigma}=0.040$
V9	AD_1	威布尔	$\hat{m}=25.554$	$\hat{\eta}=1.821$
	AD_2	威布尔	$\hat{m}=24.458$	$\hat{\eta}=4.396$
	AD_3	正态	$\hat{\mu}=1.292$	$\hat{\sigma}=0.072$
V11	AD_1	威布尔	$\hat{m}=25.318$	$\hat{\eta}=3.816$
	AD_2	正态	$\hat{\mu}=7.176$	$\hat{\sigma}=0.450$
	AD_3	正态	$\hat{\mu}=1.229$	$\hat{\sigma}=0.048$
V12	AD_1	极值-I 型	$\hat{\beta}=3.329$	$1/\hat{\gamma}=0.217$
	AD_2	正态	$\hat{\mu}=6.512$	$\hat{\sigma}=0.927$
	AD_3	正态	$\hat{\mu}=1.234$	$\hat{\sigma}=0.050$
	AD_4	正态	$\hat{\mu}=1.216$	$\hat{\sigma}=0.050$
V15-1	AD_1	正态	$\hat{\mu}=3.098$	$\hat{\sigma}=0.165$
	AD_2	正态	$\hat{\mu}=1.281$	$\hat{\sigma}=0.048$
	AD_3	正态	$\hat{\mu}=5.770$	$\hat{\sigma}=0.745$
	AD_4	正态	$\hat{\mu}=1.239$	$\hat{\sigma}=0.044$
	AD_5	正态	$\hat{\mu}=1.223$	$\hat{\sigma}=0.046$
V15-2	AD_1	正态	$\hat{\mu}=2.956$	$\hat{\sigma}=0.193$
	AD_2	正态	$\hat{\mu}=1.306$	$\hat{\sigma}=0.064$
	AD_3	威布尔	$\hat{m}=14.278$	$\hat{\eta}=6.762$
	AD_4	正态	$\hat{\mu}=1.223$	$\hat{\sigma}=0.051$
	AD_5	正态	$\hat{\mu}=1.213$	$\hat{\sigma}=0.062$

续上表

轴距编号(AD_i)		分布类型	分布参数	
V15-3	AD_1	正态	$\hat{\mu}=3.196$	$\hat{\sigma}=0.156$
	AD_2	正态	$\hat{\mu}=1.277$	$\hat{\sigma}=0.049$
	AD_3	极值-I型	$\hat{\beta}=8.801$	$1/\hat{\gamma}=0.405$
	AD_4	正态	$\hat{\mu}=1.240$	$\hat{\sigma}=0.042$
	AD_5	正态	$\hat{\mu}=1.22$	$\hat{\sigma}=0.041$
V16-1	AD_1	极值-I型	$\hat{\beta}=1.636$	$1/\hat{\gamma}=0.106$
	AD_2	正态	$\hat{\mu}=2.390$	$\hat{\sigma}=0.172$
	AD_3	正态	$\hat{\mu}=5.859$	$\hat{\sigma}=0.35$
	AD_4	正态	$\hat{\mu}=1.233$	$\hat{\sigma}=0.044$
	AD_5	正态	$\hat{\mu}=1.212$	$\hat{\sigma}=0.044$
V16-2	AD_1	极值-I型	$\hat{\beta}=1.660$	$1/\hat{\gamma}=0.117$
	AD_2	威布尔	$\hat{m}=22.374$	$\hat{\eta}=2.536$
	AD_3	正态	$\hat{\mu}=8.967$	$\hat{\sigma}=0.751$
	AD_4	正态	$\hat{\mu}=1.234$	$\hat{\sigma}=0.041$
	AD_5	正态	$\hat{\mu}=1.221$	$\hat{\sigma}=0.039$

注：表中 AD_i 代表轴距，i 表示轴距编号。

宣大高速各车型轴距概率分布及其参数 表 2-3

轴距编号(AD_i)		分布类型	分布参数	
V1	AD_1	对数正态	$\hat{\mu}=1.067$	$\hat{\sigma}=0.087$
V3	AD_1	对数正态	$\hat{\mu}-1.463$	$\hat{\sigma}=0.167$
V5	AD_1	威布尔	$\hat{m}=4.760$	$\hat{\eta}=0.545$
V7	AD_1	正态	$\hat{\mu}=2.075$	$\hat{\sigma}=0.168$
	AD_2	正态	$\hat{\mu}=5.455$	$\hat{\sigma}=0.618$
V8	AD_1	极值-I型	$\hat{\beta}=4.441$	$1/\hat{\gamma}=0.961$
	AD_2	对数正态	$\hat{\mu}=0.353$	$\hat{\sigma}=0.068$
V9	AD_1	对数正态	$\hat{\mu}=0.721$	$\hat{\sigma}=0.082$
	AD_2	正态	$\hat{\mu}=4.913$	$\hat{\sigma}=0.388$
	AD_3	正态	$\hat{\mu}=1.472$	$\hat{\sigma}=0.098$
V11	AD_1	正态	$\hat{\mu}=3.823$	$\hat{\sigma}=0.254$
	AD_2	正态	$\hat{\mu}=8.522$	$\hat{\sigma}=1.089$
	AD_3	正态	$\hat{\mu}=1.396$	$\hat{\sigma}=0.079$
V12	AD_1	正态	$\hat{\mu}=3.835$	$\hat{\sigma}=0.412$
	AD_2	正态	$\hat{\mu}=6.322$	$\hat{\sigma}=0.907$
	AD_3	正态	$\hat{\mu}=1.391$	$\hat{\sigma}=0.085$
	AD_4	正态	$\hat{\mu}=1.389$	$\hat{\sigma}=0.051$

续上表

轴距编号(AD_i)		分布类型	分布参数	
V15	AD_1	正态	$\hat{\mu}=3.604$	$\hat{\sigma}=0.253$
	AD_2	正态	$\hat{\mu}=1.439$	$\hat{\sigma}=0.089$
	AD_3	正态	$\hat{\mu}=5.316$	$\hat{\sigma}=0.729$
	AD_4	正态	$\hat{\mu}=1.416$	$\hat{\sigma}=0.051$
	AD_5	正态	$\hat{\mu}=1.411$	$\hat{\sigma}=0.046$
V16	AD_1	正态	$\hat{\mu}=1.954$	$\hat{\sigma}=0.158$
	AD_2	极值-I型	$\hat{\beta}=2.708$	$1/\hat{\gamma}=0.176$
	AD_3	正态	$\hat{\mu}=5.904$	$\hat{\sigma}=0.854$
	AD_4	正态	$\hat{\mu}=1.410$	$\hat{\sigma}=0.062$
	AD_5	正态	$\hat{\mu}=1.401$	$\hat{\sigma}=0.052$

注：表中 AD_i 代表轴距，i 表示轴距编号。

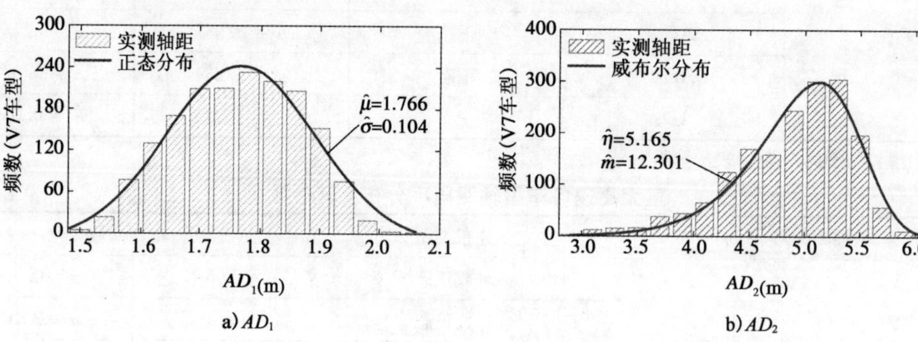

图 2-11 G104 国道 V7 车型轴距实际分布与理论分布对比

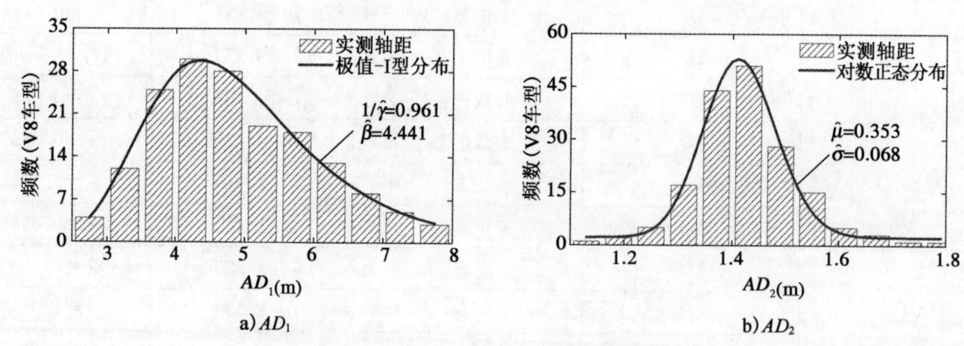

图 2-12 宣大高速 V8 车型轴距实际分布与理论分布对比

表 2-4、表 2-5 分别给出了 G104 国道、宣大高速各车型轴载质量的概率分布及分布参数，图 2-13 以 G104 国道 V11 车型为例，给出了各轴轴质量分布及概率分布拟合结果，其余车型拟合结果详见本章文献[4]。

G104 国道各车型轴载质量概率分布及其统计参数 表 2-4

轴编号 AW_j		分布类型	分布参数	
V1	AW_1	极值-I 型	$\hat{\beta}=0.639$	$1/\hat{\gamma}=0.144$
	AW_2	极值-I 型	$\hat{\beta}=0.469$	$1/\hat{\gamma}=0.166$
V2	AW_1	正态	$\hat{\mu}=2.608$	$\hat{\sigma}=0.391$
	AW_2	正态	$\hat{\mu}=5.868$	$\hat{\sigma}=0.880$
V3	AW_1	极值-I 型	$\hat{\beta}=1.345$	$1/\hat{\gamma}=0.366$
	AW_2	对数正态	$\hat{\mu}=0.563$	$\hat{\sigma}=0.601$
V4	AW_1	正态	$\hat{\mu}=4.204$	$\hat{\sigma}=0.779$
	AW_2	正态	$\hat{\mu}=8.310$	$\hat{\sigma}=1.201$
V5	AW_1	对数正态	$\hat{\mu}=1.145$	$\hat{\sigma}=0.350$
	AW_2	双峰正态	$\hat{p}_1=0.448, \hat{\mu}_1=3.165, \hat{\sigma}_1=1.238$	$\hat{p}_2=0.552, \hat{\mu}_2=8.091, \hat{\sigma}_2=1.669$
V6	AW_1	正态	$\hat{\mu}=4.942$	$\hat{\sigma}=0.855$
	AW_2	极值-I 型	$\hat{\beta}=7.422$	$1/\hat{\gamma}=0.797$
	AW_3	极值-I 型	$\hat{\beta}=3.964$	$1/\hat{\gamma}=0.587$
V7	AW_1	极值-I 型	$\hat{\beta}=3.220$	$1/\hat{\gamma}=0.929$
	AW_2	极值-I 型	$\hat{\beta}=3.077$	$1/\hat{\gamma}=1.144$
	AW_3	对数正态	$\hat{\mu}=2.165$	$\hat{\sigma}=0.515$
V8	AW_1	正态	$\hat{\mu}=5.351$	$\hat{\sigma}=1.335$
	AW_2	双峰正态	$\hat{p}_1=0.386, \hat{\mu}_1=4.871, \hat{\sigma}_1=2.547$	$\hat{p}_2=0.614, \hat{\mu}_2=11.859, \hat{\sigma}_2=1.584$
	AW_3	双峰正态	$\hat{p}_1=0.385, \hat{\mu}_1=4.481, \hat{\sigma}_1=2.188$	$\hat{p}_2=0.615, \hat{\mu}_2=11.459, \hat{\sigma}_2=1.360$
V9	AW_1	对数正态	$\hat{\mu}=1.433$	$\hat{\sigma}=0.315$
	AW_2	对数正态	$\hat{\mu}=1.442$	$\hat{\sigma}=0.336$
	AW_3	极值-I 型	$\hat{\beta}=4.642$	$1/\hat{\gamma}=3.242$
	AW_4	对数正态	$\hat{\mu}=1.914$	$\hat{\sigma}=0.561$
V11	AW_1	极值-I 型	$\hat{\beta}=2.881$	$1/\hat{\gamma}=0.822$
	AW_2	双峰正态	$\hat{p}_1=0.774, \hat{\mu}_1=4.457, \hat{\sigma}_1=1.110$	$\hat{p}_2=0.226, \hat{\mu}_2=11.060, \hat{\sigma}_2=1.844$
	AW_3	双峰正态	$\hat{p}_1=0.775, \hat{\mu}_1=3.211, \hat{\sigma}_1=0.958$	$\hat{p}_2=0.225, \hat{\mu}_2=8.814, \hat{\sigma}_2=1.885$
	AW_4	双峰正态	$\hat{p}_1=0.746, \hat{\mu}_1=3.171, \hat{\sigma}_1=0.878$	$\hat{p}_2=0.254, \hat{\mu}_2=8.952, \hat{\sigma}_2=1.397$
V12	AW_1	正态	$\hat{\mu}=4.160$	$\hat{\sigma}=1.109$
	AW_2	极值-I 型	$\hat{\beta}=4.942$	$1/\hat{\gamma}=3.283$
	AW_3	极值-I 型	$\hat{\beta}=2.560$	$1/\hat{\gamma}=2.694$
	AW_4	极值-I 型	$\hat{\beta}=2.624$	$1/\hat{\gamma}=2.418$
	AW_5	极值-I 型	$\hat{\beta}=3.295$	$1/\hat{\gamma}=2.762$

续上表

轴编号 AW_j		分布类型	分布参数	
V15-1	AW_1	正态	$\hat{\mu}=4.528$	$\hat{\sigma}=0.933$
	AW_2	双峰正态	$\hat{p}_1=0.367, \hat{\mu}_1=3.321, \hat{\sigma}_1=1.094$	$\hat{p}_2=0.633, \hat{\mu}_2=8.234, \hat{\sigma}_2=2.423$
	AW_3	双峰正态	$\hat{p}_1=0.381, \hat{\mu}_1=3.002, \hat{\sigma}_1=0.885$	$\hat{p}_2=0.619, \hat{\mu}_2=7.883, \hat{\sigma}_2=2.417$
	AW_4	双峰正态	$\hat{p}_1=0.579, \hat{\mu}_1=2.535, \hat{\sigma}_1=1.689$	$\hat{p}_2=0.421, \hat{\mu}_2=8.629, \hat{\sigma}_2=2.295$
	AW_5	双峰正态	$\hat{p}_1=0.579, \hat{\mu}_1=2.039, \hat{\sigma}_1=1.591$	$\hat{p}_2=0.421, \hat{\mu}_2=8.435, \hat{\sigma}_2=2.245$
	AW_6	双峰正态	$\hat{p}_1=0.460, \hat{\mu}_1=2.529, \hat{\sigma}_1=1.173$	$\hat{p}_2=0.540, \hat{\mu}_2=9.382, \hat{\sigma}_2=2.890$
V15-2	AW_1	正态	$\hat{\mu}=6.965$	$\hat{\sigma}=0.813$
	AW_2	正态	$\hat{\mu}=17.625$	$\hat{\sigma}=3.072$
	AW_3	正态	$\hat{\mu}=17.748$	$\hat{\sigma}=3.094$
	AW_4	双峰正态	$\hat{p}_1=0.770, \hat{\mu}_1=16.200, \hat{\sigma}_1=3.935$	$\hat{p}_2=0.230, \hat{\mu}_2=25.193, \hat{\sigma}_2=1.498$
	AW_5	双峰正态	$\hat{p}_1=0.727, \hat{\mu}_1=16.294, \hat{\sigma}_1=2.756$	$\hat{p}_2=0.273, \hat{\mu}_2=26.419, \hat{\sigma}_2=1.497$
	AW_6	双峰正态	$\hat{p}_1=0.750, \hat{\mu}_1=17.337, \hat{\sigma}_1=3.509$	$\hat{p}_2=0.250, \hat{\mu}_2=28.793, \hat{\sigma}_2=2.640$
V15-3	AW_1	正态	$\hat{\mu}=4.799$	$\hat{\sigma}=0.953$
	AW_2	正态	$\hat{\mu}=7.001$	$\hat{\sigma}=2.838$
	AW_3	正态	$\hat{\mu}=6.403$	$\hat{\sigma}=2.652$
	AW_4	双峰正态	$\hat{p}_1=0.300, \hat{\mu}_1=2.597, \hat{\sigma}_1=1.197$	$\hat{p}_2=0.700, \hat{\mu}_2=8.146, \hat{\sigma}_2=2.856$
	AW_5	双峰正态	$\hat{p}_1=0.444, \hat{\mu}_1=2.931, \hat{\sigma}_1=1.364$	$\hat{p}_2=0.556, \hat{\mu}_2=8.286, \hat{\sigma}_2=1.955$
	AW_6	双峰正态	$\hat{p}_1=0.697, \hat{\mu}_1=4.159, \hat{\sigma}_1=2.132$	$\hat{p}_2=0.303, \hat{\mu}_2=9.799, \hat{\sigma}_2=1.402$
V16-1	AW_1	正态	$\hat{\mu}=3.634$	$\hat{\sigma}=0.709$
	AW_2	正态	$\hat{\mu}=3.523$	$\hat{\sigma}=1.184$
	AW_3	双峰正态	$\hat{p}_1=0.252, \hat{\mu}_1=3.592, \hat{\sigma}_1=1.247$	$\hat{p}_2=0.748, \hat{\mu}_2=12.017, \hat{\sigma}_2=2.555$
	AW_4	双峰正态	$\hat{p}_1=0.345, \hat{\mu}_1=2.488, \hat{\sigma}_1=1.467$	$\hat{p}_2=0.655, \hat{\mu}_2=9.280, \hat{\sigma}_2=2.183$
	AW_5	双峰正态	$\hat{p}_1=0.352, \hat{\mu}_1=2.766, \hat{\sigma}_1=1.099$	$\hat{p}_2=0.648, \hat{\mu}_2=8.946, \hat{\sigma}_2=1.928$
	AW_6	双峰正态	$\hat{p}_1=0.414, \hat{\mu}_1=2.864, \hat{\sigma}_1=1.356$	$\hat{p}_2=0.586, \hat{\mu}_2=9.376, \hat{\sigma}_2=1.893$
V16-2	AW_1	正态	$\hat{\mu}=3.468$	$\hat{\sigma}=0.697$
	AW_2	正态	$\hat{\mu}=3.189$	$\hat{\sigma}=1.039$
	AW_3	双峰正态	$\hat{p}_1=0.483, \hat{\mu}_1=4.317, \hat{\sigma}_1=1.420$	$\hat{p}_2=0.517, \hat{\mu}_2=10.865, \hat{\sigma}_2=2.887$

续上表

轴编号 AW_j		分布类型	分布参数	
V16-2	AW_4	双峰正态	$\hat{p}_1=0.573,\hat{\mu}_1=3.113,\hat{\sigma}_1=1.353$	$\hat{p}_2=0.427,\hat{\mu}_2=9.384,\hat{\sigma}_2=2.333$
	AW_5	双峰正态	$\hat{p}_1=0.527,\hat{\mu}_1=2.393,\hat{\sigma}_1=1.342$	$\hat{p}_2=0.473,\hat{\mu}_2=8.197,\hat{\sigma}_2=2.363$
	AW_6	双峰正态	$\hat{p}_1=0.613,\hat{\mu}_1=2.833,\hat{\sigma}_1=1.367$	$\hat{p}_2=0.387,\hat{\mu}_2=9.359,\hat{\sigma}_2=1.759$

注：表中 AW_j 代表轴距，j 表示轴编号。

宣大高速各车型轴载质量概率分布及其参数 表 2-5

轴编号 AW_j		分布类型	分布参数	
V1	AW_1	极值-I 型	$\hat{\beta}=0.739$	$1/\hat{\gamma}=0.220$
	AW_2	极值-I 型	$\hat{\beta}=0.559$	$1/\hat{\gamma}=0.271$
V3	AW_1	对数正态	$\hat{\mu}=2.553$	$\hat{\sigma}=0.881$
	AW_2	伽马分布	$\hat{\alpha}=6.591$	$\hat{\lambda}=1.619$
V5	AW_1	伽马分布	$\hat{\alpha}=8.367$	$\hat{\lambda}=1.567$
	AW_2	对数正态	$\hat{\mu}=2.346$	$\hat{\sigma}=0.279$
V7	AW_1	正态	$\hat{\mu}=5.039$	$\hat{\sigma}=1.864$
	AW_2	伽马分布	$\hat{\alpha}=0.966$	$\hat{\lambda}=0.161$
	AW_3	极值-I 型	$\hat{\beta}=11.444$	$1/\hat{\gamma}=5.241$
V8	AW_1	正态	$\hat{\mu}=5.429$	$\hat{\sigma}=3.212$
	AW_2	极值-I 型	$\hat{\beta}=4.064$	$1/\hat{\gamma}-4.074$
	AW_3	极值-I 型	$\hat{\beta}=3.359$	$1/\hat{\gamma}=5.745$
V9	AW_1	对数正态	$\hat{\mu}=1.705$	$\hat{\sigma}=0.382$
	AW_2	对数正态	$\hat{\mu}=1.628$	$\hat{\sigma}=0.713$
	AW_3	伽马分布	$\hat{\alpha}=6.997$	$\hat{\lambda}=0.525$
	AW_4	对数正态	$\hat{\mu}=2.460$	$\hat{\sigma}=0.411$
V11	AW_1	对数正态	$\hat{\mu}=1.481$	$\hat{\sigma}=0.335$
	AW_2	正态	$\hat{\mu}=10.876$	$\hat{\sigma}=5.333$
	AW_3	双峰正态	$\hat{p}_1=0.310,\hat{\mu}_1=4.306,\hat{\sigma}_1=1.034$	$\hat{p}_2=0.690,\hat{\mu}_2=11.360,\hat{\sigma}_2=1.848$
	AW_4	双峰正态	$\hat{p}_1=0.408,\hat{\mu}_1=4.908,\hat{\sigma}_1=1.594$	$\hat{p}_2=0.592,\hat{\mu}_2=11.295,\hat{\sigma}_2=1.492$
V12	AW_1	对数正态	$\hat{\mu}=1.781$	$\hat{\sigma}=0.286$
	AW_2	威布尔	$\hat{m}=5.062$	$\hat{\eta}=14.898$
	AW_3	正态	$\hat{\mu}=8.490$	$\hat{\sigma}=3.650$
	AW_4	正态	$\hat{\mu}=8.608$	$\hat{\sigma}=3.594$
	AW_5	正态	$\hat{\mu}=8.151$	$\hat{\sigma}=3.616$

续上表

轴编号 AW_j		分布类型	分布参数	
V15	AW_1	正态	$\hat{\mu}=6.144$	$\hat{\sigma}=1.271$
	AW_2	对数正态	$\hat{\mu}=2.205$	$\hat{\sigma}=0.344$
	AW_3	对数正态	$\hat{\mu}=2.109$	$\hat{\sigma}=0.396$
	AW_4	对数正态	$\hat{\mu}=2.209$	$\hat{\sigma}=0.300$
	AW_5	对数正态	$\hat{\mu}=2.297$	$\hat{\sigma}=0.281$
	AW_6	对数正态	$\hat{\mu}=2.240$	$\hat{\sigma}=0.313$
V16	AW_1	正态	$\hat{\mu}=5.273$	$\hat{\sigma}=1.104$
	AW_2	对数正态	$\hat{\mu}=1.403$	$\hat{\sigma}=0.333$
	AW_3	正态	$\hat{\mu}=14.512$	$\hat{\sigma}=2.986$
	AW_4	正态	$\hat{\mu}=9.741$	$\hat{\sigma}=2.444$
	AW_5	正态	$\hat{\mu}=10.622$	$\hat{\sigma}=2.510$
	AW_6	正态	$\hat{\mu}=10.032$	$\hat{\sigma}=2.485$

注：表中 AW_j 代表轴距，j 表示轴编号。

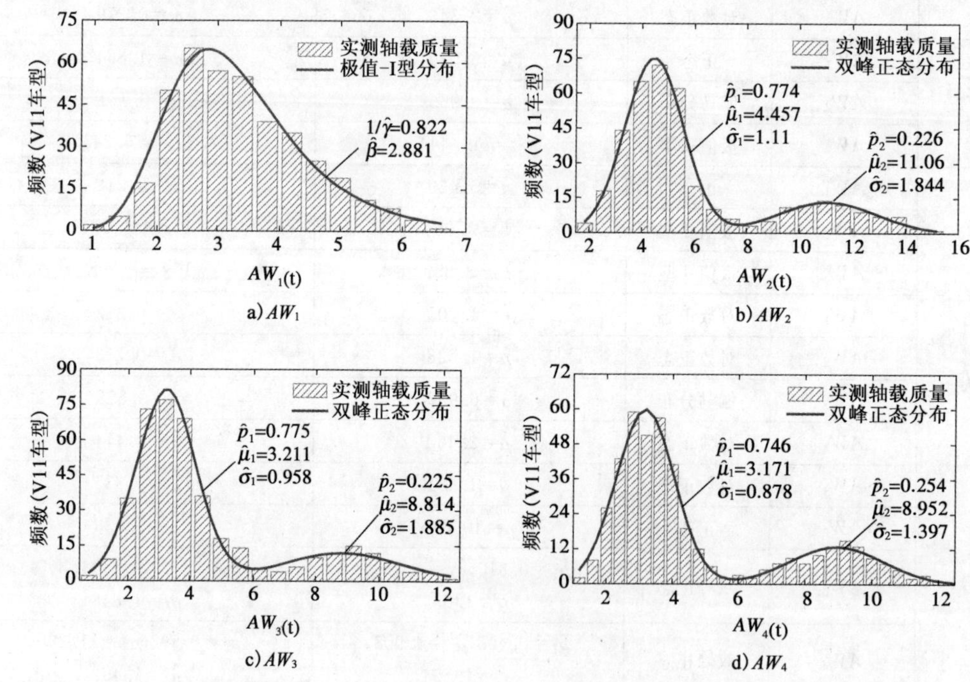

图 2-13　G104 国道 V11 车型轴质量实际分布与理论分布对比

2.3.4　交通量时变特性

交通量是指在单位时段内，通过公路某一地点、某一断面或某一条车道的交通实体数量。交通量具有时间变化特性，会随一年中的每个月、一星期中的每一天、一天中的每个小时以及在一小时之内的时间间隔而不断变化。其分布具有不均匀性,时间跨度越长,交通不均匀性越大。交通量随时间的变化规律可以反映公路的通行能力以及各类车型车辆的出行特点。

本次交通荷载调查提取G104国道和宣大高速测点连续一个月的实测车辆数据,为全面调查分析各类车型的时间分布规律及出行特点,分别以"周""天"及"小时"为基本单位进行各车型交通量时变特性的统计调查。

2.3.4.1 交通量的周变化

周变化是指交通量在一周内各天的变化,交通量在一周内有一定的波动,可以反映交通量在一周内各天的不均匀分布。月交通量周变系数是反映月平均意义下一周内各天的交通量分布情况。通常可以用月交通量周变化系数 WF_i 来描述一周内各天的交通量不均匀分布特征,其计算公式如下:

$$WF_i = \frac{\text{星期 } i \text{ 月平均日交通量}}{\text{月平均周交通量}} \tag{2-1}$$

图2-14为G104国道及宣大高速一个月交通量周变系数变化图。从图中可以看出,G104国道月交通量周变系数变化趋势较为平稳,周一至周五除周四外各天交通量水平均高于平均交通量,而从周五至周日有一个下降的趋势。宣大高速周变系数变化较大,周一至周三的交通量均低于平均水平,从周一至周五(工作日)呈现明显的上升趋势,周六一天的交通量急剧下降,而在周日显著增大。主要由于G104国道一类车(中小型车)所占比例最大,从周一到周日各天一类车出行数量比较稳定,因此周变系数变化较小。而宣大高速调查路段为运煤专线,运煤车辆及其他货运车辆(第5类车)行驶比例较大,第5类车出行数量也相对比较稳定,但是每逢周末,高速公路上小型车出行的数量将大大增加,分别于周五及周日往返,交通量在周五及周日分别出现一个高峰。

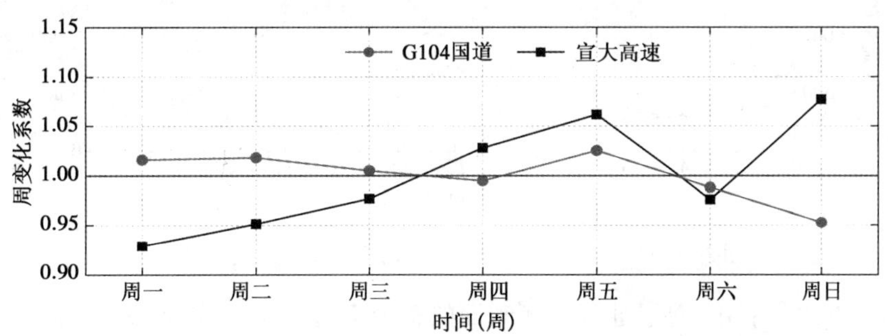

图2-14 G104国道与宣大高速一个月交通量周变化系数

2.3.4.2 交通量的日变化

日变化是指交通量在一个月内各天的变化,交通量在一个月内有一定的波动,反映交通量的日不均匀分布。月交通量日变系数是反映月平均意义下的交通量日分布情况。通常可以用月交通量日变系数来描述交通量的日不均匀分布特征,其计算公式如下:

$$DF_i = \frac{一个月第\ i\ 日交通量}{月平均日交通量} \tag{2-2}$$

图 2-15 为 G104 国道及宣大高速一个月交通量日变系数变化图。由图可知，宣大高速一个月交通量日变系数的变化波动范围较大，日交通量不均匀分布程度比 G104 国道高。

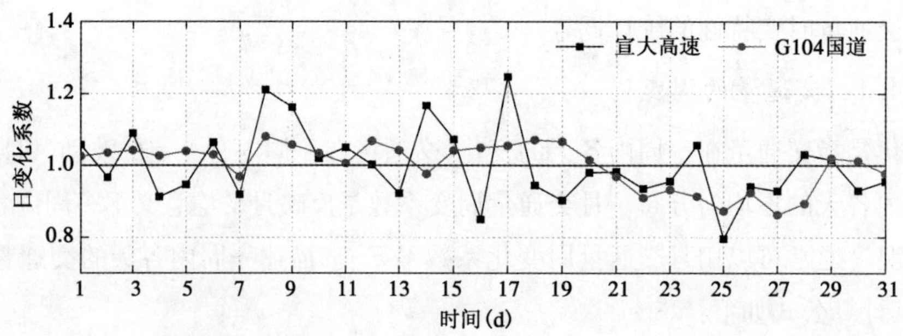

图 2-15　G104 国道与宣大高速一个月交通量日变系数

2.3.4.3　交通量的小时变化

不同车型出行规律及车辆用途与交通量时变规律密切相关，在描述各类车型的出行特点之前，首先根据现代人的活动特点，将一天 24h 人为地划分为两个时段：第 1 个为人的“活动时段”，8：00～20：00；第 2 个为“休息时段”，20：00～8：00。

(1)总体交通量时变特性

图 2-16 给出了 G104 国道及宣大高速一个月 24h 各时段通过观测断面总的交通量变化图。图 2-16 中 G104 国道交通量数据采用右侧坐标标示，宣大高速采用左侧坐标标示。

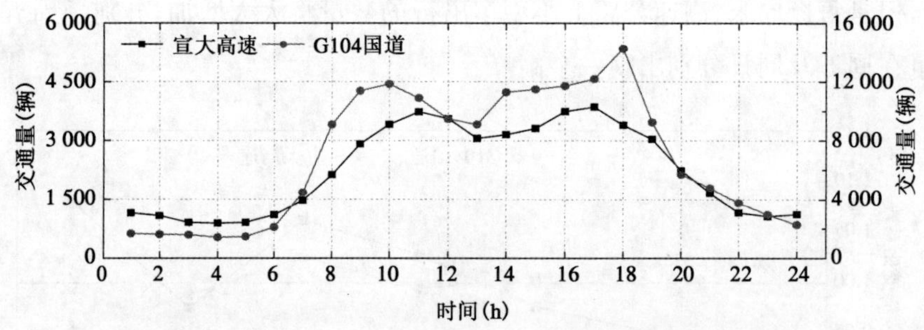

图 2-16　G104 国道及宣大高速一个月 24h 各时段交通流量分布

从图 2-16 可以看出，对于通过观测断面的整个交通量而言，在 8：00～20：00 时段内，两个地区交通量均较大，其中 G104 国道一个月各小时交通量均超过 5 700 辆，最高峰出现在 17：00～18：00 时段，交通量达到 14 000 辆以上；宣大高速一个月内每天的各个小时总交通量均超过 2 000 辆，最高峰出现在 16：00～17：00 时段，总车流量达到 3 800 辆以上。而在 20：00～8：00 时段内，交通量较小，G104 国道一个月各小时最大交通量为 4 800 辆，最小为 1 416 辆；宣大高速一个月各小时最大总交通量为 1 660 辆，最小为 892 辆。

(2)分车型交通量时变特性

由于各车型用途不同,因此各车型在全天24h不同时段内通过观测断面的车辆数目在不断变化。图2-17和图2-18分别给出G104国道及宣大高速一个月24h各车型交通量时段分布,图2-17及图2-18中第1类车交通量数据采用左侧坐标标示,其余车型交通量数据采用右侧坐标标示。

由图2-17、图2-18可知:G104国道、宣大高速第1类车车流量在"活动时段"都比较大,且均存在两处峰值,分别位于早9点、晚18点以及早上11点、下午5点;两个路段第2类车、第3类车与第1类车出行规律类似,但交通量峰值时刻略有差异,且宣大高速两类车型交通量较小,第1类至第3类车型在"休息时段"有明显下降;G104国道、宣大高速第4类、第5类车在全天24时段内交通流量平稳。

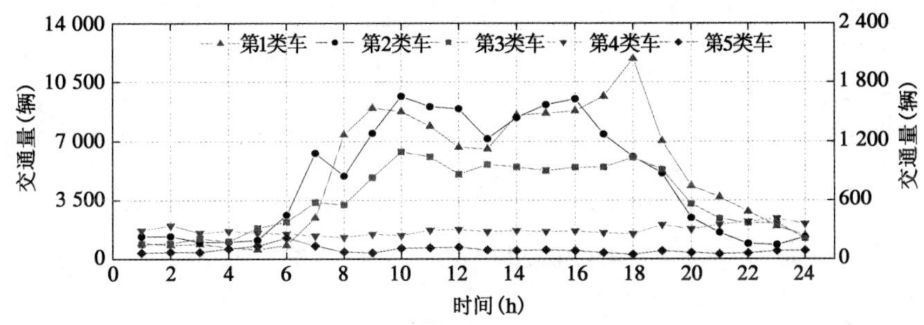

图2-17 G104国道一个月24h各车型流量时段分布

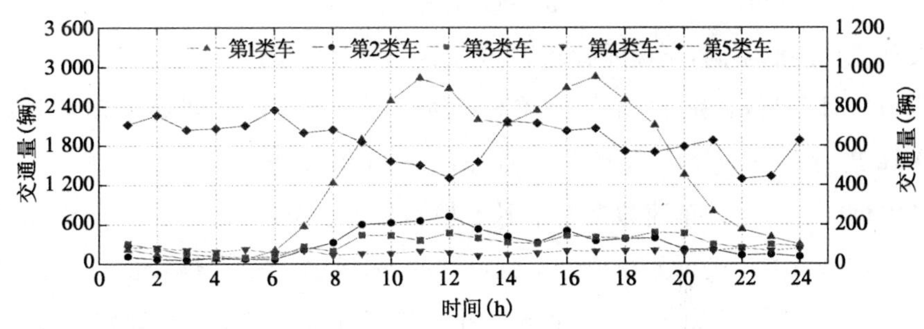

图2-18 宣大高速一个月24h各车型流量时段分布

2.3.5 行驶车道分布特征

行驶车辆在桥上的横向位置不同时,桥梁结构的受力状态,特别是横向荷载分布也不同,因此,在实际调查中对3个地区特重车行驶车道参数进行了统计分析。在实际调查中发现,紧急停车带基本无车辆行驶。图2-19分别给出了两个路段车辆的行驶车道分布。

一般而言,大型车辆车身质量大、行驶速度偏低,为自身行驶安全及避免出现交通流"移动瓶颈",均会选择沿行车道行驶。从图2-19可以看出:

(1)G104 国道车辆存在骑中线行驶的情况，主要由于 G104 国道交通流观测点为弯梁桥，驾驶员出于安全考虑及车辆转弯需要有向内侧车道变道的趋势，而宣大高速测点处位于一个长直的下坡路段，不存在这种情况；

(2)G104 国道、宣大高速两个路段的第 1 类车均以沿超车道行驶为主，分别占据车辆总数的 74.6%、69.6%，第 5 类车均以沿行车道行驶为主，分别占据车辆总数的 45.9%、86.7%；

(3)G104 国道第 2、3、4 类车沿超车道行驶的比例高于行车道，而宣大高速 3 种类型车辆以沿行车道行驶为主。

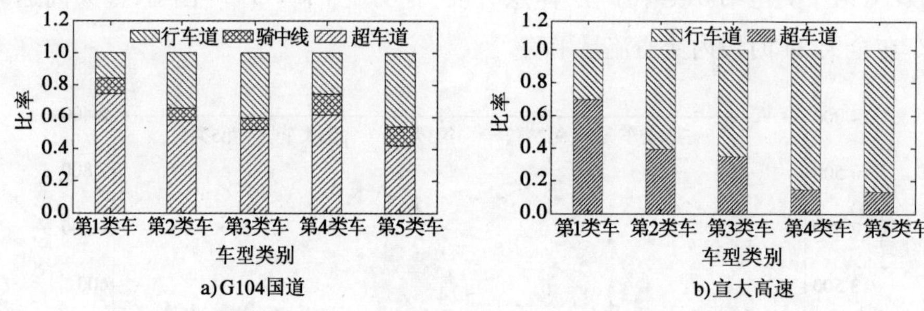

图 2-19 G104 国道及宣大高速各类车型车道分布比率

2.3.6 车速分析

车速是影响车、桥动力响应的关键参数。在调查中发现，同一类车不同车型由于运输性质以及发动机性能的不同，车速差异较大。为了精确获得车速样本，在车速调查时，以车型为单位进行统计分析，特别地，第 5 大类车型按牵引车类型的不同划分成 3 小类，即 V10、V11 和 V12 进行合并，V13 和 V16 进行合并，V14 和 V15 进行合并。

对经整理的各型车的车速数据采用 K-S 检验法分别按正态、对数正态、极值-I 型、威布尔和伽马 5 种分布类型进行分布拟合检验，检验结果表明：各车型车速均不拒绝正态分布。表 2-6 给出了 G104 国道及宣大高速各车型车速概率分布类型及分布参数。

G104 国道及宣大高速各车型车速概率分布类型及分布参数 表 2-6

车型	G104 国道			宣大高速		
	分布类型	分布参数		分布类型	分布参数	
V1	正态	$\hat{\mu}=60.142$	$\hat{\sigma}=9.908$	正态	$\hat{\mu}=121.273$	$\hat{\sigma}=20.279$
V2	正态	$\hat{\mu}=52.847$	$\hat{\sigma}=8.897$	—	—	—
V3	正态	$\hat{\mu}=52.654$	$\hat{\sigma}=10.278$	正态	$\hat{\mu}=95.115$	$\hat{\sigma}=18.610$
V4	正态	$\hat{\mu}=53.375$	$\hat{\sigma}=9.333$	—	—	—
V5	正态	$\hat{\mu}=49.746$	$\hat{\sigma}=9.786$	正态	$\hat{\mu}=95.968$	$\hat{\sigma}=23.796$
V6	正态	$\hat{\mu}=59.217$	$\hat{\sigma}=6.239$	—	—	—

续上表

车型	G104 国道			宣大高速		
	分布类型	分布参数		分布类型	分布参数	
V7	正态	$\hat{\mu}=45.618$	$\hat{\sigma}=10.155$	正态	$\hat{\mu}=81.313$	$\hat{\sigma}=17.851$
V8	正态	$\hat{\mu}=48.539$	$\hat{\sigma}=8.205$	正态	$\hat{\mu}=79.797$	$\hat{\sigma}=26.274$
V9	正态	$\hat{\mu}=50.217$	$\hat{\sigma}=12.478$	正态	$\hat{\mu}=80.494$	$\hat{\sigma}=15.222$
V10～V12	正态	$\hat{\mu}=39.419$	$\hat{\sigma}=9.742$	正态	$\hat{\mu}=83.583$	$\hat{\sigma}=16.161$
V13、V16	正态	$\hat{\mu}=38.399$	$\hat{\sigma}=8.435$	正态	$\hat{\mu}=82.426$	$\hat{\sigma}=13.657$
V14、V15	正态	$\hat{\mu}=39.037$	$\hat{\sigma}=10.737$	正态	$\hat{\mu}=83.693$	$\hat{\sigma}=12.917$

从表 2-6 中可以发现，宣大高速各型车的平均行驶速度均大于 G104 国道，两个地区平均车速范围分别为 82～122km/h、38～61 km/h，同时，宣大高速的车速分布的离散程度也比 G104 国道大。这主要是由于宣大高速测点公路为山区高速公路，测点所在位置处于长下坡路段，车速普遍较快，车速分布范围较大，而 G104 国道调查测点选取为弯桥，车速普遍较低。图 2-20 分别以 G104 国道 V3 车型及宣大高速 V13、V16 车型为例，给出了实测车速与概率分布拟合结果，其余车型拟合效果类似，详见文献[4]。

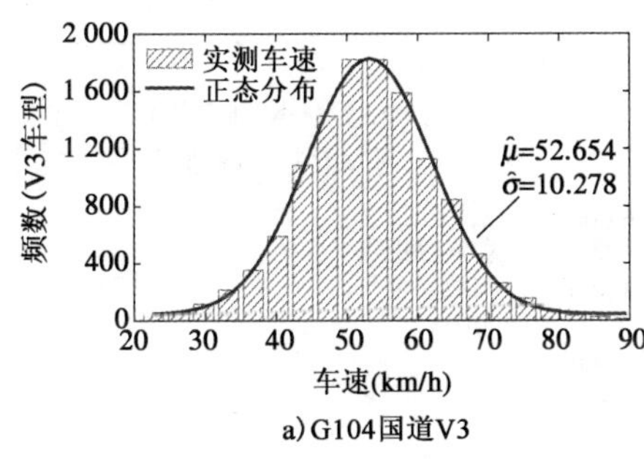

a) G104国道V3

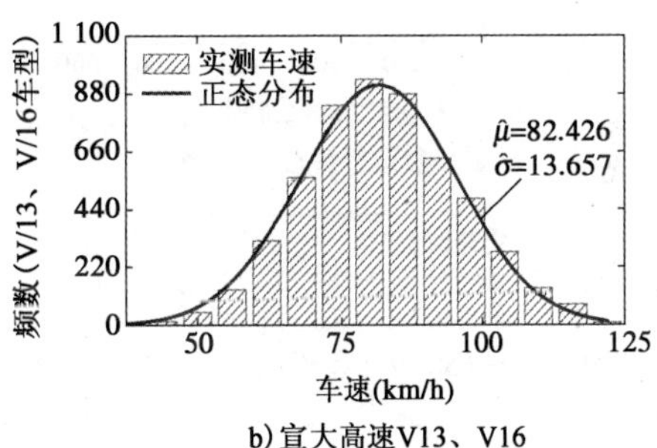

b) 宣大高速V13、V16

图 2-20　G104 国道 V3 车型宣大高速 V13、V16 车型车速实际分布与理论分布对比

2.3.7　车时距分析

车时距是决定车流密集度的主要参数，在《公路桥涵设计通用规范》(JTG D60—2015)中[5]，根据前后车辆的时间间隔大小，将交通流的运行状态划分为一般运行和密集运行两种状态，分别对应于前后车时间间隔大于或等于 3s、小于 3s。按照这种划分方式，通过车辆荷载监测系统连续采集记录一个月中每辆车的到达时间，在整理所得车辆到达时间的基础上，分析在一般运行和密集运行两种状态下各车道上行驶车辆的车时距概率分布特征及分布参数。

利用 K-S 检验法对车时距参数统计分布类型进行判断并进行优度拟合检验，结果表明：河北地区一般运行状态下的车时距不拒绝伽马分布，密集运行状态下的车时距不拒绝正态分布；浙江地区车辆荷载的车时距均不拒绝伽马分布。表 2-7 为 G104 国道及宣大高速车时距概率分布类型及分布参数。图 2-21 和图 2-22 分别给出了 G104 国道及宣大高速实际车时距和理论伽马分布直方图对比[6]。

G104 国道及宣大高速车时距概率分布及其参数　　表 2-7

调查地点	运行状态	行驶车道	分布类型	分布参数	
G104 国道	一般运行状态	行车道	伽马分布	$\hat{\alpha}=0.2954$	$\hat{\lambda}=0.0038$
		超车道	伽马分布	$\hat{\alpha}=0.4005$	$\hat{\lambda}=0.0149$
	密集运行状态	行车道	伽马分布	$\hat{\alpha}=7.4072$	$\hat{\lambda}=3.5829$
		超车道	伽马分布	$\hat{\alpha}=7.7043$	$\hat{\lambda}=3.7311$
宣大高速	一般运行状态	行车道	伽马分布	$\hat{\alpha}=0.5683$	$\hat{\lambda}=0.0058$
		超车道	伽马分布	$\hat{\alpha}=0.1694$	$\hat{\lambda}=0.0016$
	密集运行状态	行车道	正态分布	$\hat{\mu}=1.7360$	$\hat{\sigma}=0.6557$
		超车道	正态分布	$\hat{\mu}=1.5995$	$\hat{\sigma}=0.6300$

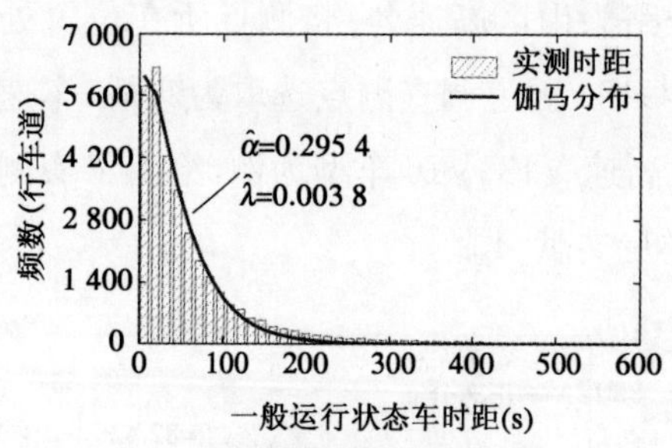

a) 一般运行状态(行车道)

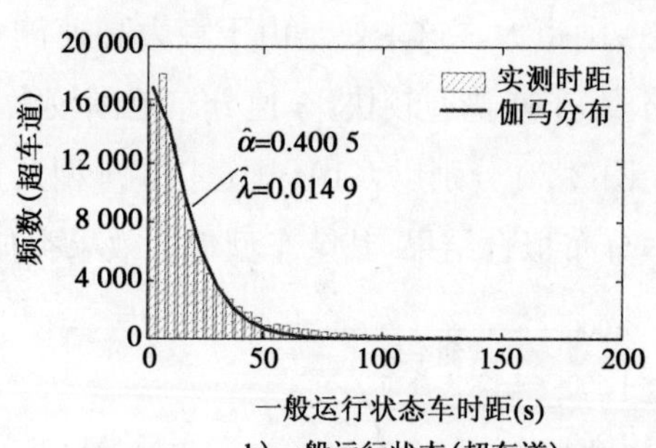

b) 一般运行状态(超车道)

c) 密集运行状态(行车道)

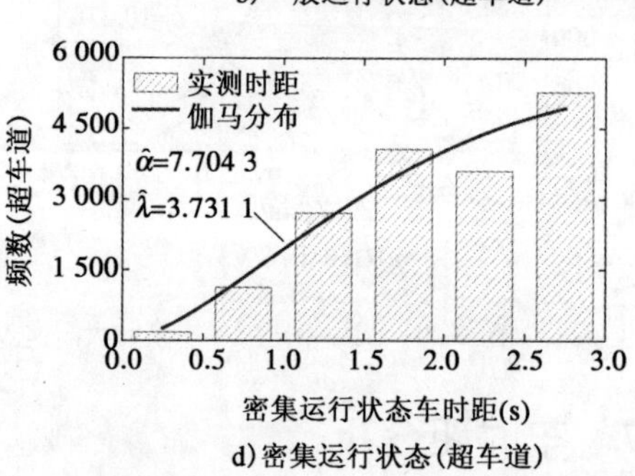

d) 密集运行状态(超车道)

图 2-21　G104 国道车时距分布拟合

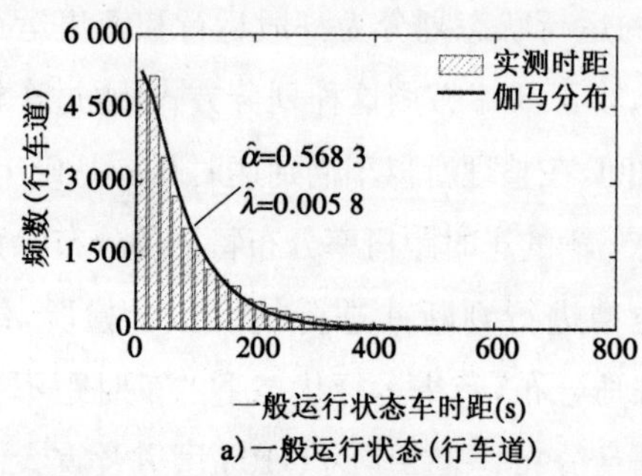

a) 一般运行状态(行车道)

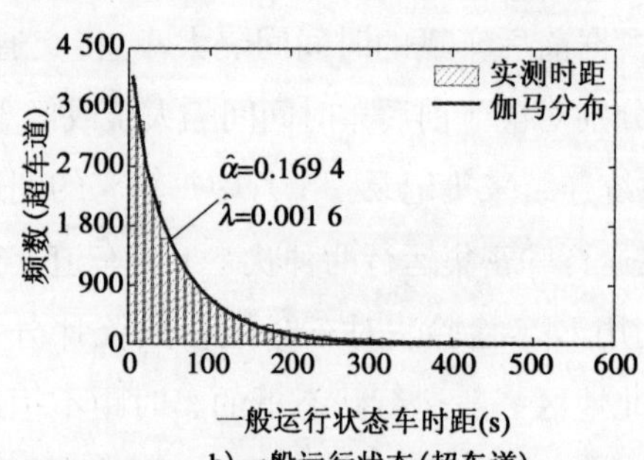

b) 一般运行状态(超车道)

图　2-22

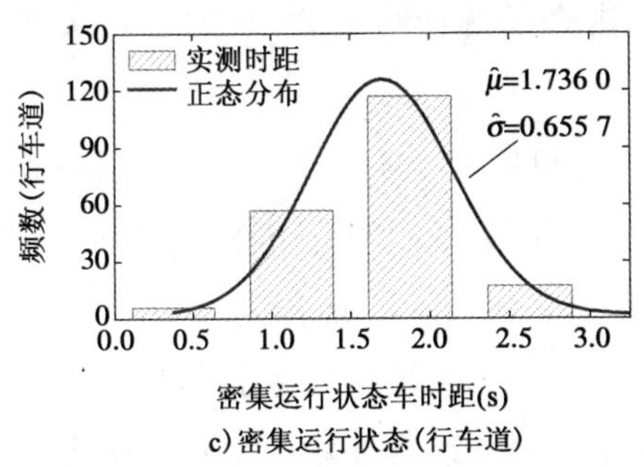

c)密集运行状态(行车道)

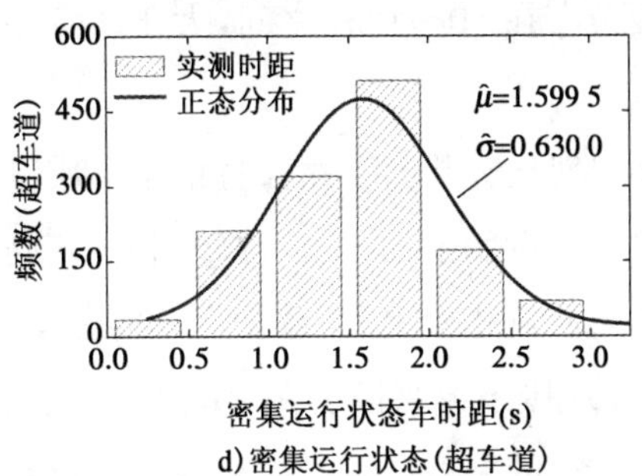

d)密集运行状态(超车道)

图 2-22 宣大高速车时距分布拟合

2.4 特重车荷载特征分析

在本书的分析中，根据车质量将公路运输中的车辆划分为 3 大类：轻车（车质量＜20t）、重车（20t≤车质量＜80t）及特重车（车质量≥80t）。选择 80t 为特重车车质量起始点，主要出于以下 3 个方面的考虑：

(1)车质量超过 80t 的重载卡车在我国公路运输中是实际存在的；

(2)80t 位于车质量分布的右尾部，以该点截尾得到的车辆荷载水平较高，在满足下文响应特征分析的同时，对于结构安全评价更有意义；

(3)以 80t 为特重车车质量下限可有效控制工况数量，从而保证分析效率。

随着我国国民经济和交通运输业的蓬勃发展，公路货物运输需求量日益增长，大型及特大型货运汽车逐渐成为运输大型设备和重型货物的主力车型，为了提高运输效率，同时降低运输成本，特重车交通荷载呈现出常态化运营的趋势。本节利用在 G104 国道、宣大高速和沪陕高速 3 个路段采集到的交通荷载数据，从车质量、车型参数、时间分布规律、行驶车道分布特征、车速、车长等方面出发，首次针对公路特重车交通荷载展开全面分析，并对 3 个地区特重车交通荷载的特点进行了对比分析，可为在役桥梁的安全可靠性评估提供重要参考。

2.4.1 车质量分析

特重车的车质量对于结构安全评估是一个十分重要的指标。特重车过桥对公路桥梁带来的危害非常大，车质量越大，对结构的影响越不利。对实际作用于结构上的特重车的车质量进行调查统计，可以为交通部门进行在役公路桥梁的安全状况评估提供可靠依据。

图 2-23 为 G104 国道、宣大高速、沪陕高速 3 个路段特重车的车质量分布直方图。从图中可以看出，G104 国道特重车的车质量呈现出双峰分布的特性，两个峰值分别出现在 95t 和 130t 处，大于 120t 的车辆占全部统计结果的 23.5%；宣大高速车质量主要分布在 80～120t 之间，大于 120t 的车辆仅占全部统计结果的 3%，最大车质量为 145.6t；沪陕高速车质

量主要分布在 80～135t 之间，大于 135t 的车辆占全部统计结果的 10.7%，最大车质量为 137.6t。

通过对比分析 3 个路段特重车车质量分布特点可知，G104 国道特重车车质量超过 120t 的数量及比例明显高于宣大高速和沪陕高速，并呈现明显的双峰分布特性，说明该路段特重车的运载质量相对更大，载货汽车的运输效率高，但其超载运输现象也更为严重。这主要是因为 G104 国道绍兴段公路等级为一级公路，各种重型及特重型车辆可以自由出入通行，无法对特重车的装载质量进行有效控制，给沿线桥梁的安全运营带来极为不利的影响。

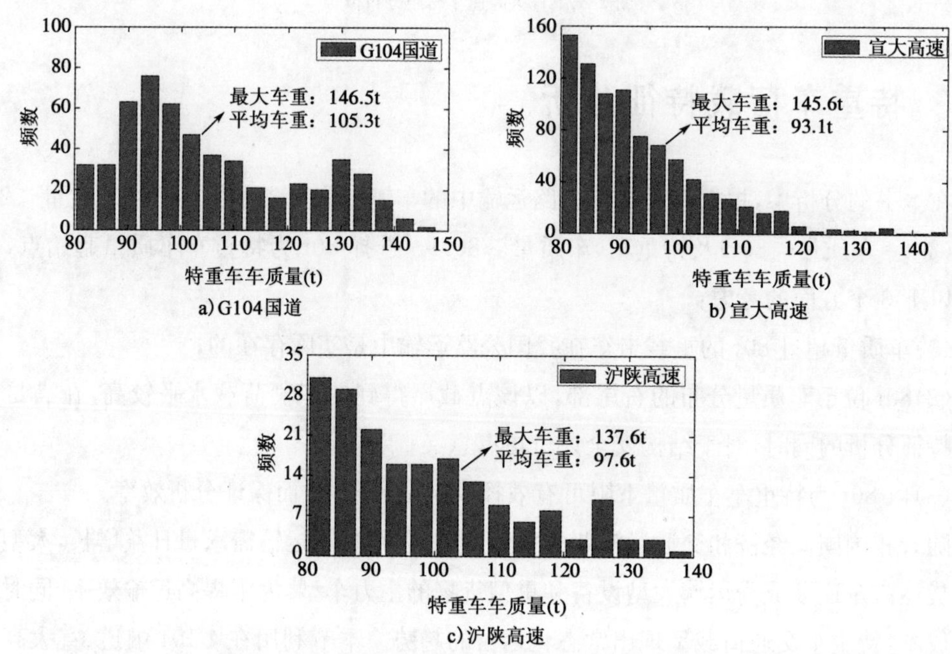

图 2-23　特重车车质量分布

2.4.2　车型分析

特重车对桥梁结构的荷载效应不仅取决于车质量，而且与轴数、轴距、轴质量等参数密切相关，所以车型调查分析是研究特重车交通荷载的重要内容之一。表 2-8 给出了 3 个路段的典型特重车车型、各车型数量及数量百分比。由表 2-8 可知：

(1)宣大高速与沪陕高速共 6 种特重车车型，分别为 4 轴整车、4 轴拖挂车、5 轴拖挂车(双前轴和双后轴两种)以及 6 轴拖挂车，G104 国道特重车车型有 5 种，除不包括 4 轴拖挂车车型外，其余车型与河北宣大高速公路和沪陕高速公路一致；

(2)G104 国道、宣大高速与沪陕高速特重车主体车型均为 V_{T5}，分别占据各路段特重车总数的 91.98%、75.99%、62.57%；

(3)3 个路段特重车车型均是以 V_{T5} 为主，但 V_{T5} 轴距和轴重差异较大，依据轴距和轴重

的差异将 V_{T5} 进一步划分，首先根据轴距直方图的初步统计，河北和上海依据拖车最后一个车轴（轴 3）距挂车最前一个车轴（轴 4）的轴距 AD_{53} 可以划分为 I 型（小轴距）和 II 型（大轴距）两种车型，浙江特重车数据更为丰富，除了划分大轴距和小轴距之外，根据装载质量大小把大轴距又划分为 II 型（大轴距小轴重）和 III 型（大轴距大轴重）。

特重车车型分类　　　　表 2-8

序号	车型	轴数	图示 轴距(m)及轴载质量(t)	各地区特重车数量(辆)及比例(%)					
				G104 国道	比例	宣大 高速	比例	沪陕 高速	比例
1	V_{T1}	4	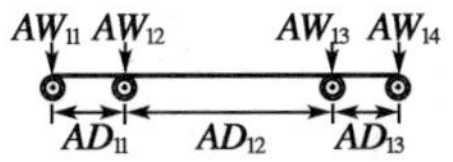 AW_{11} AW_{12} AW_{13} AW_{14} AD_{11} AD_{12} AD_{13}	33	6.01	36	4.08	3	1.60
2	V_{T2}	4	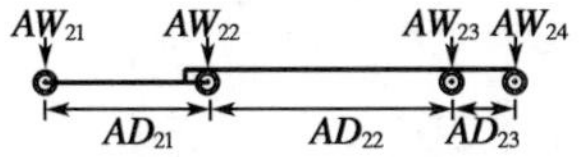 AW_{21} AW_{22} AW_{23} AW_{24} AD_{21} AD_{22} AD_{23}	0	0	2	0.23	8	4.28
3	V_{T3}	5	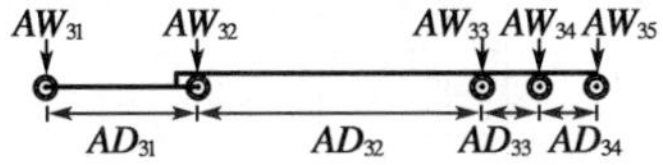 AW_{31} AW_{32} AW_{33} AW_{34} AW_{35} AD_{31} AD_{32} AD_{33} AD_{34}	3	0.55	7	0.79	42	22.46
4	V_{T4}	5	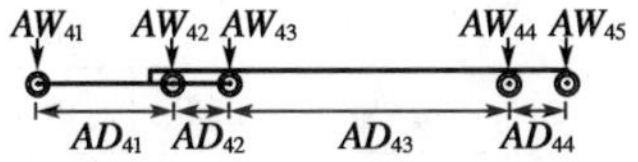 AW_{41} AW_{42} AW_{43} AW_{44} AW_{45} AD_{41} AD_{42} AD_{43} AD_{44}	3	0.55	2	0.23	3	1.60
5	V_{T5}	6	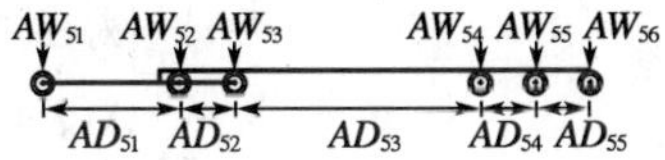 AW_{51} AW_{52} AW_{53} AW_{54} AW_{55} AW_{56} AD_{51} AD_{52} AD_{53} AD_{54} AD_{55}	I)117 II)242 III)146	21.31 44.08 26.59	I)362 II)309	41.00 34.99	I)94 II)23	50.27 12.30
6	V_{T6}	6	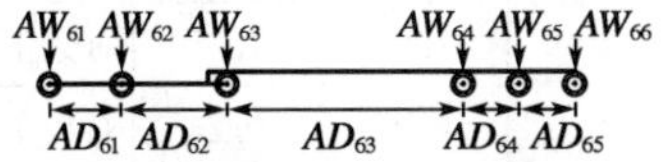 AW_{61} AW_{62} AW_{63} AW_{64} AW_{65} AW_{66} AD_{61} AD_{62} AD_{63} AD_{64} AD_{65}	5	0.91	165	18.69	14	7.49
合计(辆)				549	—	883	—	187	—

注：表中 AD_{pi} 代表轴距，AW_{pj} 代表轴质量。其中，p 为车型序号，i 为轴距编号，j 为轴编号。

按照观测得到的各车型样本数量对各车型的轴质量和轴距进行分别处理。对于样本数量较少的车型，仅仅计算轴质量和轴距参数的样本均值和标准差。对于样本数量较多的车型，对经整理的各车型的轴质量及轴距数据采用 K-S 检验法进行概率分布的优度拟合检验，并由极大似然估计法或其近似公式给出各种分布参数。

表 2-9～表 2-11 分别给出了 3 个路段各特重车车型轴质量与轴距的概率分布类型及分布参数，对于样本量过小的车型，表中仅给出其轴质量及轴距的样本均值与标准差。图2-24以宣大高速 V_{T5}-I 车型为例，给出了各轴轴质量分布及拟合结果，其余车型各参数拟合效果类似，详见本章参考文献[4]。

3 个路段特重车型轴质量及轴距分布类型及分布参数(V_{T5} 车型除外) 表 2-9

车型	变量编号	G104 国道			宣大高速			沪陕高速		
		分布类型	*LP*	*SP*	分布类型	*LP*	*SP*	分布类型	*LP*	*SP*
V_{T1}	AW_{11}	—	11.06	0.80	—	15.76	2.90	—	12.13	1.83
	AW_{12}		11.85	1.14		16.12	3.32		13.15	2.93
	AW_{13}		31.41	2.89		28.66	4.68		29.15	3.92
	AW_{14}		31.84	1.78		28.32	5.18		30.99	4.97
	AD_{11}		1.74	0.31		2.17	0.15		1.72	0.33
	AD_{12}		4.05	0.71		4.96	0.61		4.12	0.83
	AD_{13}		1.26	0.22		1.51	0.18		1.22	0.43
V_{T2}	AW_{21}	—	—	—	—	6.00	0.71	—	7.06	1.72
	AW_{22}					12.22	1.41		14.22	1.92
	AW_{23}					34.35	1.41		33.67	2.83
	AW_{24}					38.08	0.71		34.43	2.33
	AD_{21}					3.86	0.14		3.75	0.24
	AD_{22}					8.48	0.28		7.94	0.46
	AD_{23}					1.34	0.07		1.27	0.15
V_{T3}	AW_{31}	—	7.45	0.15	—	8.40	2.41	正态	10.01	1.76
	AW_{32}		21.06	1.97		18.99	5.93	对数正态	3.17	0.15
	AW_{33}		21.33	4.06		20.09	2.42	正态	18.90	3.30
	AW_{34}		17.94	2.02		20.09	2.08	对数正态	3.04	0.13
	AW_{35}		21.92	3.86		19.86	3.98	对数正态	3.12	0.16
	AD_{31}		3.16	0.22		3.91	0.38	对数正态	1.12	0.10
	AD_{32}		5.61	0.50		7.05	1.35	对数正态	1.70	0.14
	AD_{33}		1.26	0.09		1.37	0.24	对数正态	0.22	0.08
	AD_{34}		1.21	0.08		1.43	0.18	对数正态	0.20	0.09
V_{T4}	AW_{41}	—	6.08	2.12	—	5.98	0.07	—	7.77	1.14
	AW_{42}		16.23	0.49		15.95	2.65		22.45	4.62
	AW_{43}		17.03	2.38		23.17	0.01		17.28	2.10
	AW_{44}		20.22	3.38		26.25	6.06		20.82	3.51
	AW_{45}		26.99	2.91		24.73	3.36		20.98	4.39
	AD_{41}		3.29	0.19		3.12	0.01		3.15	0.24
	AD_{42}		1.31	0.13		1.63	0.10		1.31	0.16
	AD_{43}		4.73	1.66		6.86	1.18		4.85	1.36
	AD_{44}		1.22	0.08		1.36	0.05		1.22	0.10
V_{T6}	AW_{61}	—	5.71	0.53	对数正态	1.83	0.35	极值-I 型	6.37	0.70
	AW_{62}		5.50	0.89	对数正态	1.67	0.44	对数正态	2.05	0.14

续上表

车型	变量编号	G104 国道			宣大高速			沪陕高速		
		分布类型	LP	SP	分布类型	LP	SP	分布类型	LP	SP
V_{T6}	AW_{63}	—	23.47	2.32	极值-I 型	4.63	2.07	正态	19.50	4.02
	AW_{64}		20.62	3.59	对数正态	3.05	0.21	正态	16.87	2.62
	AW_{65}		18.92	2.08	对数正态	3.04	0.21	对数正态	2.83	0.14
	AW_{66}		19.15	1.98	正态	21.32	5.60	对数正态	2.87	0.15
	AD_{61}		1.69	0.09	正态	1.98	0.14	正态	1.65	0.10
	AD_{62}		2.39	0.26	对数正态	1.08	0.09	对数正态	0.92	0.10
	AD_{63}		5.59	0.73	对数正态	1.81	0.17	对数正态	1.72	0.15
	AD_{64}		1.26	0.07	极值-I 型	5.73	0.81	对数正态	0.21	0.07
	AD_{65}		1.20	0.06	正态	1.24	0.04	对数正态	0.18	0.05

注:表中 LP 为对应概率分布函数的定位参数(Location Parameter),SP 为对应概率分布函数的尺度参数(Scale Parameter)。对于统计样本容量较小的车型,表中仅列出其轴载质量和轴距参数的样本均值和标准差。

G104 国道 V_{T5} 车型轴质量及轴距分布类型及分布参数 表 2-10

变量编号	G104 国道 V_{T5}-I			G104 国道 V_{T5}-II			G104 国道 V_{T5}-III		
	分布类型	LP_1	SP_1	分布类型	LP_2	SP_2	分布类型	LP_3	SP_3
AW_{51}	正态	7.49	0.93	正态	6.78	0.96	对数正态	2.00	0.09
AW_{52}	正态	15.99	2.06	正态	17.11	2.24	对数正态	3.03	0.11
AW_{53}	正态	16.02	1.77	对数正态	2.84	0.13	对数正态	3.04	0.10
AW_{54}	正态	20.76	2.64	正态	17.34	2.86	对数正态	3.20	0.09
AW_{55}	对数正态	3.03	0.09	正态	17.13	2.20	对数正态	3.25	0.08
AW_{56}	对数正态	3.16	0.12	正态	18.14	2.53	正态	28.24	2.96
AD_{51}	极值-I 型	3.02	0.24	正态	2.95	0.17	正态	2.90	0.22
AD_{52}	对数正态	0.29	0.04	对数正态	0.26	0.05	正态	1.27	0.09
AD_{53}	正态	3.92	0.23	正态	6.88	0.62	正态	6.31	0.57
AD_{54}	对数正态	0.19	0.04	正态	1.22	0.05	正态	1.18	0.08
AD_{55}	对数正态	0.18	0.05	正态	1.21	0.06	正态	1.16	0.08

宣大高速、沪陕高速 V_{T5} 车型轴质量及轴距分布类型及分布参数 表 2-11

变量编号	宣大高速 V_{T5}-I			宣大高速 V_{T5}-II			沪陕高速 V_{T5}-I			沪陕高速 V_{T5}-II		
	分布类型	LP_1	SP_1	分布类型	LP_2	SP_2	分布类型	LP_1	SP_1	分布类型	LP_2	SP_2
AW_{51}	对数正态	1.88	0.25	对数正态	1.90	0.19	对数正态	2.17	0.14	对数正态	2.32	0.11
AW_{52}	极值-I 型	5.97	1.36	正态	14.75	3.58	极值-I 型	16.21	2.73	对数正态	3.17	0.12
AW_{53}	极值-I 型	13.03	2.36	正态	15.91	3.34	对数正态	2.92	0.19	对数正态	3.16	0.15
AW_{54}	极值-I 型	14.08	2.34	正态	18.76	3.39	对数正态	2.64	0.16	对数正态	3.04	0.12
AW_{55}	极值-I 型	16.51	2.19	正态	19.02	3.41	对数正态	2.81	0.11	对数正态	3.13	0.08
AW_{56}	极值-I 型	16.93	2.00	对数正态	2.99	0.19	对数正态	2.97	0.18	对数正态	3.14	0.11
AD_{51}	正态	3.68	0.28	正态	3.72	0.25	对数正态	1.11	0.08	正态	2.86	0.19
AD_{52}	正态	1.33	0.07	正态	1.29	0.06	正态	1.33	0.12	对数正态	0.21	0.08
AD_{53}	对数正态	1.60	0.07	对数正态	1.82	0.06	正态	4.00	0.49	对数正态	1.87	0.10
AD_{54}	正态	1.22	0.06	正态	1.22	0.07	对数正态	0.21	0.07	对数正态	0.17	0.08
AD_{55}	正态	1.20	0.07	正态	1.21	0.07	对数正态	0.18	0.05	对数正态	0.18	0.09

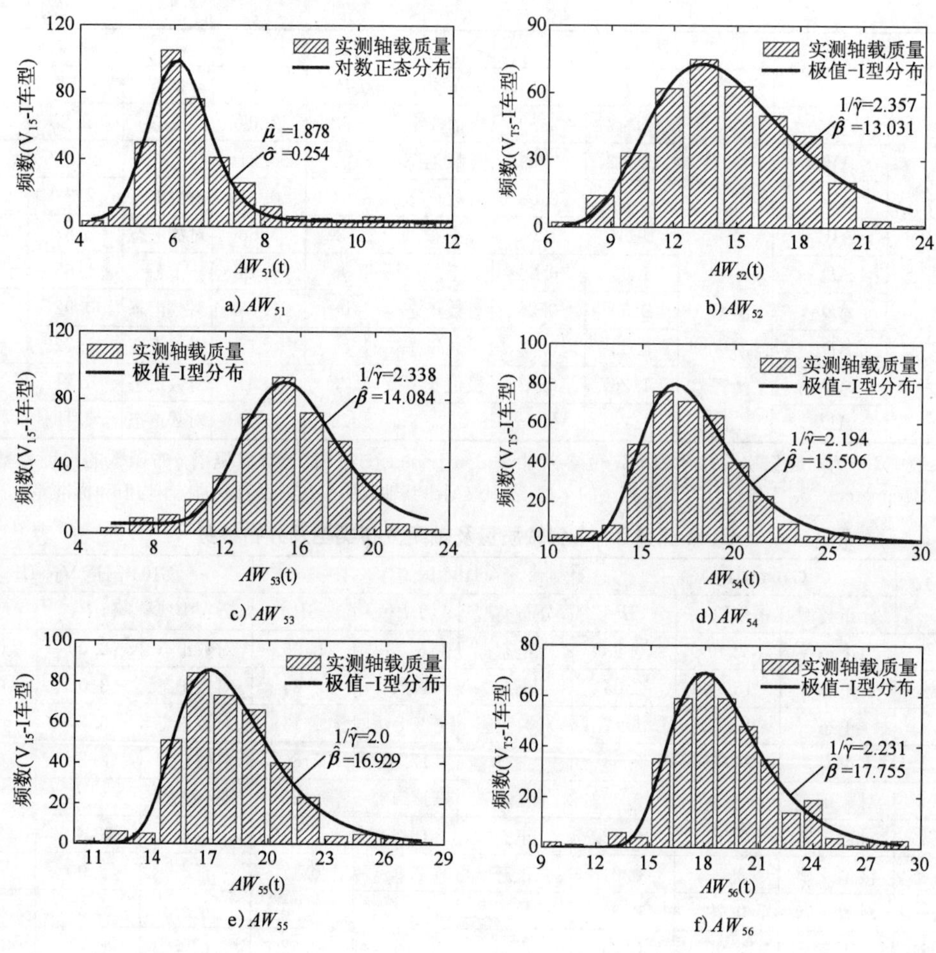

图 2-24　宣大高速 V_{T5}-I 轴质量概率分布拟合

2.4.3　时间分布规律

为了解特重车的运行时间规律，将一天划分为 24 个时段，统计 00:00～24:00 每小时内特重车数量占据特重车总量的百分比，获取 G104 国道、宣大高速、沪陕高速的特重车时间分布规律，如图 2-25 所示。

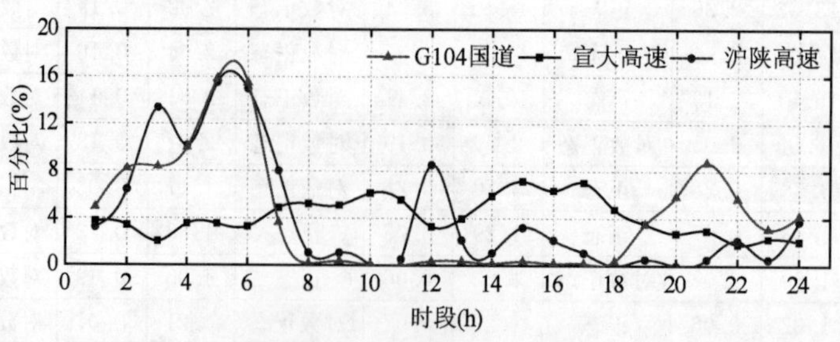

图 2-25　特重车运行时间分布

从图 2-25 可以看出，不同路段特重车的时间分布规律有明显差异：

(1)G104 国道绍兴段特重车以夜行为主，白天时段 08:00～18:00 特重车出现频率非常低，主要集中于夜间 19:00～7:00，主要是由于 G104 国道白天实施严格的交通管制，禁止重型货车通行，而夜间开放，所以特重车集中选择在夜间出行；

(2)宣大高速特重车交通荷载全天出行时间分布比较均匀，白天时段出行的频率略高于夜间，主要是由于河北宣大高速实行全天 24h 全封闭管理，特重车按照质量进行收费，此外，宣大高速是晋煤外运的重要通道，运营车辆以货车为主，白天车流量相对较小，特重车车型不需要避开交通量较大的白天出行，因此，特重车在全天各时段内出行时间分布较为均匀；

(3)沪陕高速上海段也实现全天封闭管理，但是由于该高速白天车流量非常大，特重车为了避开交通拥堵，基本选择夜间出行，但是由于运输需求，白天的 12:00 和 15:00 也出现了小高峰。

2.4.4 行驶车道分布特征

从表 2-8 可以看出，绝大多数特重车均属于第 5 类车，其行驶车道分布特征与 2.3.5 节中第 5 类车的横向分布特征类似，图 2-26 给出了 3 个路段特重车行驶车道分布的统计结果，由图可知：

(1)G104 国道特重车在行车道上行驶比例略高于超车道行驶比例，同时有 15.66%的特重车发生骑中线情况，主要是由于特重车行驶在弯桥上时，货车驾驶人员出于安全方面的考虑有向内侧车道行驶的趋势；

(2)宣大高速、沪陕高速沿行车道行驶的特重车数量明显高于超车道，分别达到特重车总数的 83.25%、66.84%。

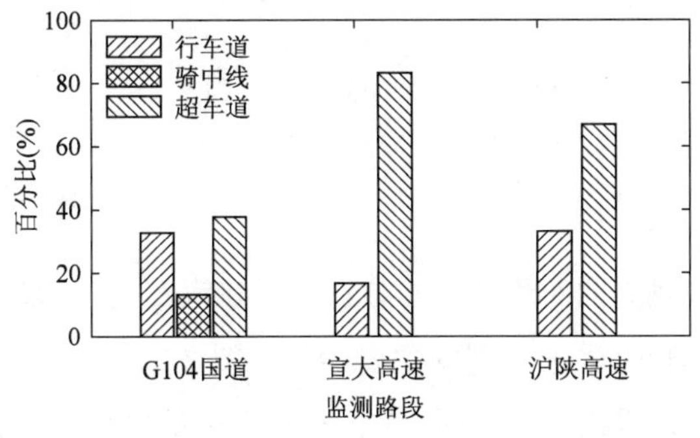

图 2-26 特重车行驶车道分布

2.4.5 车速分析

行车速度既是特重车安全行驶的一项重要控制指标，也是影响桥梁结构动力响应的重要参数，首先整理了 3 个路段特重车的车速实测数据，然后利用 K-S 检验法对各路段特重车车速分布进行拟合分析，如图 2-27 所示。

从图 2-27 可以看出：宣大高速与沪陕高速两路段特重车车速均不拒绝正态分布，车速分布范围分别为 20～99km/h、30～80km/h，平均车速分别为 65.61km/h、57.92km/h，两个路段特重车车速分布差别不大；G104 国道特重车车速均未超过 60km/h，平均车速仅有 35.31km/h，其特重车车速分布与高速公路差别较大，原因有两个方面，一是 G104 为国道，车辆行驶环境并非全封闭，较高速公路稍差，二是 G104 国道交通流监测点车辆转弯过程中有减速现象。

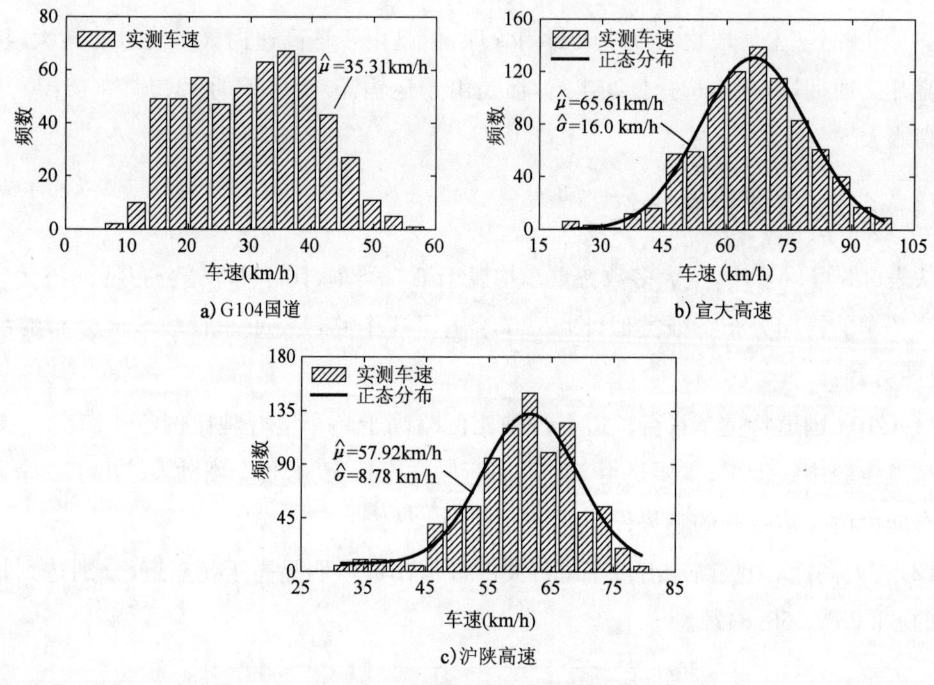

图 2-27　特重车车速分布

2.4.6　车长分析

车长是指垂直于车辆纵向对称平面并分别抵靠在汽车前、后最外段突出部分的两垂面之间的距离。特重车车长是辨别车型的主要参数。图 2-28 给出了 3 个路段特重车车长的分布直方图。从图中可以看出：3 个路段特重车车长分布主要集中在 9～12m 与 15～19m 之间。其中，4 轴大型货车（V_{T1} 车型）的车长对应落在 9～12m 区间范围内，而其余特重车型的车长对应落在 15～19m 区间范围内。通过对比分析各地区特重车车长分布特点可知，特重车的主要车型为拖挂车，车长分布主要集中在 15～19m 之间。

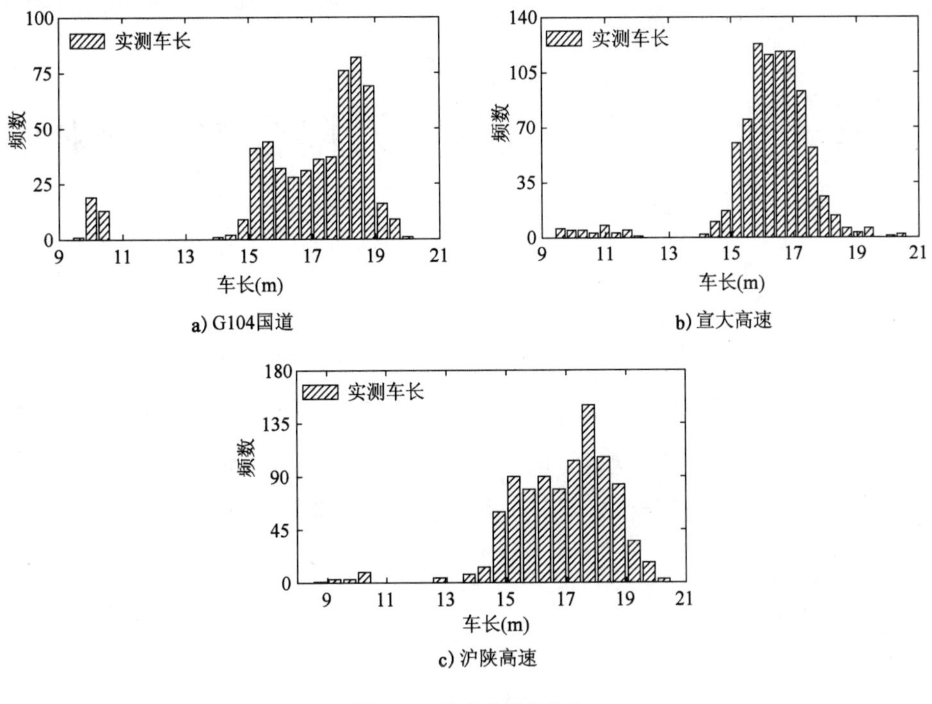

图 2-28 特重车车长分布

本章参考文献

[1] 李娜,徐志刚.基于线阵CCD的交通信息采集和检测系统设计与实现[J].现代电子科技,2009,13:159-164.

[2] 中国汽车工业总公司,中国汽车技术研究中心.中国汽车车型手册[M].济南:山东科学技术出版社,1993.

[3] 中国工业与信息化部.车辆生产企业及产品公告[EB/OL].http://www.miit.gov.cn/,2009-07-07/2015-04-05.

[4] 赵建峰.多地域公路桥梁常规车辆及特重车荷载研究[D].西安:长安大学,2014.

[5] 中华人民共和国行业标准.JTG D60—2015 公路桥涵设计通用规范[S].北京:人民交通出版社,2015.

[6] 李扬海,鲍卫刚,郭修武,等.公路桥梁结构可靠度与概率极限状态设计[M].北京:人民交通出版社,1997.

第3章 随机车流-桥梁耦合振动分析系统建立及动态可视化

公路桥梁承受的车辆荷载是一个十分复杂的随机过程，车辆到达时间、上桥车辆数目、车型、车质量、上桥各车辆纵向和横向行驶位置以及车速等都具有很强的随机性，并且以上参数受到出行规律、区域、环境、地方的经济形态以及季节等众多因素影响。公路桥梁车辆荷载的特点决定了随机车流－桥梁耦合振动分析系统的建立，是未来公路车-桥耦合研究的重点和发展方向。

通过已有的研究发现，一个能够精确计算随机车流作用下的车-桥耦合系统应该包括以下3个方面：

(1)随机车流的模拟能够重现真实的交通场景，因为随机车流中的任意参数(如各车型所占的比例、车速、车辆横向行驶位置等)都能够明显地影响车辆与桥梁之间的相互作用和空间响应；

(2)尽可能多地考虑各种车型和桥梁模型，即分析系统的适用性要广泛；

(3)能够快速和精确地计算随机车流-桥梁之间的相互作用，与单车过桥不同，随机车流-桥梁系统的计算矩阵更加庞大，计算过程太长且占据大量的计算空间，因此，非常需要一款计算效率相对较高的程序。

首先，通过车辆动力分析模型的建立、典型车辆运动方程的推导、空间路面粗糙度的模拟以及车桥系统耦合关系的确定，建立并求解汽车-桥梁系统的运动方程，并分别以集中力、弹簧质量系统匀速通过简支梁两个典型算例进行验证；其次，通过实现车道数量、车辆系统、车辆横向行驶位置、车速等参数随机设置，建立随机车流-桥梁分析系统，并实现车辆过桥的动态可视化；最后，分别以一座单主梁斜拉桥和钢桁架桥梁为例，对分析系统的功能及其准确性进行验证。

3.1 典型车辆动力分析模型

公路桥梁车辆荷载种类繁多，现有公路桥梁车-桥耦合车辆动力分析模型还不能够涵盖公路桥梁上行驶的典型车辆。为了建立典型车型的车辆动力分析模型库，将依据交通荷载调查车型分类，分别建立每种典型车型所对应的车辆动力分析模型。以交通荷载调查中各车型为例，V1～V5 对应的是两轴车型，V6 和 V8 对应的是 3 轴车型(双后轴)，V7 对应的是 3 轴车型(双前轴)，V9 对应的是 4 轴车型，V10 对应的是 3 轴拖挂车型，V11 对应的是 4 轴拖挂车型，V12 对应的是 5 轴拖挂车型(拖车为两轴车)，V13 和 V14 对应的是 5 轴拖挂车型(拖车为 3 轴车)，V15 和 V16 对应的是 6 轴拖挂车型，共 9 种车辆动力分析模型。其中，4 个整车车型，5 个拖挂车车型，这样就确定了交通荷载观测到的各车型的动力分析模型。

图 3-1 分别为整车车型、拖挂车车型车辆动力分析模型的横截面。车-桥耦合振动分析时，对于整车车型考虑竖向与侧向自由度，而拖挂车车型仅考虑竖向自由度。图 3-2 为 9 种车辆动力分析模型立面图。图 3-1 与图 3-2 中给出了位移、各部分之间弹簧连接刚度、阻尼以及尺寸等参数的示意，图中下标 L 表示左侧车轮，R 表示右侧车轮，Z_{vr}、Y_{vr}、θ_{vr}、φ_{vr}、ϕ_{vr}分别表示车体的浮沉、横移、点头、摇头和侧滚的位移，Z^i_{vaL}、Z^i_{vaR}分别表示对称于第 i 轴中线的两个质量块的竖向位移，Y^i_{vaL}、Y^i_{vaR}分别表示对称于第 i 轴中线的两个质量块的横向位移，r^i_L 为对应于第 i 个轴处左轮接触点的路面粗糙度，Z^i_{bL} 为第 i 个轴处左轮接触点的桥梁位移；K^i_{vuL}、K^i_{yuL}和 K^i_{vlL}、K^i_{ylL}分别表示第 i 个轴上层悬挂系统和下层悬挂系统的竖向及横向弹簧刚度；C^i_{vuL}、C^i_{yuL}和 C^i_{vlL}、C^i_{ylL}分别表示第 i 个轴上层悬挂系统和下层悬挂系统的竖向及横向阻尼；L_i 表示相应的轴距或车轴到车体质心距离，b_1 为车轮横向间距的一半，h_1 为车体质心到中央(横向)弹簧上平面的垂向高度，h_v 表示车体质心到地面的距离。

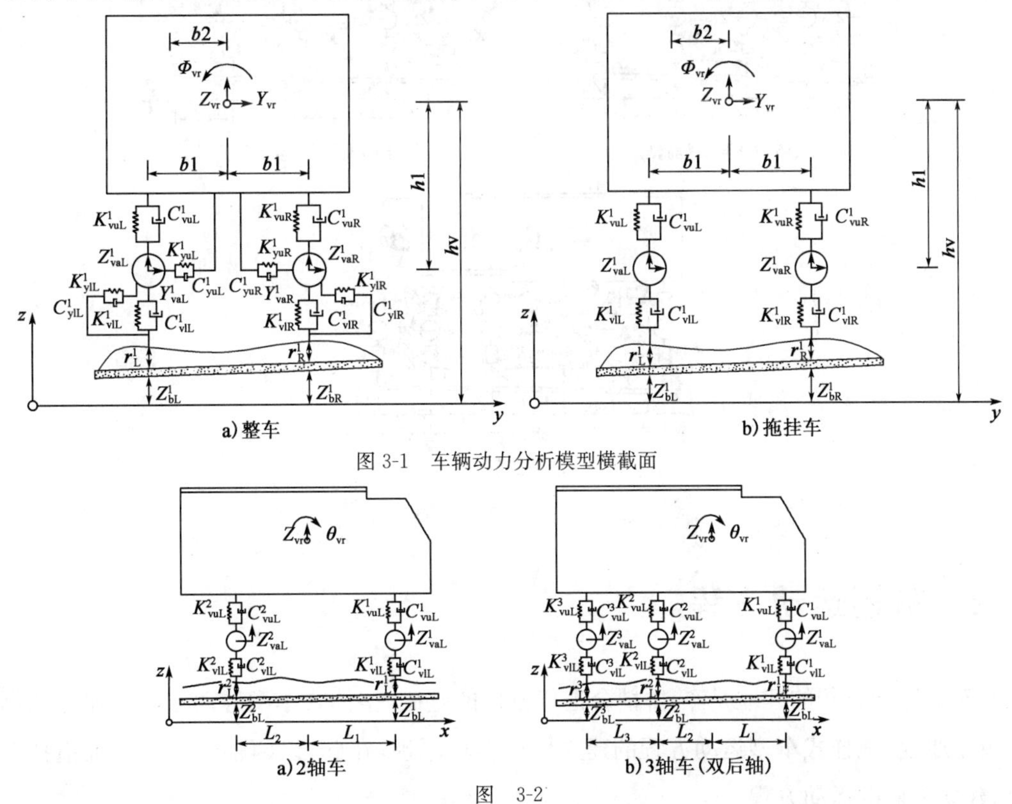

图 3-1 车辆动力分析模型横截面

图 3-2

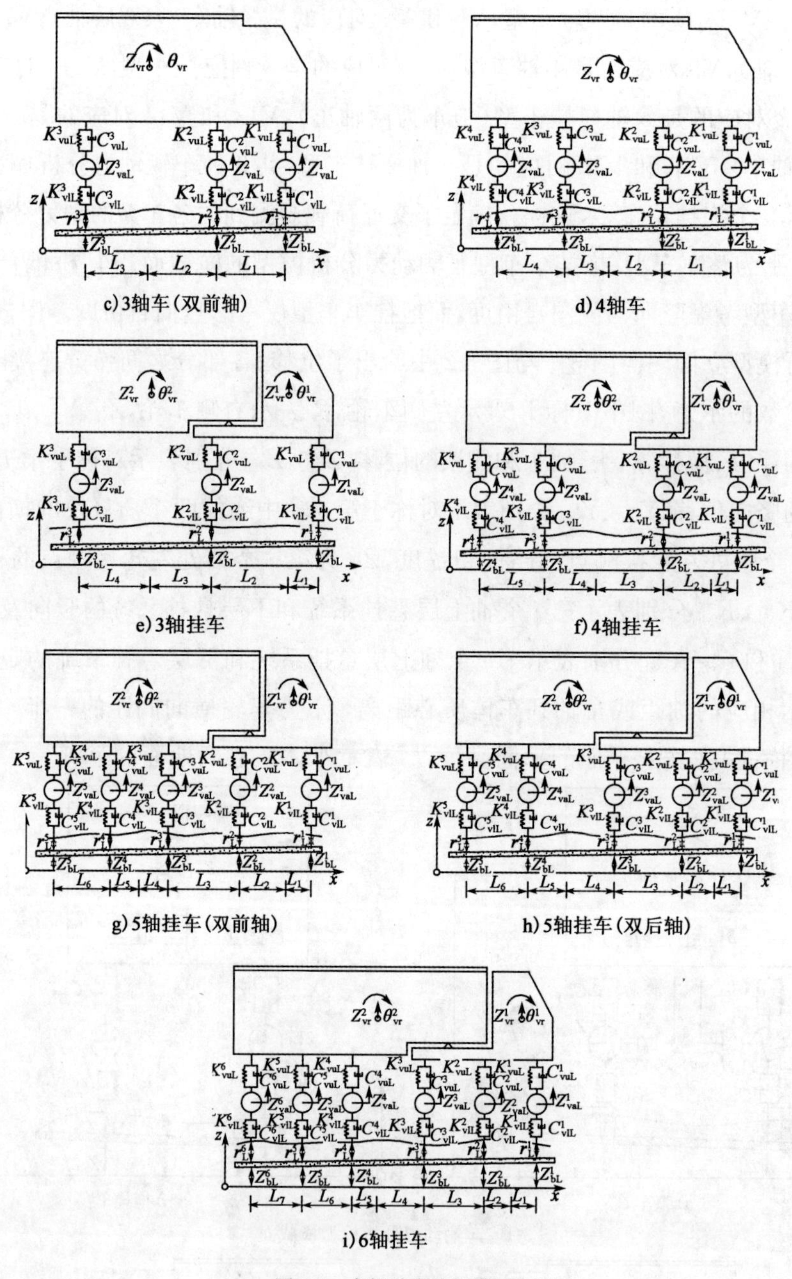

图 3-2　车辆动力分析模型立面

3.2　车辆运动方程

车辆运动方程的建立是车-桥耦合迭代分析的基础，整体式车型运动方程的建立依据达朗贝尔原理，拖挂式车型运动方程的建立依据虚功原理，在此，以两轴整车及 3 轴拖挂车为例，建立车辆的运动方程[1]。

3.2.1 两轴整体式车型运动方程

整个车辆(图 3-1 和图 3-2)可以分为 5 个刚体部件:1 个车体、4 个车轮。单一的刚体在空间具有 6 个自由度,当车辆匀速直线前进时,车体及车轮沿车辆运行方向的振动(伸缩)对桥梁的竖向及横向振动几乎无影响,可忽略不计各刚体沿车体运动方向的自由度,此时车辆具有 5 个自由度:横移、浮沉、侧滚、点头及摇头。每个车轮具有横向和竖向 2 个自由度,4 个车轮共 8 个自由度,故两轴整车车辆的独立自由度数量共 13 个,如式(3-1)所示:

$$\{v_{\mathrm{v}}\} = \{Z_{\mathrm{vr}}\ Y_{\mathrm{vr}}\ \theta_{\mathrm{vr}}\ \varphi_{\mathrm{vr}}\ \phi_{\mathrm{vr}}\ Z_{\mathrm{vaL}}^1\ Y_{\mathrm{vaL}}^1\ Z_{\mathrm{vaR}}^1\ Y_{\mathrm{vaR}}^1\ Z_{\mathrm{vaL}}^2\ Y_{\mathrm{vaL}}^2\ Z_{\mathrm{vaR}}^2\ Y_{\mathrm{vaR}}^2\} \tag{3-1}$$

(1)车体运动方程

车体沿 Y 方向的运动平衡方程为:

$$\begin{aligned}
&M_{\mathrm{vr}}\ddot{Y}_{\mathrm{vr}} + C_{\mathrm{yuL}}^1(\dot{Y}_{\mathrm{vr}} + h_1\dot{\varphi}_{\mathrm{vr}} + L_1\dot{\phi}_{\mathrm{vr}} - \dot{Y}_{\mathrm{vaL}}^1) + C_{\mathrm{yuR}}^1(\dot{Y}_{\mathrm{vr}} + h_1\dot{\varphi}_{\mathrm{vr}} + L_1\dot{\phi}_{\mathrm{vr}} - \dot{Y}_{\mathrm{vaR}}^1) + \\
&\quad C_{\mathrm{yuL}}^2(\dot{Y}_{\mathrm{vr}} + h_1\dot{\varphi}_{\mathrm{vr}} - L_2\dot{\phi}_{\mathrm{vr}} - \dot{Y}_{\mathrm{vaL}}^2) + C_{\mathrm{yuR}}^2(\dot{Y}_{\mathrm{vr}} + h_1\dot{\varphi}_{\mathrm{vr}} - L_2\dot{\phi}_{\mathrm{vr}} - \dot{Y}_{\mathrm{vaR}}^2) + \\
&\quad K_{\mathrm{yuL}}^1(Y_{\mathrm{vr}} + h_1\varphi_{\mathrm{vr}} + L_1\phi_{\mathrm{vr}} - Y_{\mathrm{vaL}}^1) + K_{\mathrm{yuR}}^1(Y_{\mathrm{vr}} + h_1\varphi_{\mathrm{vr}} + L_1\phi_{\mathrm{vr}} - Y_{\mathrm{vaR}}^1) + \\
&\quad K_{\mathrm{yuL}}^2(Y_{\mathrm{vr}} + h_1\varphi_{\mathrm{vr}} - L_2\phi_{\mathrm{vr}} - Y_{\mathrm{vaL}}^2) + K_{\mathrm{yuR}}^2(Y_{\mathrm{vr}} + h_1\varphi_{\mathrm{vr}} - L_2\phi_{\mathrm{vr}} - Y_{\mathrm{vaR}}^2) = 0
\end{aligned} \tag{3-2}$$

车体沿 Z 方向的运动平衡方程为:

$$\begin{aligned}
&M_{\mathrm{vr}}\ddot{Z}_{\mathrm{vr}} + C_{\mathrm{vuL}}^1(\dot{Z}_{\mathrm{vr}} - L_1\dot{\theta}_{\mathrm{vr}} - b_1\dot{\varphi}_{\mathrm{vr}} - \dot{Z}_{\mathrm{vaL}}^1) + C_{\mathrm{vuR}}^1(\dot{Z}_{\mathrm{vr}} - L_1\dot{\theta}_{\mathrm{vr}} + b_1\dot{\varphi}_{\mathrm{vr}} - \dot{Z}_{\mathrm{vaR}}^1) + \\
&\quad C_{\mathrm{vuL}}^2(\dot{Z}_{\mathrm{vr}} + L_2\dot{\theta}_{\mathrm{vr}} - b_1\dot{\varphi}_{\mathrm{vr}} - \dot{Z}_{\mathrm{vaL}}^2) + C_{\mathrm{vuR}}^2(\dot{Z}_{\mathrm{vr}} + L_2\dot{\theta}_{\mathrm{vr}} + b_1\dot{\varphi}_{\mathrm{vr}} - \dot{Z}_{\mathrm{vaR}}^2) + \\
&\quad K_{\mathrm{vuL}}^1(Z_{\mathrm{vr}} - L_1\theta_{\mathrm{vr}} - b_1\varphi_{\mathrm{vr}} - Z_{\mathrm{vaL}}^1) + K_{\mathrm{vuR}}^1(Z_{\mathrm{vr}} - L_1\theta_{\mathrm{vr}} + b_1\varphi_{\mathrm{vr}} - Z_{\mathrm{vaR}}^1) + \\
&\quad K_{\mathrm{vuL}}^2(Z_{\mathrm{vr}} + L_2\theta_{\mathrm{vr}} - b_1\varphi_{\mathrm{vr}} - Z_{\mathrm{vaL}}^2) + K_{\mathrm{vuR}}^2(Z_{\mathrm{vr}} + L_2\theta_{\mathrm{vr}} + b_1\varphi_{\mathrm{vr}} - Z_{\mathrm{vaR}}^2) = 0
\end{aligned} \tag{3-3}$$

车体绕 X 方向的运动平衡方程为:

$$\begin{aligned}
&J_{\mathrm{xvr}}\ddot{\varphi}_{\mathrm{vr}} - C_{\mathrm{vuL}}^1(\dot{Z}_{\mathrm{vr}} - L_1\dot{\theta}_{\mathrm{vr}} - b_1\dot{\varphi}_{\mathrm{vr}} - \dot{Z}_{\mathrm{vaL}}^1)b_1 + C_{\mathrm{vuR}}^1(\dot{Z}_{\mathrm{vr}} - L_1\dot{\theta}_{\mathrm{vr}} + b_1\dot{\varphi}_{\mathrm{vr}} - \dot{Z}_{\mathrm{vaR}}^1)b_1 - \\
&\quad C_{\mathrm{vuL}}^2(\dot{Z}_{\mathrm{vr}} + L_2\dot{\theta}_{\mathrm{vr}} - b_1\dot{\varphi}_{\mathrm{vr}} - \dot{Z}_{\mathrm{vaL}}^2)b_1 + C_{\mathrm{vuR}}^2(\dot{Z}_{\mathrm{vr}} + L_2\dot{\theta}_{\mathrm{vr}} + b_1\dot{\varphi}_{\mathrm{vr}} - \dot{Z}_{\mathrm{vaR}}^2)b_1 - \\
&\quad K_{\mathrm{vuL}}^1(Z_{\mathrm{vr}} - L_1\theta_{\mathrm{vr}} - b_1\varphi_{\mathrm{vr}} - Z_{\mathrm{vaL}}^1)b_1 + K_{\mathrm{vuR}}^1(Z_{\mathrm{vr}} - L_1\theta_{\mathrm{vr}} + b_1\varphi_{\mathrm{vr}} - Z_{\mathrm{vaR}}^1)b_1 - \\
&\quad K_{\mathrm{vuL}}^2(Z_{\mathrm{vr}} + L_2\theta_{\mathrm{vr}} - b_1\varphi_{\mathrm{vr}} - Z_{\mathrm{vaL}}^2)b_1 + K_{\mathrm{vuR}}^2(Z_{\mathrm{vr}} + L_2\theta_{\mathrm{vr}} + b_1\varphi_{\mathrm{vr}} - Z_{\mathrm{vaR}}^2)b_1 + \\
&\quad C_{\mathrm{yuL}}^1(\dot{Y}_{\mathrm{vr}} + h_1\dot{\varphi}_{\mathrm{vr}} + L_1\dot{\phi}_{\mathrm{vr}} - \dot{Y}_{\mathrm{vaL}}^1)h_1 + C_{\mathrm{yuR}}^1(\dot{Y}_{\mathrm{vr}} + h_1\dot{\varphi}_{\mathrm{vr}} + L_1\dot{\phi}_{\mathrm{vr}} - \dot{Y}_{\mathrm{vaR}}^1)h_1 + \\
&\quad C_{\mathrm{yuL}}^2(\dot{Y}_{\mathrm{vr}} + h_1\dot{\varphi}_{\mathrm{vr}} - L_2\dot{\phi}_{\mathrm{vr}} - \dot{Y}_{\mathrm{vaL}}^2)h_1 + C_{\mathrm{yuR}}^2(\dot{Y}_{\mathrm{vr}} + h_1\dot{\varphi}_{\mathrm{vr}} - L_2\dot{\phi}_{\mathrm{vr}} - \dot{Y}_{\mathrm{vaR}}^2)h_1 + \\
&\quad K_{\mathrm{yuL}}^1(Y_{\mathrm{vr}} + h_1\varphi_{\mathrm{vr}} + L_1\phi_{\mathrm{vr}} - Y_{\mathrm{vaL}}^1)h_1 + K_{\mathrm{yuR}}^1(Y_{\mathrm{vr}} + h_1\varphi_{\mathrm{vr}} + L_1\phi_{\mathrm{vr}} - Y_{\mathrm{vaR}}^1)h_1 + \\
&\quad K_{\mathrm{yuL}}^2(Y_{\mathrm{vr}} + h_1\varphi_{\mathrm{vr}} - L_2\phi_{\mathrm{vr}} - Y_{\mathrm{vaL}}^2)h_1 + K_{\mathrm{yuR}}^2(Y_{\mathrm{vr}} + h_1\varphi_{\mathrm{vr}} - L_2\phi_{\mathrm{vr}} - Y_{\mathrm{vaR}}^2)h_1 = 0
\end{aligned} \tag{3-4}$$

车体绕 Y 方向的运动平衡方程为:

$$J_{\mathrm{yvr}}\ddot{\theta}_{\mathrm{vr}} - C_{\mathrm{vuL}}^1(\dot{Z}_{\mathrm{vr}} - L_1\dot{\theta}_{\mathrm{vr}} - b_1\dot{\varphi}_{\mathrm{vr}} - \dot{Z}_{\mathrm{vaL}}^1)L_1 - C_{\mathrm{vuR}}^1(\dot{Z}_{\mathrm{vr}} - L_1\dot{\theta}_{\mathrm{vr}} + b_1\dot{\varphi}_{\mathrm{vr}} - \dot{Z}_{\mathrm{vaR}}^1)L_1 +$$

$$C_{\mathrm{vuL}}^{2}(\dot{Z}_{\mathrm{vr}}+L_{2}\dot{\theta}_{\mathrm{vr}}-b_{1}\dot{\varphi}_{\mathrm{vr}}-\dot{Z}_{\mathrm{vaL}}^{2})L_{2}+C_{\mathrm{vuR}}^{2}(\dot{Z}_{\mathrm{vr}}+L_{2}\dot{\theta}_{\mathrm{vr}}+b_{1}\dot{\varphi}_{\mathrm{vr}}-\dot{Z}_{\mathrm{vaR}}^{2})L_{2}-$$
$$K_{\mathrm{vuL}}^{1}(Z_{\mathrm{vr}}-L_{1}\theta_{\mathrm{vr}}-b_{1}\varphi_{\mathrm{vr}}-Z_{\mathrm{vaL}}^{1})L_{1}-K_{\mathrm{vuR}}^{1}(Z_{\mathrm{vr}}-L_{1}\theta_{\mathrm{vr}}+b_{1}\varphi_{\mathrm{vr}}-Z_{\mathrm{vaR}}^{1})L_{1}+$$
$$K_{\mathrm{vuL}}^{2}(Z_{\mathrm{vr}}+L_{2}\theta_{\mathrm{vr}}-b_{1}\varphi_{\mathrm{vr}}-Z_{\mathrm{vaL}}^{2})L_{2}+K_{\mathrm{vuR}}^{2}(Z_{\mathrm{vr}}+L_{2}\theta_{\mathrm{vr}}+b_{1}\varphi_{\mathrm{vr}}-Z_{\mathrm{vaR}}^{2})L_{2}=0 \quad (3\text{-}5)$$

车体绕 Z 方向的运动平衡方程为：

$$J_{\mathrm{zvr}}\ddot{\phi}_{\mathrm{vr}}+C_{\mathrm{yuL}}^{1}(\dot{Y}_{\mathrm{vr}}+h_{1}\dot{\varphi}_{\mathrm{vr}}+L_{1}\dot{\phi}_{\mathrm{vr}}-\dot{Y}_{\mathrm{vaL}}^{1})L_{1}+C_{\mathrm{yuR}}^{1}(\dot{Y}_{\mathrm{vr}}+h_{1}\dot{\varphi}_{\mathrm{vr}}+L_{1}\dot{\phi}_{\mathrm{vr}}-\dot{Y}_{\mathrm{vaR}}^{1})L_{1}-$$
$$C_{\mathrm{yuL}}^{2}(\dot{Y}_{\mathrm{vr}}+h_{1}\dot{\varphi}_{\mathrm{vr}}-L_{2}\dot{\phi}_{\mathrm{vr}}-\dot{Y}_{\mathrm{vaL}}^{2})L_{2}-C_{\mathrm{yuR}}^{2}(\dot{Y}_{\mathrm{vr}}+h_{1}\dot{\varphi}_{\mathrm{vr}}-L_{2}\dot{\phi}_{\mathrm{vr}}-\dot{Y}_{\mathrm{vaR}}^{2})L_{2}+$$
$$K_{\mathrm{yuL}}^{1}(Y_{\mathrm{vr}}+h_{1}\varphi_{\mathrm{vr}}+L_{1}\phi_{\mathrm{vr}}-Y_{\mathrm{vaL}}^{1})L_{1}+K_{\mathrm{yuR}}^{1}(Y_{\mathrm{vr}}+h_{1}\varphi_{\mathrm{vr}}+L_{1}\phi_{\mathrm{vr}}-Y_{\mathrm{vaR}}^{1})L_{1}-$$
$$K_{\mathrm{yuL}}^{2}(Y_{\mathrm{vr}}+h_{1}\varphi_{\mathrm{vr}}-L_{2}\phi_{\mathrm{vr}}-Y_{\mathrm{vaL}}^{2})L_{2}-K_{\mathrm{yuR}}^{2}(Y_{\mathrm{vr}}+h_{1}\varphi_{\mathrm{vr}}-L_{2}\phi_{\mathrm{vr}}-Y_{\mathrm{vaR}}^{2})L_{2}=0 \quad (3\text{-}6)$$

(2)车轮运动方程

前轴左侧刚体在 Y 和 Z 方向的运动方程分别为：

$$M_{\mathrm{vaL}}^{1}\ddot{Y}_{\mathrm{vaL}}^{1}-C_{\mathrm{yuL}}^{1}(\dot{Y}_{\mathrm{vr}}+h_{1}\dot{\phi}_{\mathrm{vr}}+L_{1}\dot{\varphi}_{\mathrm{vr}}-\dot{Y}_{\mathrm{vaL}}^{1})-K_{\mathrm{yuL}}^{1}(Y_{\mathrm{vr}}+h_{1}\phi_{\mathrm{vr}}+L_{1}\phi_{\mathrm{vr}}-Y_{\mathrm{vaL}}^{1})+$$
$$C_{\mathrm{ylL}}^{1}(\dot{Y}_{\mathrm{vaL}}^{1}-\dot{Y}_{\mathrm{cL}}^{1})+K_{\mathrm{ylL}}^{1}(Y_{\mathrm{vaL}}^{1}-Y_{\mathrm{cL}}^{1})=0 \quad (3\text{-}7)$$

$$M_{\mathrm{vaL}}^{1}\ddot{Z}_{\mathrm{vaL}}^{1}-C_{\mathrm{vuL}}^{1}(Z_{\mathrm{vr}}-L_{1}\theta_{\mathrm{vr}}-b_{1}\dot{\phi}_{\mathrm{vr}}-Z_{\mathrm{vaL}}^{1})-K_{\mathrm{vuL}}^{1}(Z_{\mathrm{vr}}-L_{1}\theta_{\mathrm{vr}}-b_{1}\phi_{\mathrm{vr}}-Z_{\mathrm{vaL}}^{1})+$$
$$C_{\mathrm{vlL}}^{1}(Z_{\mathrm{vaL}}^{1}-\dot{Z}_{\mathrm{cL}}^{1})+K_{\mathrm{vlL}}^{1}(Z_{\mathrm{vaL}}^{1}-Z_{\mathrm{cL}}^{1})=0 \quad (3\text{-}8)$$

后轴左侧刚体在 Y 和 Z 方向的运动方程分别为：

$$M_{\mathrm{vaL}}^{2}\ddot{Y}_{\mathrm{vaL}}^{2}-C_{\mathrm{yuL}}^{2}(\dot{Y}_{\mathrm{vr}}+h_{1}\dot{\phi}_{\mathrm{vr}}-L_{2}\dot{\varphi}_{\mathrm{vr}}-\dot{Y}_{\mathrm{vaL}}^{2})-K_{\mathrm{yuL}}^{2}(Y_{\mathrm{vr}}+h_{1}\phi_{\mathrm{vr}}-L_{2}\varphi_{\mathrm{vr}}-Y_{\mathrm{vaL}}^{2})+$$
$$C_{\mathrm{ylL}}^{2}(\dot{Y}_{\mathrm{vaL}}^{2}-\dot{Y}_{\mathrm{cL}}^{2})+K_{\mathrm{ylL}}^{2}(Y_{\mathrm{vaL}}^{2}-Y_{\mathrm{cL}}^{2})=0 \quad (3\text{-}9)$$

$$M_{\mathrm{vaL}}^{2}\ddot{Z}_{\mathrm{vaL}}^{2}-C_{\mathrm{vuL}}^{2}(Z_{\mathrm{vr}}+L_{2}\dot{\theta}_{\mathrm{vr}}-b_{1}\dot{\phi}_{\mathrm{vr}}-\dot{Z}_{\mathrm{vaL}}^{2})-K_{\mathrm{vuL}}^{2}(Z_{\mathrm{vr}}+L_{2}\theta_{\mathrm{vr}}-b_{1}\phi_{\mathrm{vr}}-Z_{\mathrm{vaL}}^{2})+$$
$$C_{\mathrm{vlL}}^{2}(Z_{\mathrm{vaL}}^{2}-\dot{Z}_{\mathrm{cL}}^{2})+K_{\mathrm{vlL}}^{2}(Z_{\mathrm{vaL}}^{2}-Z_{\mathrm{cL}}^{2})=0 \quad (3\text{-}10)$$

前轴右侧刚体在 Z 和 Y 方向的运动方程分别为：

$$M_{\mathrm{vaR}}^{1}\ddot{Y}_{\mathrm{vaR}}^{1}-C_{\mathrm{yuR}}^{1}(\dot{Y}_{\mathrm{vr}}+h_{1}\dot{\phi}_{\mathrm{vr}}+L_{1}\dot{\varphi}_{\mathrm{vr}}-\dot{Y}_{\mathrm{vaR}}^{1})-K_{\mathrm{yuR}}^{1}(Y_{\mathrm{vr}}+h_{1}\phi_{\mathrm{vr}}+L_{1}\varphi_{\mathrm{vr}}-Y_{\mathrm{vaR}}^{1})+$$
$$C_{\mathrm{ylR}}^{1}(\dot{Y}_{\mathrm{vaR}}^{1}-\dot{Y}_{\mathrm{cR}}^{1})+K_{\mathrm{ylR}}^{1}(Y_{\mathrm{vaR}}^{1}-Y_{\mathrm{cR}}^{1})=0 \quad (3\text{-}11)$$

$$M_{\mathrm{vaR}}^{1}\ddot{Z}_{\mathrm{vaR}}^{1}-C_{\mathrm{vuR}}^{1}(\dot{Z}_{\mathrm{vr}}-L_{1}\dot{\theta}_{\mathrm{vr}}+b_{1}\dot{\phi}_{\mathrm{vr}}-\dot{Z}_{\mathrm{vaR}}^{1})-K_{\mathrm{vuR}}^{1}(Z_{\mathrm{vr}}-L_{1}\theta_{\mathrm{vr}}+b_{1}\phi_{\mathrm{vr}}-Z_{\mathrm{vaR}}^{1})+$$
$$C_{\mathrm{vlR}}^{1}(\dot{Z}_{\mathrm{vaR}}^{1}-\dot{Z}_{\mathrm{cR}}^{1})+K_{\mathrm{vlR}}^{1}(Z_{\mathrm{vaR}}^{1}-Z_{\mathrm{cR}}^{1})=0 \quad (3\text{-}12)$$

后轴右侧刚体在 Z 和 Y 方向的运动方程分别为：

$$M_{\mathrm{vaR}}^{2}\ddot{Y}_{\mathrm{vaR}}^{2}-C_{\mathrm{yuR}}^{2}(\dot{Y}_{\mathrm{vr}}+h_{1}\dot{\phi}_{\mathrm{vr}}-L_{2}\dot{\varphi}_{\mathrm{vr}}-\dot{Y}_{\mathrm{vaR}}^{2})-K_{\mathrm{yuR}}^{2}(Y_{\mathrm{vr}}+h_{1}\phi_{\mathrm{vr}}-L_{2}\varphi_{\mathrm{vr}}-Y_{\mathrm{vaR}}^{2})+$$
$$C_{\mathrm{ylR}}^{2}(\dot{Y}_{\mathrm{vaR}}^{2}-\dot{Y}_{\mathrm{cR}}^{2})+K_{\mathrm{ylR}}^{2}(Y_{\mathrm{vaR}}^{2}-Y_{\mathrm{cR}}^{2})=0 \quad (3\text{-}13)$$

$$M_{\mathrm{vaR}}^{2}\ddot{Z}_{\mathrm{vaR}}^{2}-C_{\mathrm{yuR}}^{2}(\dot{Z}_{\mathrm{vr}}+L_{2}\dot{\theta}_{\mathrm{vr}}+b_{2}\dot{\phi}_{\mathrm{vr}}-\dot{Z}_{\mathrm{vaR}}^{2})-K_{\mathrm{vuR}}^{2}(Z_{\mathrm{vr}}+L_{2}\theta_{\mathrm{vr}}+b_{1}\phi_{\mathrm{vr}}-Z_{\mathrm{vaR}}^{2})+$$

$$C_{\mathrm{vlR}}^{2}(\dot{Z}_{\mathrm{vaR}}^{2}-\dot{Z}_{\mathrm{cR}}^{2})+K_{\mathrm{vlR}}^{2}(Z_{\mathrm{vaR}}^{2}-Z_{\mathrm{cR}}^{2})=0 \tag{3-14}$$

3.2.2 拖挂式车型运动方程

整个车辆(图 3-2)可以分成 8 个刚体部件:2 个车体、6 个车轮。为了便于方程推导,不计车体的横移和摇头这两个自由度,每个车轮只计一个竖向自由度,由于 θ_{vr}^{2} 可以由 θ_{vr}^{1} 来表达,所以 3 轴拖挂式车辆总的独立自由度个数为 11,如式(3-15):

$$\{v_{\mathrm{v}}\}=\{Z_{\mathrm{vr}}^{1},\theta_{\mathrm{vr}}^{1},\phi_{\mathrm{vr}}^{1},Z_{\mathrm{vr}}^{2},\phi_{\mathrm{vr}}^{2},Z_{\mathrm{vaL}}^{1},Z_{\mathrm{vaR}}^{1},Z_{\mathrm{vaL}}^{2},Z_{\mathrm{vaR}}^{2},Z_{\mathrm{vaL}}^{3},Z_{\mathrm{vaR}}^{3}\} \tag{3-15}$$

上层左右侧竖向弹簧的竖向相对位移为:

$$\begin{cases}\Delta_{\mathrm{vuL}}^{1}=Z_{\mathrm{vr}}^{1}-L_{1}\theta_{\mathrm{vr}}^{1}-b_{1}\phi_{\mathrm{vr}}^{1}-Z_{\mathrm{vaL}}^{1},\Delta_{\mathrm{vuR}}^{1}=Z_{\mathrm{vr}}^{1}-L_{1}\theta_{\mathrm{vr}}^{1}+b_{1}\phi_{\mathrm{vr}}^{1}-Z_{\mathrm{vaR}}^{1}\\ \Delta_{\mathrm{vuL}}^{2}=Z_{\mathrm{vr}}^{1}+L_{2}\theta_{\mathrm{vr}}^{1}-b_{1}\phi_{\mathrm{vr}}^{1}-Z_{\mathrm{vaL}}^{2},\Delta_{\mathrm{vuR}}^{2}=Z_{\mathrm{vr}}^{1}+L_{2}\theta_{\mathrm{vr}}^{1}+b_{1}\phi_{\mathrm{vr}}^{1}-Z_{\mathrm{vaR}}^{2}\\ \Delta_{\mathrm{vuL}}^{3}=Z_{\mathrm{vr}}^{2}+L_{4}\theta_{\mathrm{vr}}^{2}-b_{1}\phi_{\mathrm{vr}}^{2}-Z_{\mathrm{vaL}}^{3},\Delta_{\mathrm{vuR}}^{3}=Z_{\mathrm{vr}}^{2}+L_{4}\theta_{\mathrm{vr}}^{2}+b_{1}\phi_{\mathrm{vr}}^{2}-Z_{\mathrm{vaR}}^{3}\end{cases} \tag{3-16}$$

下层左右侧竖向弹簧的竖向相对位移为:

$$\begin{aligned}\Delta_{\mathrm{vlL}}^{j}&=Z_{\mathrm{vaL}}^{j}\quad(j=1,2,3)\\ \Delta_{\mathrm{vlR}}^{j}&=Z_{\mathrm{vaR}}^{j}\quad(j=1,2,3)\end{aligned} \tag{3-17}$$

拖车和挂车之间有一个连接点,通过连接点处的竖向位移协调,可得到下式:

$$\begin{cases}Z_{\mathrm{vr}}^{1}+L_{5}\theta_{\mathrm{vr}}^{1}=Z_{\mathrm{vr}}^{2}-\theta_{\mathrm{vr}}^{2}L_{6}\\ \theta_{\mathrm{vr}}^{2}=\dfrac{1}{L_{6}}(Z_{\mathrm{vr}}^{2}-Z_{\mathrm{vr}}^{1}-L_{5}\theta_{\mathrm{vr}}^{1})\end{cases} \tag{3-18}$$

车辆惯性力、阻尼力、弹性力所做的虚功 $\delta W_{\mathrm{inertia}}^{\mathrm{v}}$、$\delta W_{\mathrm{damping}}^{\mathrm{v}}$、$\delta W_{\mathrm{elastic}}^{\mathrm{v}}$分别为:

$$\begin{aligned}\delta W_{\mathrm{inertia}}^{\mathrm{v}}&=\sum_{i=1}^{2}(M_{\mathrm{vr}}^{i}\ddot{Z}_{\mathrm{vr}}^{i}\delta Z_{\mathrm{vr}}^{i}+I_{\mathrm{vr}}^{i}\ddot{\theta}_{\mathrm{vr}}^{i}\delta\theta_{\mathrm{vr}}^{i}+J_{\mathrm{vr}}^{i}\ddot{\phi}_{\mathrm{vr}}^{i}\delta\phi_{\mathrm{vr}}^{i})+\sum_{i=1}^{3}(M_{\mathrm{vaL}}^{i}\ddot{Z}_{\mathrm{vaL}}^{i}\delta Z_{\mathrm{vaL}}^{i}+M_{\mathrm{vaR}}^{i}\ddot{Z}_{\mathrm{vaR}}^{i}\delta Z_{\mathrm{vaR}}^{i})\\ &=\sum_{i=1}^{2}(M_{\mathrm{vr}}^{i}\ddot{Z}_{\mathrm{vr}}^{i}\delta Z_{\mathrm{vr}}^{i}+J_{\mathrm{vr}}^{i}\ddot{\phi}_{\mathrm{vr}}^{i}\delta\phi_{\mathrm{vr}}^{i})+I_{\mathrm{vr}}^{1}\ddot{\theta}_{\mathrm{vr}}^{1}\delta\theta_{\mathrm{vr}}^{1}+I_{\mathrm{vr}}^{2}\left(\frac{1}{L_{6}}\right)^{2}(\ddot{Z}_{\mathrm{vr}}^{2}-\ddot{Z}_{\mathrm{vr}}^{1}-L_{5}\ddot{\theta}_{\mathrm{vr}}^{1})\\ &\quad(\delta Z_{\mathrm{vr}}^{2}-\delta Z_{\mathrm{vr}}^{1}-L_{5}\delta\theta_{\mathrm{vr}}^{1})+\sum_{i=1}^{3}(M_{\mathrm{vaL}}^{i}\ddot{Z}_{\mathrm{vaL}}^{i}\delta Z_{\mathrm{vaL}}^{i}+M_{\mathrm{vaR}}^{i}\ddot{Z}_{\mathrm{vaR}}^{i}\delta Z_{\mathrm{vaR}}^{i})\\ &=\left[M_{\mathrm{vr}}^{1}+I_{\mathrm{vr}}^{2}\left(\frac{1}{L_{6}}\right)^{2}\right]\ddot{Z}_{\mathrm{vr}}^{1}\delta Z_{\mathrm{vr}}^{1}+I_{\mathrm{vr}}^{2}L_{5}\left(\frac{1}{L_{6}}\right)^{2}\ddot{Z}_{\mathrm{vr}}^{1}\delta\theta_{\mathrm{vr}}^{1}-I_{\mathrm{vr}}^{2}\left(\frac{1}{L_{6}}\right)^{2}\ddot{Z}_{\mathrm{vr}}^{1}\delta Z_{\mathrm{vr}}^{2}+\\ &\quad\left[I_{\mathrm{vr}}^{1}+I_{\mathrm{vr}}^{2}\left(\frac{L_{5}}{L_{6}}\right)^{2}\right]\ddot{\theta}_{\mathrm{vr}}^{1}\delta\theta_{\mathrm{vr}}^{1}+I_{\mathrm{vr}}^{2}L_{5}\left(\frac{1}{L_{6}}\right)^{2}\ddot{\theta}_{\mathrm{vr}}^{1}\delta Z_{\mathrm{vr}}^{1}-I_{\mathrm{vr}}^{2}L_{5}\left(\frac{1}{L_{6}}\right)^{2}\ddot{\theta}_{\mathrm{vr}}^{1}\delta Z_{\mathrm{vr}}^{2}+\\ &\quad J_{\mathrm{vr}}^{1}\ddot{\phi}_{\mathrm{vr}}^{1}\delta\phi_{\mathrm{vr}}^{1}+\left[M_{\mathrm{vr}}^{2}+I_{\mathrm{vr}}^{2}\left(\frac{1}{L_{6}}\right)^{2}\right]\ddot{Z}_{\mathrm{vr}}^{2}\delta Z_{\mathrm{vr}}^{2}-I_{\mathrm{vr}}^{2}\left(\frac{1}{L_{6}}\right)^{2}\ddot{Z}_{\mathrm{vr}}^{2}\delta Z_{\mathrm{vr}}^{1}-\\ &\quad I_{\mathrm{vr}}^{2}L_{5}\left(\frac{1}{L_{6}}\right)^{2}\ddot{Z}_{\mathrm{vr}}^{2}\delta\theta_{\mathrm{vr}}^{1}+J_{\mathrm{vr}}^{2}\ddot{\phi}_{\mathrm{vr}}^{2}\delta\phi_{\mathrm{vr}}^{2}+M_{\mathrm{vaL}}^{1}\ddot{Z}_{\mathrm{vaL}}^{1}\delta Z_{\mathrm{vaL}}^{1}+M_{\mathrm{vaR}}^{1}\ddot{Z}_{\mathrm{vaR}}^{1}\delta Z_{\mathrm{vaR}}^{1}+\\ &\quad M_{\mathrm{vaL}}^{2}\ddot{Z}_{\mathrm{vaL}}^{2}\delta Z_{\mathrm{vaL}}^{2}+M_{\mathrm{vaR}}^{2}\ddot{Z}_{\mathrm{vaR}}^{2}\delta Z_{\mathrm{vaR}}^{2}+M_{\mathrm{vaL}}^{3}\ddot{Z}_{\mathrm{vaL}}^{3}\delta Z_{\mathrm{vaL}}^{3}+M_{\mathrm{vaR}}^{3}\ddot{Z}_{\mathrm{vaR}}^{3}\delta Z_{\mathrm{vaR}}^{3}\end{aligned} \tag{3-19}$$

质量刚度矩阵中的各个元素为：

$M(1,1)=M_{vr}^{1}+I_{vr}^{2}\left(\frac{1}{L_6}\right)^2, M(1,2)=I_{vr}^{2}L_5\left(\frac{1}{L_6}\right)^2, M(1,3)=0, M(1,4)=-I_{vr}^{2}\left(\frac{1}{L_6}\right)^2,$

$M(1,5)\sim M(1,11)=0, M(2,2)=I_{vr}^{1}+I_{vr}^{2}\left(\frac{L_5}{L_6}\right)^2, M(2,3)=0, M(2,4)=-I_{vr}^{2}L_5\left(\frac{1}{L_6}\right)^2,$

$M(2,5)\sim M(2,11)=0, M(3,3)=J_{vr}^{1}, M(3,4)\sim M(3,11)=0, M(4,4)=M_{vr}^{2}+I_{vr}^{2}\left(\frac{1}{L_6}\right)^2,$

$M(4,5)\sim M(4,11)=0, M(5,5)=J_{vr}^{2}, M(5,6)\sim M(5,11)=0, M(6,6)=M_{vaL}^{1},$

$M(6,7)\sim M(6,11)=0, M(7,7)=M_{vaR}^{1}, M(7,8)\sim M(7,11)=0, M(8,8)=M_{vaL}^{2},$

$M(8,9)\sim M(8,11)=0, M(9,9)=M_{vaR}^{2}, M(9,10)\sim M(9,11)=0, M(10,10)=M_{vaL}^{3},$

$M(10,11)=0, M(11,11)=M_{vaR}^{3}$

$$
\begin{aligned}
\delta W_{\text{damping}}^{v} &= \sum_{i=1}^{3}(C_{vuL}^{i}\dot{\Delta}_{vuL}^{i}\delta\Delta_{vuL}^{i}+C_{vuR}^{i}\dot{\Delta}_{vuR}^{i}\delta\Delta_{vuR}^{i})+\sum_{i=1}^{3}(C_{vlL}^{i}\dot{\Delta}_{vlL}^{i}\delta\Delta_{vlL}^{i}+C_{vlR}^{i}\dot{\Delta}_{vlR}^{i}\delta\Delta_{vlR}^{i}) \\
&= C_{vuL}^{1}(\dot{Z}_{vr}^{1}-L_1\dot{\theta}_{vr}^{1}-b_1\dot{\phi}_{vr}^{1}-\dot{Z}_{vaL}^{1})\delta(Z_{vr}^{1}-L_1\theta_{vr}^{1}-b_1\phi_{vr}^{1}-Z_{vaL}^{1})+ \\
&\quad C_{vuR}^{1}(\dot{Z}_{vr}^{1}-L_1\dot{\theta}_{vr}^{1}+b_1\dot{\phi}_{vr}^{1}-\dot{Z}_{vaR}^{1})\delta(Z_{vr}^{1}-L_1\theta_{vr}^{1}+b_1\phi_{vr}^{1}-Z_{vaR}^{1})+ \\
&\quad C_{vuL}^{2}(\dot{Z}_{vr}^{1}+L_2\dot{\theta}_{vr}^{1}-b_1\dot{\phi}_{vr}^{1}-\dot{Z}_{vaL}^{2})\delta(Z_{vr}^{1}+L_2\theta_{vr}^{1}-b_1\phi_{vr}^{1}-Z_{vaL}^{2})+ \\
&\quad C_{vuR}^{2}(\dot{Z}_{vr}^{1}+L_2\dot{\theta}_{vr}^{1}+b_1\dot{\phi}_{vr}^{1}-\dot{Z}_{vaR}^{2})\delta(Z_{vr}^{1}+L_2\theta_{vr}^{1}+b_1\phi_{vr}^{1}-Z_{vaR}^{2})+ \\
&C_{vuL}^{3}\left[\dot{Z}_{vr}^{2}+\frac{L_4}{L_6}(\dot{Z}_{vr}^{2}-\dot{Z}_{vr}^{1}-L_5\dot{\theta}_{vr}^{1})-b_1\dot{\phi}_{vr}^{2}-\dot{Z}_{vaL}^{3}\right]\delta\left[Z_{vr}^{2}+\frac{L_4}{L_6}(Z_{vr}^{2}-Z_{vr}^{1}-L_5\theta_{vr}^{1})-b_1\phi_{vr}^{2}-Z_{vaL}^{3}\right]+ \\
&C_{vuR}^{3}\left[\dot{Z}_{vr}^{2}+\frac{L_4}{L_6}(\dot{Z}_{vr}^{2}-\dot{Z}_{vr}^{1}-L_5\dot{\theta}_{vr}^{1})+b_1\dot{\phi}_{vr}^{2}-\dot{Z}_{vaR}^{3}\right]\delta\left[Z_{vr}^{2}+\frac{L_4}{L_6}(Z_{vr}^{2}-Z_{vr}^{1}-L_5\theta_{vr}^{1})+b_1\phi_{vr}^{2}-Z_{vaR}^{3}\right]+ \\
&C_{vlL}^{1}\dot{Z}_{vaL}^{1}\delta Z_{vaL}^{1}+C_{vlR}^{1}\dot{Z}_{vaR}^{1}\delta Z_{vaR}^{1}+C_{vlL}^{2}\dot{Z}_{vaL}^{2}\delta Z_{vaL}^{2}+C_{vlR}^{2}\dot{Z}_{vaR}^{2}\delta Z_{vaR}^{2}+C_{vlL}^{3}\dot{Z}_{vaL}^{3}\delta Z_{vaL}^{3}+C_{vlR}^{3}\dot{Z}_{vaR}^{3}\delta Z_{vaR}^{3}
\end{aligned}
\tag{3-20}
$$

$C(1,1)=(C_{vuL}^{1}+C_{vuR}^{1}+C_{vuL}^{2}+C_{vuR}^{2})+\left(\frac{L_4}{L_6}\right)^2(C_{vuL}^{3}+C_{vuR}^{3}),$

$C(1,2)=-L_1(C_{vuL}^{1}+C_{vuR}^{1})+L_2(C_{vuL}^{2}+C_{vuR}^{2})+\left(\frac{L_4}{L_6}\right)^2L_5(C_{vuL}^{3}+C_{vuR}^{3}),$

$C(1,3)=-b_1(C_{vuL}^{1}-C_{vuR}^{1})-b_2(C_{vuL}^{2}-C_{vuR}^{2}), C(1,4)=-\frac{L_4}{L_6}\left(1+\frac{L_4}{L_6}\right)(C_{vuL}^{3}+C_{vuR}^{3}),$

$C(1,5)=\frac{L_4}{L_6}b_1(C_{vuL}^{3}-C_{vuR}^{3}), C(1,6)=-C_{vuL}^{1}, C(1,7)=-C_{vuR}^{1}, C(1,8)=-C_{vuL}^{2},$

$C(1,9)=-C_{vuR}^{2}, C(1,10)=\frac{L_4}{L_6}C_{vuL}^{3},$

$C(1,11)=\frac{L_4}{L_6}C_{vuR}^{3}, C(2,2)=L_1{}^2(C_{vuL}^{1}+C_{vuR}^{1})+L_2{}^2(C_{vuL}^{2}+C_{vuR}^{2})+\left(\frac{L_4L_5}{L_6}\right)^2(C_{vuL}^{3}+C_{vuR}^{3}),$

$C(2,3)=L_1b_1(C_{\text{vuL}}^1-C_{\text{vuR}}^1)-L_2b_1(C_{\text{vuL}}^2-C_{\text{vuR}}^2),C(2,4)=-\frac{L_4L_5}{L_6}\left(1+\frac{L_4}{L_6}\right)(C_{\text{vuL}}^3+C_{\text{vuR}}^3),$

$C(2,5)=\frac{L_4L_5b_1}{L_6}(C_{\text{vuL}}^3-C_{\text{vuR}}^3),C(2,6)=L_1C_{\text{vuL}}^1,C(2,7)=L_1C_{\text{vuR}}^1,$

$C(2,8)=-L_2C_{\text{vuL}}^2,C(2,9)=-L_2C_{\text{vuR}}^2,C(2,10)=\frac{L_4L_5}{L_6}C_{\text{vuL}}^3,C(2,11)=\frac{L_4L_5}{L_6}C_{\text{vuR}}^3,$

$C(3,3)=b_1{}^2(C_{\text{vuL}}^1+C_{\text{vuR}}^1+C_{\text{vuL}}^2+C_{\text{vuR}}^2),C(3,4)\sim C(3,5)=0,C(3,6)=b_1C_{\text{vuL}}^1,$

$C(3,7)=-b_1C_{\text{vuR}}^1,(3,8)=b_1C_{\text{vuL}}^2,C(3,9)=-b_1C_{\text{vuR}}^2,C(3,10)\sim C(3,11)=0,$

$C(4,4)=\left(1+\frac{L_4}{L_6}\right)^2(C_{\text{vuL}}^3+C_{\text{vuR}}^3),C(4,5)=-\left(1+\frac{L_4}{L_6}\right)b_1(C_{\text{vuL}}^3-C_{\text{vuR}}^3),C(4,6)\sim C(4,9)=0,$

$C(4,10)=-\left(1+\frac{L_4}{L_6}\right)C_{\text{vuL}}^3,C(4,11)=-\left(1+\frac{L_4}{L_6}\right)C_{\text{vuR}}^3,C(5,5)=b_1{}^2(C_{\text{vuL}}^3+C_{\text{vuR}}^3),$

$C(5,6)\sim C(5,9)=0,C(5,10)=b_1C_{\text{vuL}}^3,C(5,11)=-b_1C_{\text{vuR}}^3,C(6,6)=C_{\text{vuL}}^1+C_{\text{vlL}}^1,$

$C(6,7)\sim C(6,11)=0,C(7,7)=C_{\text{vuR}}^1+C_{\text{vlR}}^1,C(7,8)\sim C(7,11)=0,C(8,8)=C_{\text{vuL}}^2+C_{\text{vlL}}^2,$

$C(8,9)\sim C(8,11)=0,C(9,9)=C_{\text{vuR}}^2+C_{\text{vlR}}^2,C(9,10)\sim C(9,11)=0,C(10,10)=C_{\text{vuL}}^3+C_{\text{vlL}}^3,$

$C(10,11)=0,C(11,11)=C_{\text{vuR}}^3+C_{\text{vlR}}^3$

$$\begin{aligned}
\delta W_{\text{elastic}}^{\text{v}}&=\sum_{i=1}^{3}(K_{\text{vuL}}^i\dot{\Delta}_{\text{vuL}}^i\delta\Delta_{\text{vuL}}^i+K_{\text{vuR}}^i\dot{\Delta}_{\text{vuR}}^i\delta\Delta_{\text{vuR}}^i)+\sum_{i=1}^{3}(K_{\text{vlL}}^i\dot{\Delta}_{\text{vlL}}^i\delta\Delta_{\text{vlL}}^i+K_{\text{vlR}}^i\dot{\Delta}_{\text{vlR}}^i\delta\Delta_{\text{vlR}}^i)\\
&=K_{\text{vuL}}^1(\dot{Z}_{\text{vr}}^1-L_1\dot{\theta}_{\text{vr}}^1-b_1\dot{\phi}_{\text{vr}}^1-\dot{Z}_{\text{vaL}}^1)\delta(Z_{\text{vr}}^1-L_1\theta_{\text{vr}}^1-b_1\phi_{\text{vr}}^1-Z_{\text{vaL}}^1)+\\
&\quad K_{\text{vuR}}^1(\dot{Z}_{\text{vr}}^1-L_1\dot{\theta}_{\text{vr}}^1+b_1\dot{\phi}_{\text{vr}}^1\quad\dot{Z}_{\text{vaR}}^1)\delta(Z_{\text{vr}}^1-L_1\theta_{\text{vr}}^1+b_1\phi_{\text{vr}}^1-Z_{\text{vaR}}^1)+\\
&\quad K_{\text{vuL}}^2(\dot{Z}_{\text{vr}}^1+L_2\dot{\theta}_{\text{vr}}^1-b_1\dot{\phi}_{\text{vr}}^1-\dot{Z}_{\text{vaL}}^2)\delta(Z_{\text{vr}}^1+L_2\theta_{\text{vr}}^1-b_1\phi_{\text{vr}}^1-Z_{\text{vaL}}^2)+\\
&\quad K_{\text{vuR}}^2(\dot{Z}_{\text{vr}}^1+L_2\dot{\theta}_{\text{vr}}^1+b_1\dot{\phi}_{\text{vr}}^1-\dot{Z}_{\text{vaR}}^2)\delta(Z_{\text{vr}}^1+L_2\theta_{\text{vr}}^1+b_1\phi_{\text{vr}}^1-Z_{\text{vaR}}^2)+\\
&K_{\text{vuL}}^3\left[\dot{Z}_{\text{vr}}^2+\frac{L_4}{L_6}(\dot{Z}_{\text{vr}}^2-\dot{Z}_{\text{vr}}^1-L_5\dot{\theta}_{\text{vr}}^1)-b_1\dot{\phi}_{\text{vr}}^2-\dot{Z}_{\text{vaL}}^3\right]\delta\left[Z_{\text{vr}}^2+\frac{L_4}{L_6}(Z_{\text{vr}}^2-Z_{\text{vr}}^1-L_5\theta_{\text{vr}}^1)-b_1\phi_{\text{vr}}^2-Z_{\text{vaL}}^3\right]+\\
&K_{\text{vuR}}^3\left[\dot{Z}_{\text{vr}}^2+\frac{L_4}{L_6}(\dot{Z}_{\text{vr}}^2-\dot{Z}_{\text{vr}}^1-L_5\dot{\theta}_{\text{vr}}^1)+b_1\dot{\phi}_{\text{vr}}^2-\dot{Z}_{\text{vaR}}^3\right]\delta\left[Z_{\text{vr}}^2+\frac{L_4}{L_6}(Z_{\text{vr}}^2-Z_{\text{vr}}^1-L_5\theta_{\text{vr}}^1)+b_1\phi_{\text{vr}}^2-Z_{\text{vaR}}^3\right]+\\
&K_{\text{vlL}}^1\dot{Z}_{\text{vaL}}^1\delta Z_{\text{vaL}}^1+K_{\text{vlR}}^1\dot{Z}_{\text{vaR}}^1\delta Z_{\text{vaR}}^1+K_{\text{vlL}}^2\dot{Z}_{\text{vaL}}^2\delta Z_{\text{vaL}}^2+K_{\text{vlR}}^2\dot{Z}_{\text{vaR}}^2\delta Z_{\text{vaR}}^2+K_{\text{vlL}}^3\dot{Z}_{\text{vaL}}^3\delta Z_{\text{vaL}}^3+K_{\text{vlR}}^3\dot{Z}_{\text{vaR}}^3\delta Z_{\text{vaR}}^3
\end{aligned}\tag{3-21}$$

$K(1,1)=(K_{\text{vuL}}^1+K_{\text{vuR}}^1+K_{\text{vuL}}^2+K_{\text{vuR}}^2)+\left(\frac{L_4}{L_6}\right)^2(K_{\text{vuL}}^3+K_{\text{vuR}}^3),$

$K(1,2)=-L_1(K_{\text{vuL}}^1+K_{\text{vuR}}^1)+L_2(K_{\text{vuL}}^2+K_{\text{vuR}}^2)+\left(\frac{L_4}{L_6}\right)^2L_5(K_{\text{vuL}}^3+K_{\text{vuR}}^3),$

$K(1,3)=-b_1(K_{\text{vuL}}^1-K_{\text{vuR}}^1)-b_2(K_{\text{vuL}}^2-K_{\text{vuR}}^2),K(1,4)=-\frac{L_4}{L_6}\left(1+\frac{L_4}{L_6}\right)(K_{\text{vuL}}^3+K_{\text{vuR}}^3),$

$K(1,5)=\frac{L_4}{L_6}b_1(K_{\text{vuL}}^3-K_{\text{vuR}}^3), K(1,6)=-K_{\text{vuL}}^1, K(1,7)=-K_{\text{vuR}}^1, K(1,8)=-K_{\text{vuL}}^2,$

$K(1,9)=-K_{\text{vuR}}^2, K(1,10)=\frac{L_4}{L_6}K_{\text{vuL}}^3, K(1,11)=\frac{L_4}{L_6}K_{\text{vuR}}^3,$

$K(2,2)=L_1^2(K_{\text{vuL}}^1+K_{\text{vuR}}^1)+L_2^2(K_{\text{vuL}}^2+K_{\text{vuR}}^2)+\left(\frac{L_4L_5}{L_6}\right)^2(K_{\text{vuL}}^3+K_{\text{vuR}}^3),$

$K(2,3)=L_1b_1(K_{\text{vuL}}^1-K_{\text{vuR}}^1)-L_2b_1(K_{\text{vuL}}^2-K_{\text{vuR}}^2), K(2,4)=-\frac{L_4L_5}{L_6}\left(1+\frac{L_4}{L_6}\right)(K_{\text{vuL}}^3+K_{\text{vuR}}^3),$

$K(2,5)=\frac{L_4L_5b_1}{L_6}(K_{\text{vuL}}^3-K_{\text{vuR}}^3), K(2,6)=L_1K_{\text{vuL}}^1, K(2,7)=L_1K_{\text{vuR}}^1,$

$K(2,8)=-L_2K_{\text{vuL}}^2, K(2,9)=-L_2K_{\text{vuR}}^2, K(2,10)=\frac{L_4L_5}{L_6}K_{\text{vuL}}^3, K(2,11)=\frac{L_4L_5}{L_6}K_{\text{vuR}}^3,$

$K(3,3)=b_1^2(K_{\text{vuL}}^1+K_{\text{vuR}}^1+K_{\text{vuL}}^2+K_{\text{vuR}}^2), K(3,4)\sim K(3,5)=0, K(3,6)=b_1K_{\text{vuL}}^1,$

$K(3,7)=-b_1K_{\text{vuR}}^1, (3,8)=b_1K_{\text{vuL}}^2, K(3,9)=-b_1K_{\text{vuR}}^2, K(3,10)\sim K(3,11)=0,$

$K(4,4)=\left(1+\frac{L_4}{L_6}\right)^2(K_{\text{vuL}}^3+K_{\text{vuR}}^3), K(4,5)=-\left(1+\frac{L_4}{L_6}\right)b_1(K_{\text{vuL}}^3-K_{\text{vuR}}^3), K(4,6)\sim K(4,9)=0,$

$K(4,10)=-\left(1+\frac{L_4}{L_6}\right)K_{\text{vuL}}^3, K(4,11)=-\left(1+\frac{L_4}{L_6}\right)K_{\text{vuR}}^3, K(5,5)=b_1{}^2(K_{\text{vuL}}^3+K_{\text{vuR}}^3),$

$K(5,6)\sim K(5,9)=0, K(5,10)=b_1K_{\text{vuL}}^3, K(5,11)=-b_1K_{\text{vuR}}^3, K(6,6)=K_{\text{vuL}}^1+K_{\text{vlL}}^1,$

$K(6,7)\sim K(6,11)=0, K(7,7)=K_{\text{vuR}}^1+K_{\text{vlR}}^1, K(7,8)\sim K(7,11)=0, K(8,8)=K_{\text{vuL}}^2+K_{\text{vlL}}^2,$

$K(8,9)\sim K(8,11)=0, K(9,9)=K_{\text{vuR}}^2+K_{\text{vlR}}^2, K(9,10)\sim K(9,11)=0, K(10,10)$

$=K_{\text{vuL}}^3+K_{\text{vlL}}^3, K(10,11)=0, K(11,11)=K_{\text{vuR}}^3+K_{\text{vlR}}^3$

3.3 路面粗糙度

路面粗糙度是引起车辆振动特别是竖向振动的主要激励源，是影响车辆和桥梁动力响应的一个重要因素。实际中的路面粗糙度多是空间变化的，已有的车-桥耦合振动分析中路面粗糙度的数值模拟多假定左右轮对应的路面粗糙度是完全一样的，极个别假定为完全独立，以上两种处理方式均与实际情况不符。为了使路面粗糙度的处理和输入方式更加接近实际情况，提高车-桥耦合振动分析精度，所建立的分析系统中不仅设置了单线程路面粗糙度模拟功能，而且设置了多线程路面粗糙度输入功能[2]。

3.3.1 单线程路面粗糙度

路面粗糙度可表达为功率谱密度函数的随机过程。Dodds 和 Robson[5] 提出了供公路路面粗糙度使用的PSD函数：

$$\left.\begin{aligned}S(\bar{\phi})&=A_r\left(\frac{\bar{\phi}}{\bar{\phi}_0}\right)^{-w_1},\bar{\phi}\leqslant\bar{\phi}_0\\S(\bar{\phi})&=A_r\left(\frac{\bar{\phi}}{\bar{\phi}_0}\right)^{-w_2},\bar{\phi}\geqslant\bar{\phi}_0\end{aligned}\right\}\tag{3-22}$$

式中：$S(\bar{\phi})$——路面粗糙度的 PSD 函数，m^3/cycle；

$\bar{\phi}$——分散频率，cycle/m；

$\bar{\phi}_0$——截断频率，且 $\bar{\phi}_0=1/2\pi$；

A_r——粗糙度系数，其值由路况确定，ISO 组织的规范分别针对“非常好”“好”和“一般”的路面粗糙程度，取用粗糙度系数 A_r 的值分别为 5×10^{-6}、20×10^{-6}、80×10^{-6}，m^3/cycle；

w_1、w_2——指数，取值范围为 1.36～2.28。

路面粗糙度假设为零均值平稳高斯随机过程，因此，可以用逆傅立叶变换产生：

$$r(x)=\sum_{k=1}^{N}\sqrt{2S(\bar{\phi}_k)\Delta\bar{\phi}}\cos(2\pi\bar{\phi}_k x+\theta_k)\tag{3-23}$$

式中：θ_k——从 0～2π 均匀分布的随机相位。

图 3-3a)给出了“非常好”的路面粗糙度样本，图 3-3b)给出了粗糙度样本功率谱与目标谱的对比情况，可以看出两者吻合较好。

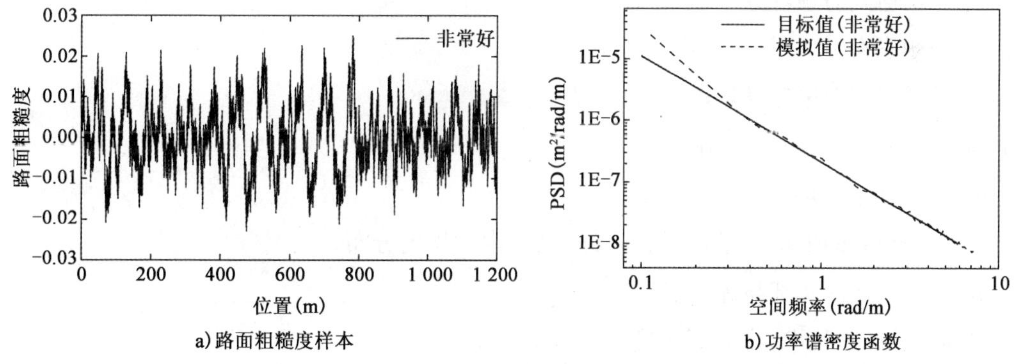

a)路面粗糙度样本　　b)功率谱密度函数

图 3-3 “非常好”路面粗糙度信息

3.3.2 多线程(空间)路面粗糙度

考虑空间相关性的多线程路面粗糙度的模拟，采用谐波合成法和双索引频率[3]来实现侧向相关性的路面粗糙度模拟，并采用快速傅立叶变换(FFT)技术提高模拟效率。零均值的 n 分量高斯过程的路面粗糙度互谱密度矩阵为：

$$\boldsymbol{S}^0(\boldsymbol{\omega})=\begin{bmatrix}S_{11}^0(\omega) & S_{12}^0(\omega) & \cdots & S_{1n}^0(\omega)\\S_{21}^0(\omega) & S_{22}^0(\omega) & \cdots & S_{2n}^0(\omega)\\\cdots & \cdots & \vdots & \cdots\\S_{n1}^0(\omega) & S_{n2}^0(\omega) & \cdots & S_{nn}^0(\omega)\end{bmatrix}\tag{3-24}$$

式中：ω——空间频率，表示单位长度内某事件出现的概率；

n——相关线路的个数。

对 $\boldsymbol{S}^0(\omega)$进行 Cholesky 分解，得到：

$$\boldsymbol{S}^0(\omega)=\boldsymbol{H}(\omega)\boldsymbol{H}^{\mathrm{T}*}(\omega) \tag{3-25}$$

式中：$\boldsymbol{H}(\omega)$——下三角矩阵；

$\boldsymbol{H}^{\mathrm{T}*}(\omega)$——$\boldsymbol{H}(\omega)$的复共轭转置矩阵。

多线程路面粗糙度的模拟公式，可以表示为：

$$r_j(x)=\sum_{m=1}^{j}\sum_{l=1}^{N}2\sqrt{\Delta\omega}\,|\boldsymbol{H}_{jm}(\omega_{ml})|\cdot\cos[2\pi\omega_{ml}x-\theta_{jm}(\omega_{ml})+\phi_{ml}] \tag{3-26}$$

$$\begin{cases}\theta_{jm}(\omega)=\arctan\left\{\dfrac{\mathrm{Im}[\boldsymbol{H}_{jm}(\omega)]}{\mathrm{Re}[\boldsymbol{H}_{jm}(\omega)]}\right\}\\ \omega_{ml}=\omega_l+l\Delta\omega+\dfrac{m-j}{j}\Delta\omega\\ \Delta\omega=\dfrac{\omega_u-\omega_l}{N}\end{cases} \tag{3-27}$$

式中：j——线程号；

m、l——矩阵元素的行、列号；

N——划分的频段数；

ω_{ml}——双索引频率；

$\Delta\omega$——空间频率的增量；

ω_l、ω_u——频率的下限与上限；

θ_{jm}——复相位角；

ϕ_{ml}——独立的随机变量，服从[0,2π]区间内的均匀分布；

Re、Im——复数的实部与虚部。

为使用 FFT 技术，作如下变换：

$$\begin{aligned}r_j(p\Delta x)&=\mathrm{Re}\left\{\sum_{m=1}^{j}\sum_{l=1}^{N}2\sqrt{\Delta\omega}\,|\boldsymbol{H}_{jm}(\omega_{ml})|\cdot\exp\left[2\pi i(\omega_l+l\Delta\omega+\frac{m-j}{j}\Delta\omega)p\Delta x-i\,\theta_{jm}(\omega_{ml})+i\,\phi_{ml}\right]\right\}\\&=\mathrm{Re}\left\{\sum_{m=1}^{j}\exp(2\pi i\frac{\omega_l}{\Delta\omega}\frac{p}{M}+2\pi i\frac{m-j}{j}\frac{p}{M})\sum_{l=1}^{N}2\sqrt{\Delta\omega}\,|\boldsymbol{H}_{jm}(\omega_{ml})|\cdot\exp[-i\,\theta_{jm}(\omega_{ml})+i\,\phi_{ml}]\exp(2\pi il\frac{p}{M})\right\}\end{aligned} \tag{3-28}$$

其中：$\Delta x=1/(M\Delta\omega)$；$p=0,1,\cdots,nM-1$，为了满足采样定理的要求，应有 $M\geqslant 2N$；i 为虚数单位。

令：

$$\boldsymbol{B}_{jm}(l\Delta\omega)=\begin{cases}2\sqrt{\Delta\omega}\,|\boldsymbol{H}_{jm}(\omega_{ml})|\exp[-i\cdot\theta_{jm}(\omega_{ml})+i\phi_{ml}] & 0\leqslant l<N\\ 0 & N\leqslant l<M\end{cases} \tag{3-29}$$

$$\boldsymbol{G}_{jm}(p\Delta x)=\sum_{l=1}^{M}\boldsymbol{B}_{jm}(l\Delta\omega)\exp\left(2\pi i\frac{p}{M}\right)=\sum_{l=0}^{M-1}\boldsymbol{B}_{jm}(l\Delta\omega)\exp\left(2\pi il\frac{q}{M}\right) \tag{3-30}$$

其中，q 为 $p/(2N)$的余数。于是有：

$$r_j(p\Delta x)=\mathrm{Re}\sum_{m=1}^{j}\left[\boldsymbol{G}_{jm}(p\Delta x)\exp(2\pi i\frac{\omega_l}{\Delta\omega}\frac{p}{M}+2\pi i\frac{m-j}{j}\frac{p}{M})\right] \tag{3-31}$$

再令：

$$\boldsymbol{C}_{jm}(l\Delta\omega)=(2\pi il\Delta\omega)\boldsymbol{B}_{jm}(l\Delta\omega) \tag{3-32}$$

$$\boldsymbol{J}_{jm}(p\Delta x)=\sum_{l=0}^{M-1}\boldsymbol{C}_{jm}(l\Delta\omega)\exp\left(2\pi il\frac{q}{M}\right) \tag{3-33}$$

于是，路面粗糙度函数的导数为：

$$\begin{aligned}\frac{\partial r(p\Delta x)}{\partial x}&=\mathrm{Re}\sum_{m=1}^{j}\sum_{l=1}^{N}2\sqrt{\Delta\omega}\left|\boldsymbol{H}_{jm}(\omega_{ml})\right|2\pi i\left(\omega_l+l\Delta\omega+\frac{m-j}{j}\Delta\omega\right)\\&\quad\exp\left[2\pi i\left(\omega_l+l\Delta\omega+\frac{m-j}{j}\Delta\omega\right)p\Delta x-i\theta_{jm}(\omega_{ml})+i\phi_{ml}\right]\\&=\mathrm{Re}\sum_{m=1}^{j}\boldsymbol{G}_{jm}(l\Delta\omega)2\pi i\left(\omega_l+\frac{m-j}{j}\Delta\omega\right)\cdot\exp\left(2\pi i\frac{\omega_l}{\Delta\omega}\frac{p}{M}+2\pi i\frac{m-j}{j}\frac{p}{M}\right)+\\&\quad\mathrm{Re}\sum_{m=1}^{j}\boldsymbol{J}_{jm}(l\Delta\omega)\exp\left(2\pi i\frac{\omega_l}{\Delta\omega}\frac{p}{M}+2\pi i\frac{m-j}{j}\frac{p}{M}\right)\end{aligned} \tag{3-34}$$

式中：$\boldsymbol{G}_{jm}(p\Delta x)$——$\boldsymbol{B}_{jm}(pl\Delta\omega)$的离散傅立叶逆变换；

$\boldsymbol{J}_{jm}(p\Delta x)$——$\boldsymbol{C}_{jm}(pl\Delta\omega)$的傅立叶逆变换，可通过 FFT 进行计算。

在多线程粗糙度样本模拟过程中，理论上需要对每个频率点都进行一次 $\boldsymbol{S}^0(\boldsymbol{\omega})$的 Cholisky 分解，过程较为烦琐，可采用拉格朗日多项式插值来减少矩阵分解的次数，路面粗糙度的功率谱参考《机械振动道路路面谱测量数据报告》(GB/T 7031—2005)[4]，其谱函数为：

$$\mathrm{G_d}(\omega)=\mathrm{G_d}(\omega_0)\left(\frac{\omega}{\omega_0}\right)^{-W} \tag{3-35}$$

式中：ω_0——参考空间频率，$\omega_0=0.1\mathrm{m}^{-1}$；

$\mathrm{G_d}(\omega_0)$——参考空间频率下的路面谱值；

W——频率指数。

以路面等级为 B 级为例，参考空间频率下的路面谱值为 $64\times10^{-6}\mathrm{m}^2\cdot\mathrm{m}^{-1}$，频率指数选取 $W=2$，当车辆振动频率范围为 0.5～30Hz、车速范围为 10～30m/s 时，空间频率上限为 $3\mathrm{m}^{-1}$，空间频率下限为 $0.0015\mathrm{m}^{-1}$，取纵向间隔为 0.1676m，横向间隔为 0.5m，参考侧向距离取为 1.83[2]，相关系数取为 0.43，模拟得到的多线程路面粗糙度及其功率谱密度如图 3-4 所示，从图中可以看出，模拟谱与目标谱的吻合程度良好。

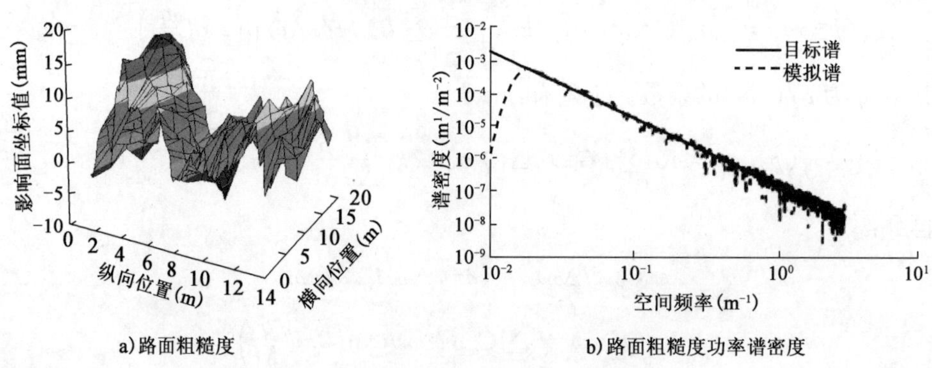

a)路面粗糙度

b)路面粗糙度功率谱密度

图 3-4 多线程路面粗糙度及其功率谱密度

3.4 汽车-桥梁系统耦合关系

目前，通用的桥梁建模方法主要有梁单元法、板壳元法、三维实体元法以及梁格法。但是车-桥耦合分析时的桥梁模型通常采用梁单元法或者梁格法进行模拟，按照主梁横断面的不同，梁单元分析模型可以分为单主梁模型和多主梁或者梁格法分析模型，对于不同的梁单元分析模型，在处理车-桥系统的几何和力学耦合关系时，存在一定的差异。对于单主梁和梁格法分析模型，与车辆第 i 轴左右轮接触点的桥梁竖向变形 $Z^i_{\mathrm{bL(R)}}$ 的计算方法以及车-桥系统相互作用力施加给桥梁的方式有所不同，以下将详细介绍两种分析模型的几何耦合关系和力学耦合关系[5-6]。

3.4.1 车辆与单梁式桥梁的耦合关系

对于单主梁分析模型，图 3-5 给出了车轮与钢箱梁桥面作用示意图以及车-桥系统接触点与单主梁相邻单元的两个节点之间的关系。与车辆第 i 个轴位于同一横断面主梁形心上点 C 的位移为$[u_c, v_c, w_c, \theta_{xc}, \theta_{yc}, \theta_{zc}]^T$，则车辆第 i 个轴左(右)轮与桥面接触点的位移可以表示为：

$$\begin{bmatrix} X^i_{\mathrm{bL(R)}} \\ Y^i_{\mathrm{bL(R)}} \\ Z^i_{\mathrm{bL(R)}} \\ \theta^i_{\mathrm{xbL(R)}} \\ \theta^i_{\mathrm{ybL(R)}} \\ \theta^i_{\mathrm{zbL(R)}} \end{bmatrix} = \begin{bmatrix} 1 & 0 & 0 & 0 & h^i_{\mathrm{L(R)}} & e^i_{\mathrm{L(R)}} \\ 0 & 1 & 0 & h^i_{\mathrm{L(R)}} & 0 & 0 \\ 0 & 0 & 1 & e^i_{\mathrm{L(R)}} & 0 & 0 \\ 0 & 0 & 0 & 1 & 0 & 0 \\ 0 & 0 & 0 & 0 & 1 & 0 \\ 0 & 0 & 0 & 0 & 0 & 1 \end{bmatrix} \begin{bmatrix} u_c \\ v_c \\ w_c \\ \theta_{xc} \\ \theta_{yc} \\ \theta_{zc} \end{bmatrix} \tag{3-36}$$

其中 $e^i_{\mathrm{L(R)}}$ 和 $h^i_{\mathrm{L(R)}}$ 分别为第 i 个轴左(右)轮桥面接触点与桥梁形心的水平和竖向距离。

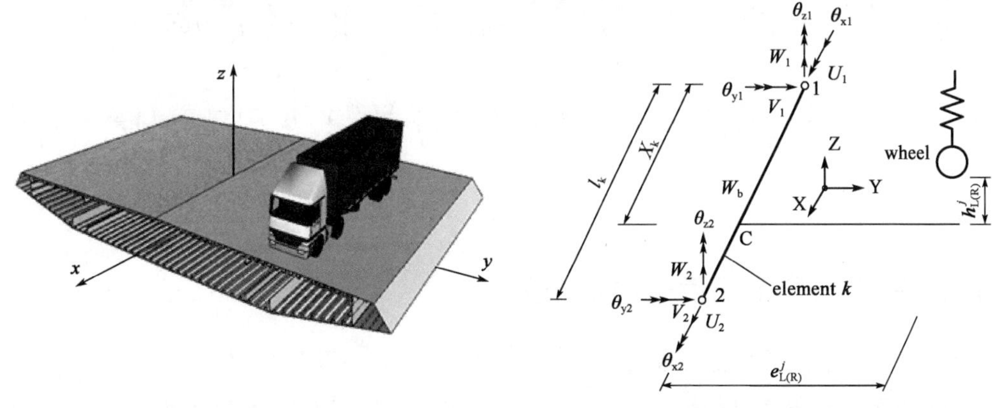

图 3-5 单主梁模型车轮与桥面接触点处桥梁变形确定关系图

与车辆第 i 个轴左(右)轮接触点的桥梁竖向位移,可以表示为:

$$Z^{i}_{\mathrm{bL(R)}} = w_{\mathrm{c}} + e^{i}_{\mathrm{L(R)}}\theta_{\mathrm{xc}} \tag{3-37}$$

基于有限元的结构分析中,得到的是桥梁子系统离散节点处的位移、速度、加速度,而与车轮同一断面上的点若不是位于桥梁子系统离散节点处,就需要根据插值关系确定。当与车轮同一横断面上的点 C 位于单元 k 的两节点 1、2 之间时,则该点的竖向位移可根据插值关系得到:

$$Z^{i}_{\mathrm{bL(R)}} = N_1 \cdot w_1 + N_2 \cdot \theta_{\mathrm{y1}} + N_3 \cdot w_2 + N_4 \cdot \theta_{\mathrm{y2}} + e^{i}_{\mathrm{L(R)}}(N_5 \cdot \theta_{\mathrm{x1}} + N_6 \cdot \theta_{\mathrm{x2}}) \tag{3-38}$$

其中,$N_1=1-3x_k^2/l_k^2+2x_k^3/l_k^3$,$N_2=x_k-2x_k^2/l_k+x_k^3/l_k^2$,$N_3=3x_k^2/l_k^2-2x_k^3/l_k^3$,$N_4=-x_k^2/l_k+x_k^3/l_k^2$,$N_5=x_k/l_k$,$N_6=1-x_k/l_k$

式中: N_1、N_2、N_3、N_4、N_5、N_6——形函数;

l_k——单元长度;

x_k——节点 1 至节点 C 的距离;

$w_m(m=1,2)$,$\theta_{xm}(m=1,2)$和 $\theta_{ym}(m=1,2)$——分别为节点 1 和节点 2 的竖向位移,绕 x 轴和 y 轴的转角。

车辆第 i 个轴左右轮施加给桥梁的竖向激励荷载表示为:

$$F^{i}_{\mathrm{vzL(R)}} = K^{i}_{\mathrm{vlL(R)}}(Z^{i}_{\mathrm{vaL(R)}} - Z^{i}_{\mathrm{bL(R)}} - r^{i}_{\mathrm{L(R)}}(x)) + C^{i}_{\mathrm{vlL(R)}}(\dot{Z}^{i}_{\mathrm{vaL(R)}} - \dot{Z}^{i}_{\mathrm{bL(R)}} - \dot{r}^{i}_{\mathrm{L(R)}}(x)) \tag{3-39}$$

式中,上标“.”表示关于时间 t 的微分;$\dot{r}^{j}_{\mathrm{L(R)}}(x)=(\mathrm{d}r^{j}_{\mathrm{L(R)}}(x)/\mathrm{d}x)\cdot(\mathrm{d}x/\mathrm{d}t)=(\mathrm{d}r^{j}_{\mathrm{L(R)}}(x)/\mathrm{d}x)\cdot U_{\mathrm{v}}$,$U_{\mathrm{v}}$ 为车速。

对于第 i 个轴左右轮施加给桥梁的作用力可以等效到单元 k 两端节点上:

$$P_{\rm eq}=\Big[0\ \ F^{i}_{\rm vzL(R)}\Big(1+2\frac{x_k}{l_k}\Big)\Big(1-\frac{x_k}{l_k}\Big)^2\ \ 0\ \ e^{i}_{\rm L(R)}F^{i}_{\rm vzL(R)}\Big(1+2\frac{x_k}{l_k}\Big)\Big(1-\frac{x_k}{l_k}\Big)^2\ \ 0\ F^{i}_{\rm vzL(R)}x_k\Big(1-\frac{x_k}{l_k}\Big)^2\Big|$$

$$0\ \ F^{i}_{\rm vzL(R)}\Big(3-2\frac{x_k}{l_k}\Big)\Big(\frac{x_k}{l_k}\Big)^2\ \ 0\ \ e^{i}_{\rm L(R)}F^{i}_{\rm vzL(R)}\Big(3-2\frac{x_k}{l_k}\Big)\Big(\frac{x_k}{l_k}\Big)^2\ \ 0\ \ -F^{i}_{\rm vzL(R)}l_k\Big(1-\frac{x_k}{l_k}\Big)\Big(\frac{x_k}{l_k}\Big)^2\Big]^{\rm T}\tag{3-40}$$

3.4.2 车辆与多梁式桥梁的耦合关系

图3-6分别给出了车轮与多梁式桥梁的几何耦合关系以及车-桥接触点与4个相邻节点插值关系图。对于多梁式桥梁，车轮与桥面的接触点位于左右两条纵梁之间，因此，车轮与桥面接触点处桥梁位移应由左右相邻单元上的4个节点位置插值获得。当车辆第 i 轴的左(右)轮位于第 j 号纵梁的单元 p 和第 $j+1$ 号纵梁的单元 q 之间[图3-6b)]，车轮距两者的横向距离分别为 $e^1_{\rm L(R)}$ 和 $e^2_{\rm L(R)}$，则接触点的桥面竖向位移可以由同一横断面上的单元 p 上点 m 和单元 q 上点 n 的竖向位移 $Z_{{\rm b},j}$ 和 $Z_{{\rm b},j+1}$ 表示，即：

$$Z^i_{\rm bL(R)}=\frac{e^2_{\rm L(R)}}{e^1_{\rm L(R)}+e^2_{\rm L(R)}}Z_{{\rm b},j}+\frac{e^1_{\rm L(R)}}{e^1_{\rm L(R)}+e^2_{\rm L(R)}}Z_{{\rm b},j+1}\tag{3-41}$$

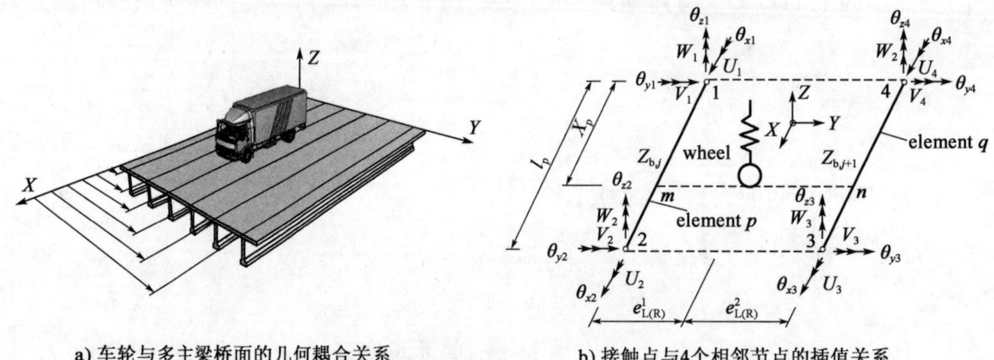

a) 车轮与多主梁桥面的几何耦合关系　　b) 接触点与4个相邻节点的插值关系

图3-6　多主梁模型车轮与桥面接触点处桥梁变形确定关系图

由图3-6b)可以看出，与车轮位于同一横断面的节点分别为节点 m 和节点 n。当节点 m 位于单元 p 的两个节点1和2之间，节点 n 位于单元 q 的两个节点4和3之间时，节点 m 和 n 的竖向位移可根据插值关系得到：

$$Z_{{\rm b},j}=N_1\cdot w_1+N_2\cdot\theta_{y1}+N_3\cdot w_2+N_4\cdot\theta_{y2}\tag{3-42}$$

$$Z_{{\rm b},j+1}=N_1\cdot w_4+N_2\cdot\theta_{y4}+N_3\cdot w_3+N_4\cdot\theta_{y3}\tag{3-43}$$

式中，$w_i(i=1\sim4)$ 和 $\theta_{yi}(i=1\sim4)$ 分别为节点1～4的竖向位移和绕 y 轴的转角。接触点的速度可以表示为：

$$\dot{Z}^i_{\rm bL(R)}=\frac{e^2_{\rm L(R)}}{e^1_{\rm L(R)}+e^2_{\rm L(R)}}\dot{Z}_{{\rm b},j}+\frac{e^1_{\rm L(R)}}{e^1_{\rm L(R)}+e^2_{\rm L(R)}}\dot{Z}_{{\rm b},j+1}\tag{3-44}$$

其中，$\dot{Z}_{b,j}$的$\dot{Z}_{b,j+1}$表达式如下：

$$\dot{Z}_{b,j}=N_1\cdot\dot{w}_1+N_2\cdot\dot{\theta}_{y1}+N_3\cdot\dot{w}_2+N_4\cdot\dot{\theta}_{y2}+U_V\left(\frac{\partial N_1}{\partial x_i}\cdot w_1+\frac{\partial N_2}{\partial x_i}\cdot\theta_{y1}+\frac{\partial N_3}{\partial x_i}\cdot w_2+\frac{\partial N_4}{\partial x_i}\cdot\theta_{y2}\right) \tag{3-45}$$

$$\dot{Z}_{b,j+1}=N_1\cdot\dot{w}_4+N_2\cdot\dot{\theta}_{y4}+N_3\cdot\dot{w}_3+N_4\cdot\dot{\theta}_{y3}+U_V\left(\frac{\partial N_1}{\partial x_i}\cdot w_4+\frac{\partial N_2}{\partial x_i}\cdot\theta_{y4}+\frac{\partial N_3}{\partial x_i}\cdot w_3+\frac{\partial N_4}{\partial x_i}\cdot\theta_{y3}\right) \tag{3-46}$$

车辆第 i 轴车轮施加给桥面的接触力分配到第 j 号和第 $j+1$ 号纵梁的竖向力分别为：

$$F_{vi,j}=\frac{e^2_{L(R)}}{e^1_{L(R)}+e^2_{L(R)}}F^i_{vzL(R)},F_{vi,j+1}=\frac{e^1_{L(R)}}{e^1_{L(R)}+e^2_{L(R)}}F^i_{vzL(R)} \tag{3-47}$$

以第 j 号纵梁为例，分配到第 j 号梁的竖向接触力可以等效到单元 p 两端结点上：

$$P_{eq}=\Big[0\quad F_{vi,j}\left(1+2\frac{x_k}{l_k}\right)\left(1-\frac{x_k}{l_k}\right)^2\quad 0\quad 0\quad 0\quad F_{vi,j}x_k\left(1-\frac{x_k}{l_k}\right)^2 \Big| \\ 0\quad F_{vi,j}\left(3-2\frac{x_k}{l_k}\right)\left(\frac{x_k}{l_k}\right)^2\quad 0\quad 0\quad 0\quad -F_{vi,j}l_k\left(1-\frac{x_k}{l_k}\right)\left(\frac{x_k}{l_k}\right)^2\Big]^T \tag{3-48}$$

3.5 汽车-桥梁系统运动方程的建立及求解

汽车-桥梁系统间的耦合通过车、桥两子系统间的分离迭代来实现。车桥系统运动方程可表示为：

$$\boldsymbol{M}_b\ddot{u}_b+\boldsymbol{C}_b\dot{u}_b+\boldsymbol{K}_b u_b=\boldsymbol{F}_{bg}+\boldsymbol{F}_{vb} \tag{3-49a}$$

$$\boldsymbol{M}_v\ddot{u}_v+\boldsymbol{C}_v\dot{u}_v+\boldsymbol{K}_v u_v=\boldsymbol{F}_{vg}+\boldsymbol{F}_{bv} \tag{3-49b}$$

式中：$\boldsymbol{F}_{bg}$，$\boldsymbol{F}_{vg}$——作用在桥梁和车辆上的与桥梁车辆的运动无关的荷载(如自重)；

$\boldsymbol{F}_{vb}$，$\boldsymbol{F}_{bv}$——车-桥系统间的相互作用力。

对于汽车-桥梁系统，将桥梁及车辆运动方程分别独立求解，通过分离迭代来满足车、桥两子系统间的几何、力学耦合关系。分离迭代法求解汽车-桥梁系统运动方程的具体步骤如下：

(1)对于时间步 t，将前一时步桥梁运动状态($\ddot{u}_b^{t-1}$，$\dot{u}_b^{t-1}$，u_b^{t-1})作为初始迭代值，组合 t 时刻的路面粗糙度。

(2)根据路面粗糙度，求车辆受到的作用力。

(3)根据 Newmark 积分法，求 t 时刻车辆的响应($\ddot{u}_v^t$，$\dot{u}_v^t$，u_v^t)。

(4)计算 t 时刻桥梁结构的响应。

①计算车桥的相互作用力；

②形成荷载阵，采用 Newmark 积分法求桥梁 t 时刻响应。

(5)根据 t 时刻桥梁响应，重复(1)~(5)，直至车辆与桥梁的几何耦合关系及力学耦合关系满足要求，再进行下一时步的计算。

根据前面介绍的车桥系统几何协调条件和力学平衡关系，采用分离迭代法，笔者编制出车-桥系统空间耦合振动分析程序，程序框图如图 3-7 所示。

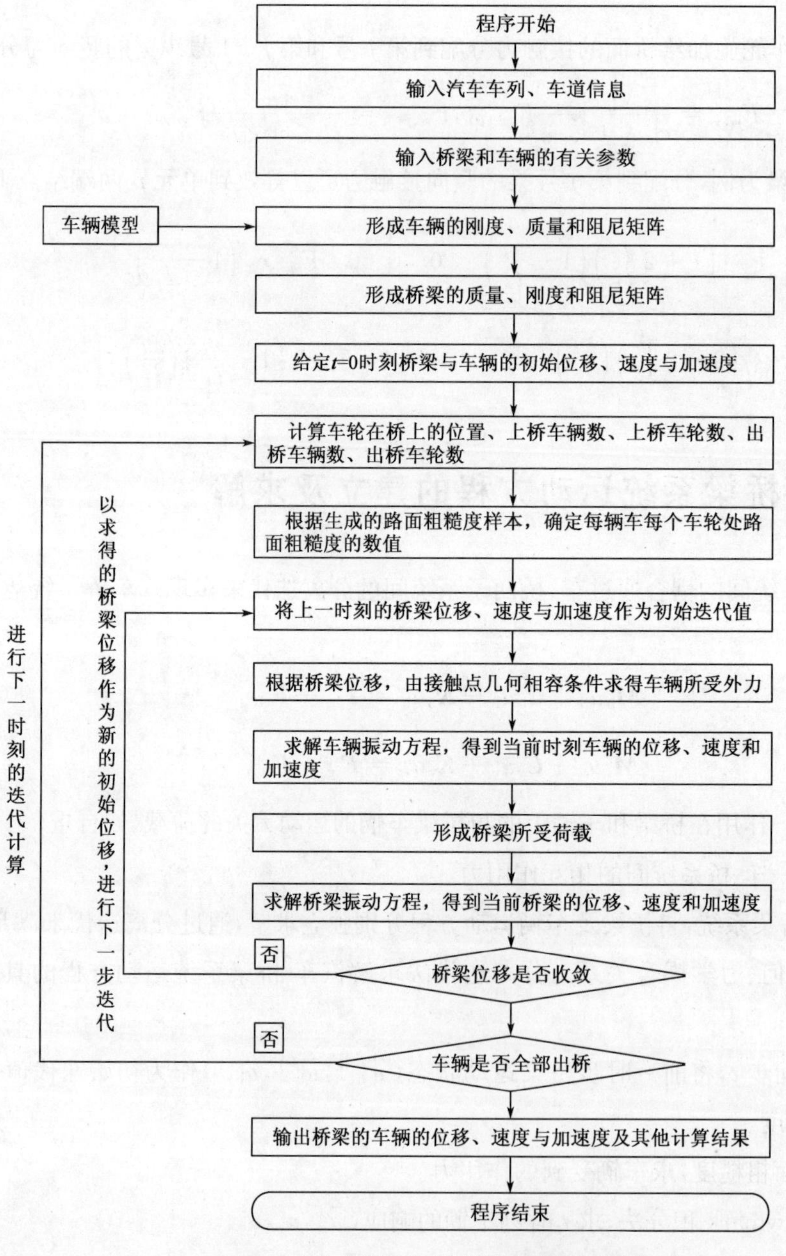

图 3-7　汽车-桥梁系统空间耦合振动分析程序框图

3.6　算例验证

对于已经编制完成的随机车流-桥梁耦合振动分析系统（BDANS），为验证分析系统各个模块的可靠性及正确性，选用集中力匀速通过简支梁及弹簧质量系统匀速通过简支梁为典型算例进行验证。

3.6.1　集中力匀速通过简支梁

简支梁长 L=300m，宽 B=40m，梁端扭转自由度均固定。平板断面竖向和横向弯曲刚度分别为 $EI_z=2.1\times10^6\text{MPa}\cdot\text{m}^4$、$EI_y=1.8\times10^7\text{MPa}\cdot\text{m}^4$，扭转刚度 $GI_t=4.1\times10^5\text{MPa}\cdot\text{m}^4$。每延米质量 $m=2\times10^4\text{kg/m}$，质量惯矩 $I_m=4.6\times10^6\text{kg}\cdot\text{m}^2/\text{m}$，空气密度 $\rho=1.225\text{kg/m}^3$。结构各固有模态的阻尼比均假设为 0.005。集中力 P=42kN，移动速度 v=40km/h。

采用 Newmark-β 法进行数值积分计算时间历程共 26.91s，时间步长取为 0.01s。由图 3-8可知，BDANS 时程分析计算结果与 ANSYS 瞬态分析结果完全一致。

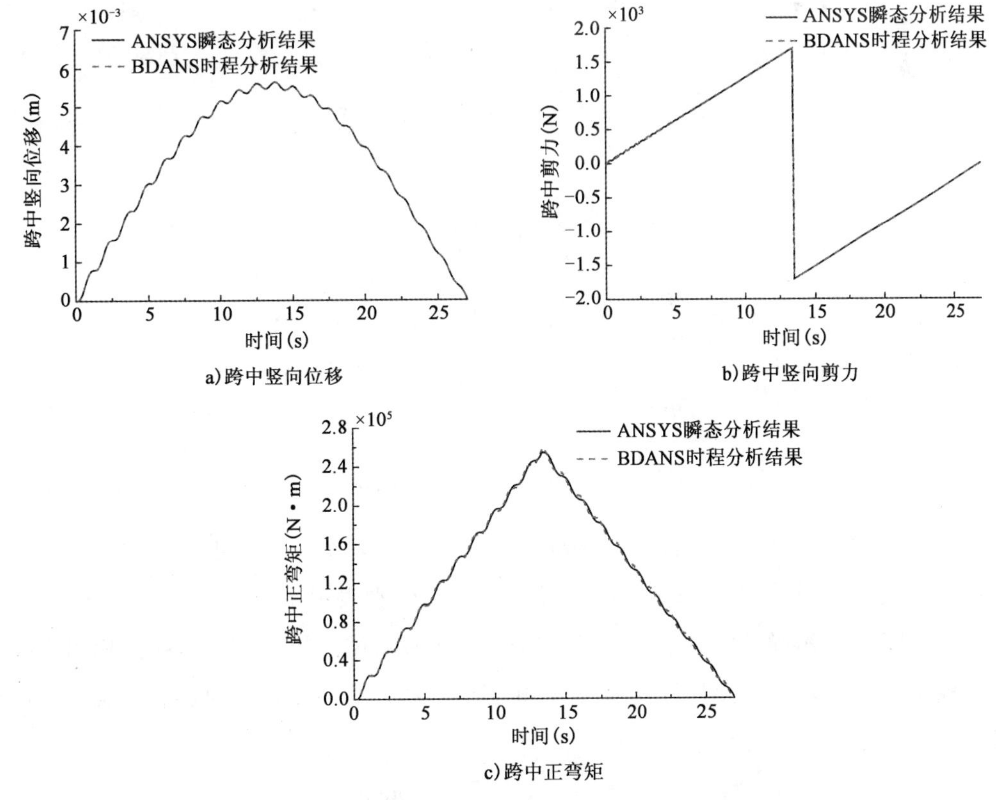

图 3-8　集中力匀速通过简支梁

3.6.2 弹簧质量系统通过简支梁

图 3-9 为弹簧质量系统通过简支梁。其中,梁参数:跨径 $L=30$m,弹性模量及几何惯矩分别为 3.45×10^{10} MPa、10^4 m^4;悬挂质量参数:悬挂质量为 30t,悬挂刚度 1596kN/m,移动速度 10m/s。不考虑梁的振动阻尼及表面不平整度的影响。

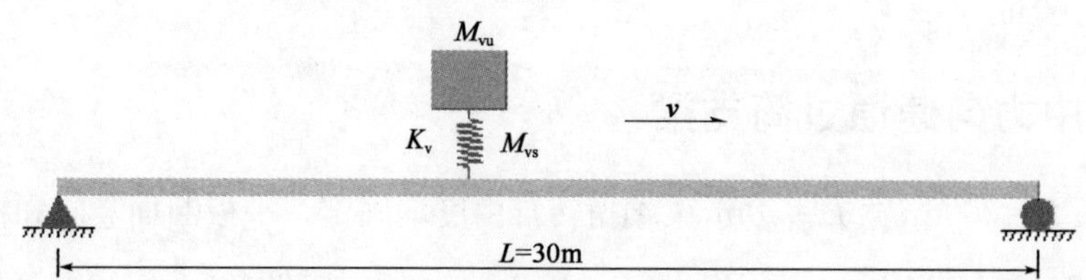

图 3-9 弹簧质量系统通过简支梁

Biggs 基于振型分解法给出了移动弹簧质量作用下简支梁耦合振动系统的运动方程,运动方程的矩阵形式为:

$$\begin{bmatrix} 1 & m_{12} & \cdots & m_{1N} & 0 \\ m_{21} & 1 & \cdots & m_{2N} & 0 \\ \vdots & \vdots & & \vdots & \vdots \\ m_{N1} & m_{N2} & \cdots & 1 & 0 \\ 0 & 0 & \cdots & 0 & M_{vs} \end{bmatrix} \begin{bmatrix} \ddot{q}_1(t) \\ \ddot{q}_2(t) \\ \vdots \\ \ddot{q}_N(t) \\ \ddot{z}_{vs}(t) \end{bmatrix} + \begin{bmatrix} \omega_1^2 & k_{12} & \cdots & k_{1N} & k_{1(N+1)} \\ k_{21} & \omega_2^2 & \cdots & k_{2N} & k_{2(N+1)} \\ \vdots & \vdots & & \vdots & \vdots \\ k_{N1} & k_{N2} & \cdots & \omega_N^2 & k_{N(N+1)} \\ k_{(N+1)1} & k_{(N+1)2} & \cdots & k_{(N+1)N} & k_v \end{bmatrix} \begin{bmatrix} q_1(t) \\ q_2(t) \\ \vdots \\ q_N(t) \\ z_{vs}(t) \end{bmatrix} = \begin{bmatrix} F_{G1} \\ F_{G2} \\ \vdots \\ F_{GN} \\ 0 \end{bmatrix} \tag{3-50a}$$

$$m_{ni} = \frac{2M_{vu}}{ml}\sin\frac{n\pi vt}{l}\sin\frac{i\pi vt}{l} \tag{3-50b}$$

$$k_{ni} = \frac{2k_v}{ml}\sin\frac{n\pi vt}{l}\sin\frac{i\pi vt}{l} \quad (n,i=1,2,\cdots,N) \tag{3-50c}$$

$$k_{n(N+1)} = k_{(N+1)n} = -\frac{2k_v}{ml}\sin\frac{n\pi vt}{l} \tag{3-50d}$$

$$F_{Gn} = \frac{2(M_{vs}+M_{vu})}{ml}g \quad (n=1,2,\cdots,N) \tag{3-50e}$$

其中:$q_n(t)$表示第 n 个广义自由度,ω_n、$\sin(n\pi vt/l)$分别表示简支梁的第 n 阶振动频率及相应的模态函数,N 为所使用模态函数的数量,M_{vs}、M_{vu}分别表示簧载质量及非簧载质量,K_v表示悬挂刚度,v 表示弹簧质量系统的移动速度。当 M_{vs}、K_v 同时设置为零时,相当于移动集中荷载通过简支梁,当仅 M_{vs}设置为零时,相当于移动弹簧质量系统通过简支梁。竖向位移及弯矩的计算公式分别为:

$$z_b(x,t) = \sum_{n=1}^{N} q_n(t)\sin\frac{n\pi x}{l} \tag{3-51a}$$

$$M(x,t) = -\sum_{n=1}^{N} q_n(t) \left(\frac{n\pi}{l}\right)^2 \sin\frac{n\pi x}{l} \tag{3-51b}$$

分别将 BDANS 所对应的跨中竖向位移、弯矩时程分析结果与 Biggs 分析结果进行对比,如图 3-10 所示。从图 3-10a)、图 3-10b)可以看出 BDANS 时程分析计算结果与 Biggs 分析结果完全一致。

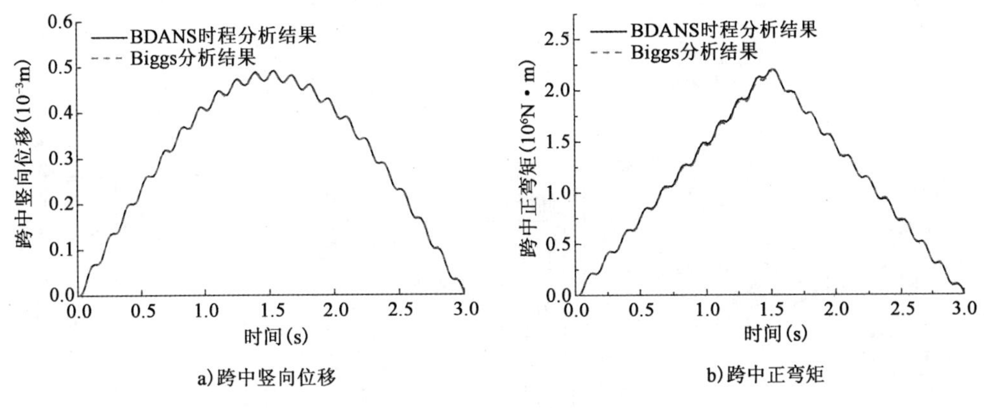

图 3-10 弹簧质量系统通过简支梁

3.7 随机车流-桥梁系统分析功能设置

针对单主梁和梁格法桥梁分析模型,开发一个包含典型车型库,可以考虑桥面空间路面粗糙度,具有单向及双向多车道设置功能,车型、车辆悬挂系统、车辆质量、横向行驶位置、车速和障碍物位置及尺寸等参数随机功能的分析软件。该随机振动分析系统编制框架如图 3-11所示,以下将详细介绍各随机分析功能实现思路。

3.7.1 单向及双向多车道设置

公路桥梁桥面通常布置多个车道,行驶方向可以分为单向通行(半幅桥)和双向通行,为了考虑多车道行驶功能,程序设置了单向及双向行驶多车道功能,该功能控制参数为:总车道数、各车道中心横向位置、行驶方向。

3.7.2 车辆系统随机

车辆系统随机包括 3 层含义:首先是车辆动力分析模型随机,其次是车辆几何参数和悬挂系统参数随机,最后是车辆质量参数随机。

(1)每个车型所对应的车辆动力分析模型是不同的,首先确定每个上桥车辆的动力分析模型。如 V1～V5 对应的是两轴整车分析模型,V7 对应的是 3 轴整车分析模型(双前轴),

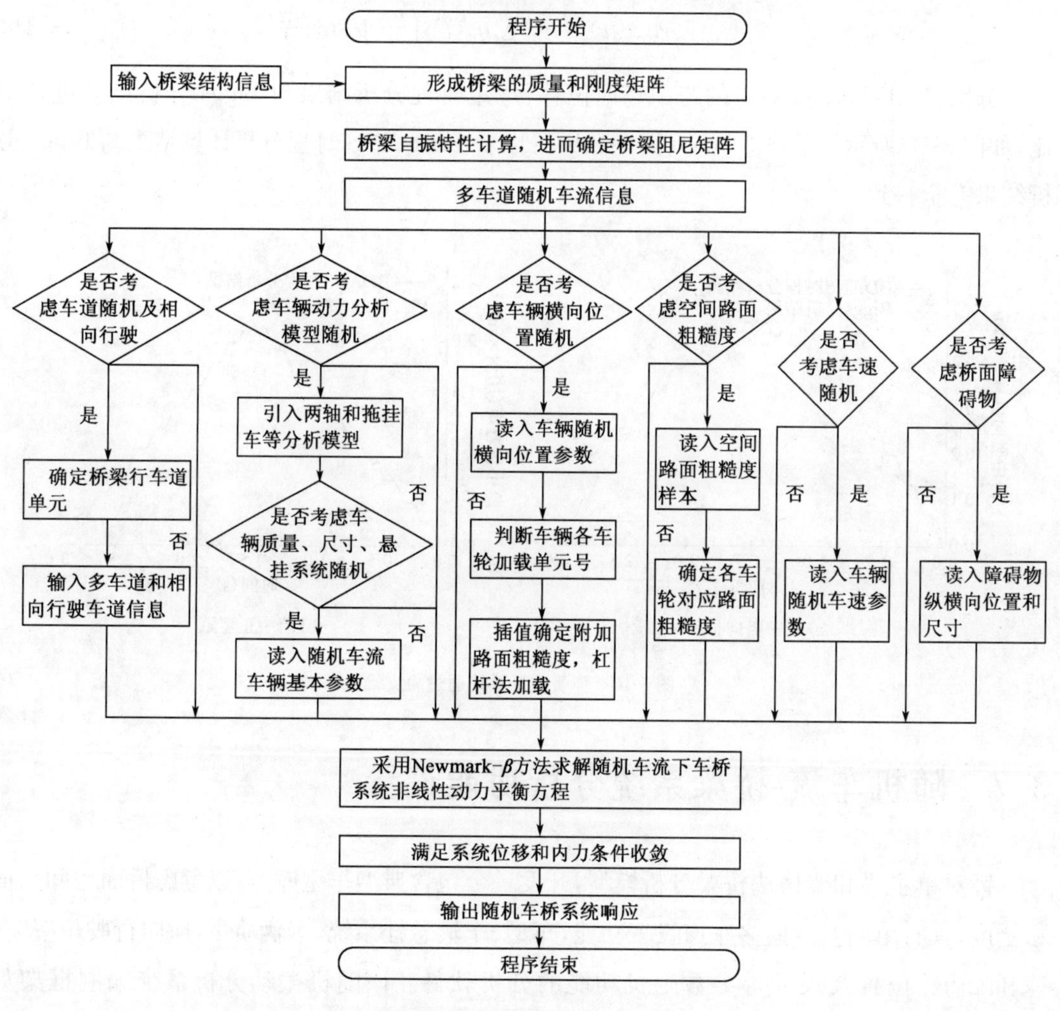

图 3-11 单主梁和梁格法桥梁模型随机振动分析系统编制框架

V16 对应的是 6 轴拖挂车分析模型等。

(2)每种车型的几何参数和车辆悬挂系统参数都是不一样的，如前后轴距，左右轮距等参数。如 V1～V5 车型的动力分析模型均为两轴整车分析模型，但是各车型轴距也不相同。

(3)同种类型的车辆，即使车辆动力分析模型、几何参数和悬挂系统完全一样，车辆装载情况也完全不同，可以分为空载、满载以及半载等不同状态，因此，车体质量系统参数也是随机的。

必须通过以上 3 层处理才能实现车辆系统随机。

3.7.3 空间路面粗糙度

路面粗糙度是引起车辆振动特别是竖向振动的主要激励源，并且路面粗糙度是三维的，空间变化的。已有的车-桥耦合振动分析中路面粗糙度通常以数值模拟为主，数值模拟时绝大多数假定左右轮对应路面粗糙度完全一致，极个别假定为完全独立，而以上两种处理方式都与实际情况不符。为了使路面粗糙度的处理和输入方式更加接近实际情况，提高车-桥耦合振动分析精细化水平，分析系统设置了桥面空间路面粗糙度功能。空间路面粗糙度的获取可以采用实测和数值模拟两种，然后形成对应于整个桥面的空间路面粗糙度，最后通过各车轮在桥面的纵向和横向上桥位置插值，确定各车轮对应的路面粗糙度。

3.7.4 车辆横向行驶位置随机

车辆在正常行驶下通常会沿着一个车道行驶，但是车辆也不可能沿着车道中心行驶，而总是与车道中心有一定偏差，车辆在桥面横向行驶位置会对桥梁横向空间响应有一定的影响，因此，随机分析系统设置了横向位置随机分析功能。

横向随机功能针对单主梁和梁格法模型其车辆加载方法是不同的，单主梁分析模型需要判断车辆各车轮与主梁中心距离，而梁格法分析模型需要判断车辆各车轮位于左右各纵梁的梁号和距离，然后进行加载。

3.7.5 车速参数随机

公路运输中的车辆由于其运输性质以及发动机性能的不同，每辆车的车速均不同，车速对桥梁的空间动力响应也有影响，该分析系统设置了车速随机功能，从而可以设置任一上桥车辆的车速。

3.7.6 障碍物位置和尺寸随机

桥面会存在凹凸不平或者设置障碍物，如有障碍跑车试验等。分析系统设置了障碍物位置和尺寸随机设置功能，可以设置障碍物在桥面的位置和几何尺寸。

3.8 动态可视化及软件实现

科学计算可视化是指运用计算机图形学和图像处理技术，将科学计算过程中及计算结果的数据转换为图形及图像，并进行交互处理的理论、方法和技术。科学计算可视化技术的实现和应用，具有多方面的重要意义：

(1)极大提高数据处理的速度，使海量数据中的信息得到更好的发现和显示；

(2)使杂乱无章、抽象的数据变得更容易理解和分析；

(3)通过人机交互实现计算数据的产生和观察条件的可控制。

相对于风和地震荷载，车辆荷载具有明确的几何外形，车-桥系统动态可视化不仅应该实现桥梁结构在车辆动态作用下的可视化，还应该能够显示桥面车辆运行状况，从而可以通过计算结果的图形、颜色和动态画面，了解车辆过桥的全部过程和发展趋势。

为了实现随机车流过桥动态可视化，首先将公路运输常见车辆划分为上文所述的 17 种代表车型，运用 OpenGL 动态库中的三维绘图命令，将每个代表车型的几何信息采用点、线、面形成典型车辆的车型库，同样基于 OpenGL 动态库实现桥梁三维模型的绘制，然后通过建立的随机车流-桥梁系统计算产生每个时刻桥梁和车辆运动状态数据库，最后调用数据库实现动态响应分析可视化。

3.9 随机车流以及路面粗糙度样本、车辆参数

双向多车道随机车流采用交通信息采集系统记录的样本作为输入数据。分析系统可以直接读入每个车辆的到达时间、车速和横向行驶位置，而车辆动力分析模型以及车辆参数的确定流程如下：首先，判断到达车辆属于 V1～V17 车型中的哪一种；其次，判断车辆的车辆动力分析模型；然后，输入车辆几何参数和车辆悬挂系统参数；最后，根据到达车辆质量信息输入车辆的质量系统参数。V1～V17 各车型的车辆动力模型参数详见本章参考文献[9]。桥面路面粗糙度采用图 3-4a)所示的模拟生成的空间路面粗糙度样本。

已有文献中所给出的车辆动力分析模型种类有限，且实际中车辆的质量参数、尺寸参数具有随机性，通过查阅大量的相关文献，初步确定了 16 种车辆动力分析模型的刚度及阻尼参数，见表 3-1～表 3-3。

4 种整车的车型参数 表 3-1

参 数	单 位	两 轴 整 车				
		V1	V2	V3	V4	V5
$M^1_{vaL}=M^1_{vaR}$	kg	151	160	600	810	1 000
$M^2_{vaL}=M^2_{vaR}$	kg	151	160	550	700	900
$K^1_{vuL}=K^1_{vuR}$	kN/m	300	330	379.05	399	427.5
$K^2_{vuL}=K^2_{vuR}$	kN/m	300	330	379.05	399	1 638
$C^1_{vuL}=C^1_{vuR}$	kN・s/m	6.228	4.0	22.05	23.21	7.146
$C^2_{vuL}=C^2_{vuR}$	kN・s/m	3.0	5.0	4.921	5.18	2.241
$K^1_{vlL}=K^1_{vlR}$	kN/m	302	332.2	333.45	351	1 251
$K^2_{vlL}=K^2_{vlR}$	kN/m	302	332.2	333.45	351	1 053
$C^1_{vlL}=C^1_{vlR}$	kN・s/m	3.0	4.0	2.0	3.0	2.0
$C^2_{vlL}=C^2_{vlR}$	kN・s/m	3.0	5.0	2.0	3.0	2.0

注：本表有关数据参考本章文献[7]、[8]、[9]。

4 种整车的车型参数 表 3-2

参数	单位	三轴整车		四轴整车	
		V6	V7	V8	V9
$K_{vuL}^1=K_{vuR}^1$	kN/m	1 577	500	1 200	1 577
$K_{vuL}^2=K_{vuR}^2$	kN/m	2 362	500	2 400	2 362
$K_{vuL}^3=K_{vuR}^3$	kN/m	2 362	200	2 400	2 362
$K_{vuL}^4=K_{vuR}^4$	kN/m	—	—	—	1 577
$C_{vuL}^1=C_{vuR}^1$	kN·s/m	26.6	60	20	11.2
$C_{vuL}^2=C_{vuR}^2$	kN·s/m	20	60	40	16.7
$C_{vuL}^3=C_{vuR}^3$	kN·s/m	20	20	40	16.7
$C_{vuL}^4=C_{vuR}^4$	kN·s/m	—	—	—	11.2
$K_{vlL}^1=K_{vlR}^1$	kN/m	3 146	2 000	2 400	3 146
$K_{vlL}^2=K_{vlR}^2$	kN/m	2 362	2 000	4 400	2 362
$K_{vlL}^3=K_{vlR}^3$	kN/m	2 362	1 000	4 400	2 362
$K_{vlL}^4=K_{vlR}^4$	kN/m	—	—	—	3 146
$C_{vlL}^1=C_{vlR}^1$	kN·s/m	22.4	20	24	13.3
$C_{vlL}^2=C_{vlR}^2$	kN·s/m	33.4	20	48	5.0
$C_{vlL}^3=C_{vlR}^3$	kN·s/m	33.4	10	48	5.0
$C_{vlL}^4=C_{vlR}^4$	kN·s/m	—	—	—	5.0

注:本表有关数据参考本章参考文献[9]、[10]。

5 种拖挂车的车型参数 表 3-3

参数	单位	拖挂车				
		V10	V11	V12	V13、V14	V15、V16
$K_{vuL}^1=K_{vuR}^1$	kN/m	300	300	300	300	500
$K_{vuL}^2=K_{vuR}^2$	kN/m	500	500	500	600	500
$K_{vuL}^3=K_{vuR}^3$	kN/m	400	400	400	1 200	200
$K_{vuL}^4=K_{vuR}^4$	kN/m	—	400	400	500	500
$K_{vuL}^5=K_{vuR}^5$	kN/m	—	—	400	2 000	500
$K_{vuL}^6=K_{vuR}^6$	kN/m	—	—	—	—	200
$C_{vuL}^1=C_{vuR}^1$	kN·s/m	5.0	5.0	5.0	5.0	60
$C_{vuL}^2=C_{vuR}^2$	kN·s/m	5.0	5.0	5.0	5.0	60
$C_{vuL}^3=C_{vuR}^3$	kN·s/m	5.0	5.0	5.0	5.0	20
$C_{vuL}^4=C_{vuR}^4$	kN·s/m	—	5.0	5.0	5.0	60
$C_{vuL}^5=C_{vuR}^5$	kN·s/m	—	—	5.0	5.0	60
$C_{vuL}^6=C_{vuR}^6$	kN·s/m	—	—	—	—	20
$K_{vlL}^1=K_{vlR}^1$	kN/m	750	750	750	1 000	2 000
$K_{vlL}^2=K_{vlR}^2$	kN/m	750	750	750	1 000	2 000

续上表

参数	单位	拖挂车				
		V10	V11	V12	V13、V14	V15、V16
$K_{vlL}^{3}=K_{vlR}^{3}$	kN/m	750	750	750	2 000	1 000
$K_{vlL}^{4}=K_{vlR}^{4}$	kN/m	—	750	750	2 000	2 000
$K_{vlL}^{5}=K_{vlR}^{5}$	kN/m	—	—	750	2 000	2 000
$K_{vlL}^{6}=K_{vlR}^{6}$	kN/m	—	—	—	—	1 000
$C_{vlL}^{1}=C_{vlR}^{1}$	kN·s/m	3.0	3.0	3.0	20	20
$C_{vlL}^{2}=C_{vlR}^{2}$	kN·s/m	3.0	3.0	3.0	20	20
$C_{vlL}^{3}=C_{vlR}^{3}$	kN·s/m	3.0	3.0	3.0	20	10
$C_{vlL}^{4}=C_{vlR}^{4}$	kN·s/m	—	3.0	3.0	20	20
$C_{vlL}^{5}=C_{vlR}^{5}$	kN·s/m	—	—	3.0	20	20
$C_{vlL}^{6}=C_{vlR}^{6}$	kN·s/m	—	—	—	—	10

注：本表有关数据参考本章参考文献[11]、[12]、[13]。

3.10 单主梁桥梁分析算例

3.10.1 工程概况

巢湖大桥位于安徽省巢湖市，是一座独塔双索面混合梁斜拉桥，跨径分布为 202.5m+300m。大桥按照双向四车道布置，桥梁宽度为 35m，图 3-12 为该桥的立面和主梁横断面布置图。

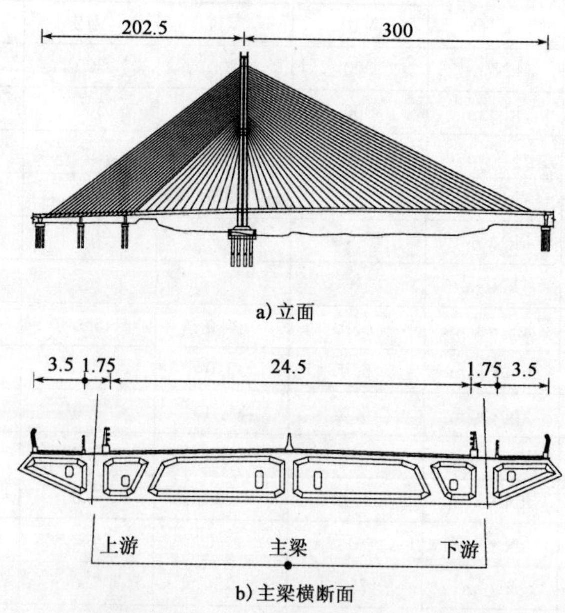

图 3-12 巢湖大桥跨径布置及桥梁横断面（尺寸单位：m）

巢湖大桥的主梁断面为封闭式箱梁断面，对于这种自由扭转刚度较大的闭口箱梁，在有限元建模时常选用“单主梁”模式，即将主梁用位于其扭转中心的空间梁单元模拟，主梁与斜拉索的联系通过主梁横向伸出的刚性梁单元与斜拉索单元的连接来模拟。

3.10.2 车辆荷载作用下桥梁的空间动力响应分析

巢湖大桥桥面按照双向四车道布置，采用已建立的分析系统和提取的交通荷载数据，计算了2个典型时段(时段一和时段二)下双向多车道随机车流动态过桥的桥梁空间动力响应。图3-13为相应的主梁跨中竖向位移、跨中上游斜拉索索力和塔顶纵桥向位移的时程曲线。

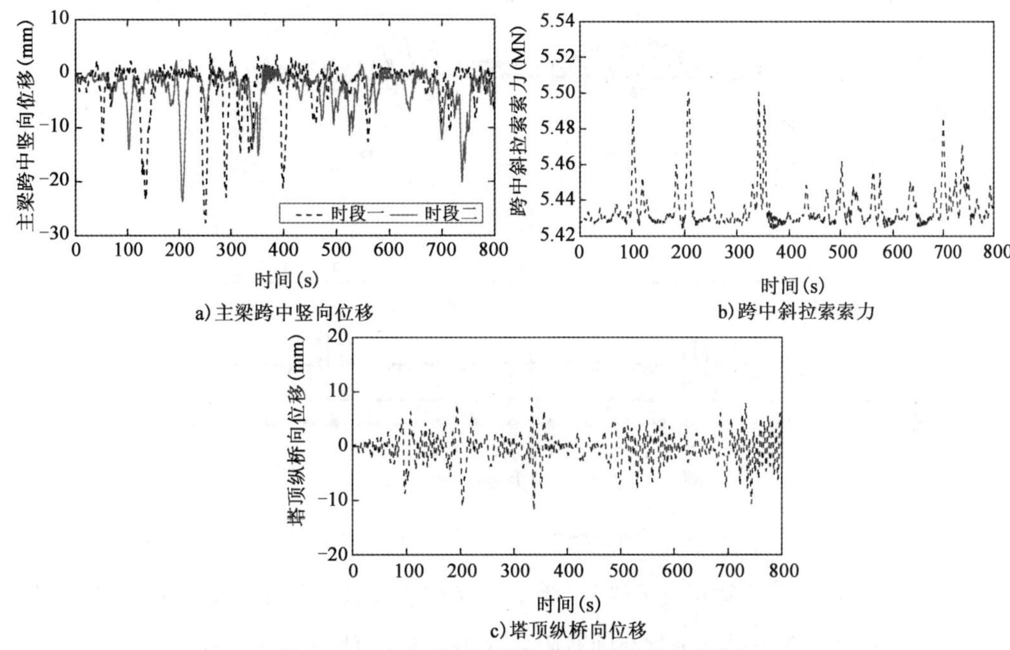

图3-13 2个典型时段下桥梁关键部位响应时程曲线

图3-14为随机车流过桥状况下桥面通行车辆情况以及桥梁动响应变形动画，可以直观地观察到桥面随机车流情况以及随机车流过桥时桥梁的变形情况。

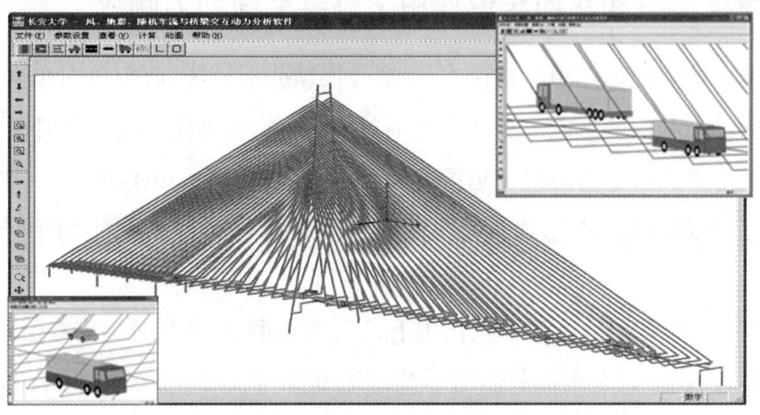

图3-14 随机车流过桥动画演示

3.11 梁格法桥梁分析算例

3.11.1 工程概况

上莘大桥是浙江省长兴县境内一座3跨连续钢桁架结构，跨径分布为62m+100m+62m。桥面板为组合结构，桥梁全宽29.2m，图3-15为桥梁的纵横断面。

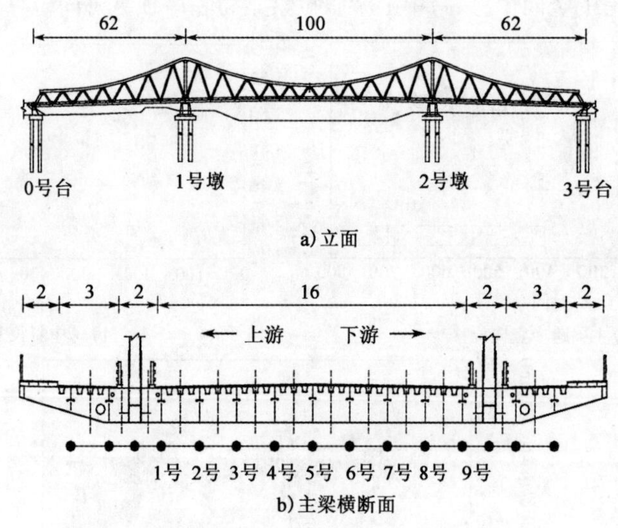

图3-15 上莘桥跨径布置以及横断面(尺寸单位:m)

由于该桥主桥桥面为宽正交异性板，为了研究车辆荷载作用下的响应横向分布以及局部变形效应，采用梁格法建立桥梁空间有限元模型，将车道所在处的桥面等效为9根纵梁，分别记为1号～9号纵梁。

3.11.2 单向车道和双向车道作用下桥梁空间动力响应

采用已建立的双向多车道梁格法车-桥耦合振动分析系统，研究单向车道与双向车道通行对桥梁空间动力响应的影响。单向车道通行时，选择车辆数目较多的时段二左幅桥梁交通流数据作为上莘大桥上游方向车道的交通荷载，下游方向车道不通行。

图3-16为单向和双向车道通行时桥面两侧纵梁(1号梁和9号梁)跨中竖向位移时程曲线对比。

由图3-16可知：在单向车道偏载作用下，1号梁时程曲线上的响应峰值均大于9号梁，偏载作用明显；而在双向车道加载作用下，1号梁和9号梁时程曲线上的响应峰值大小相差不大，比较均衡。

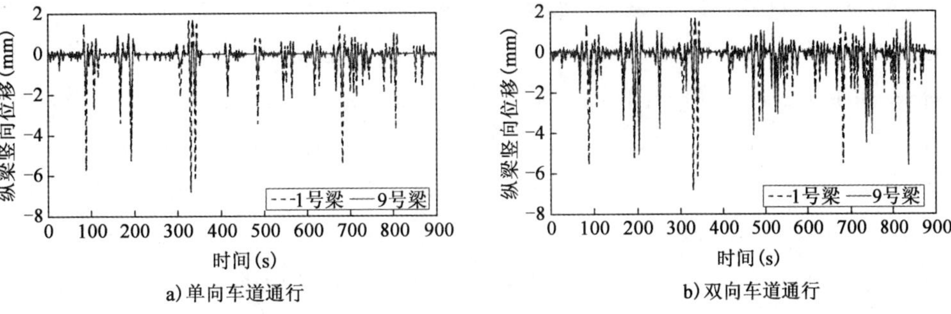

图 3-16　单向和双向车道通行时纵梁竖向位移时程曲线

图 3-17 为随机车流过桥状况下桥面通行车辆情况以及桥梁动响应变形动画，可以直观地观察到桥面随机车流情况以及随机车流过桥时桥梁的变形情况。

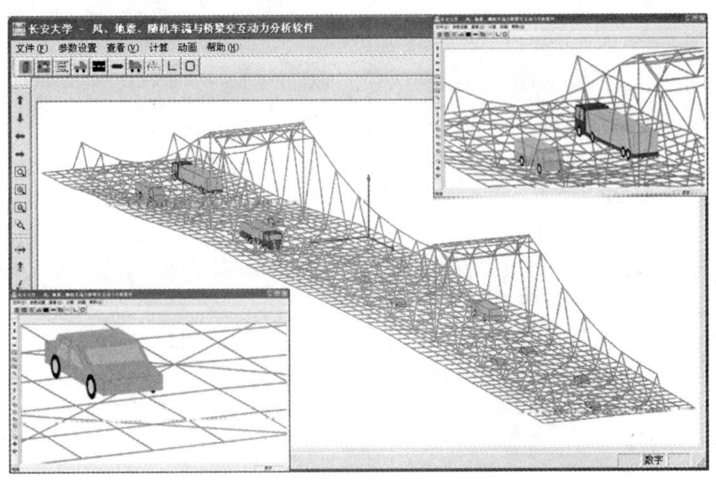

图 3-17　随机车流过桥动画演示

本章参考文献

[1] 院素静. 公路车-桥耦合典型车辆运动方程的建立及软件设计[D]. 西安：长安大学，2012.

[2] 韩万水，马麟，院素静，等. 路面粗糙度非一致激励对车桥耦合振动系统响应影响分析[J]. 土木工程学报，2011，44(10)：81-90.

[3] Deodatis G. Simulation of ergodic multivariate stochastic processes[J]. Journal of Engineering Mechanics，1996，122(8)：778-787.

[4] 中华人民共和国国家质量监督检验检疫总局，中国国家标准化管理委员会. GB/T 7031—2005　机械振动道路路面谱测量数据报告[M]. 北京：中国标准出版社，2005.

[5] 韩万水，陈艾荣. 风-汽车-桥梁系统空间耦合振动研究[J]. 土木工程学报，2007，40(9)：53-58.

[6] 韩万水，王涛，李永庆，等. 基于模型修正梁格法的车桥耦合振动分析系统[J]. 中国公路学报，2011，24(5)：47-55.

[7] Cai C S，Chen S R. Framework of Vehicle-Bridge-Wind dynamic analysis[J]. Journal of Wind Engi-

neering and Industrial Aerodynamics,2004,92(7/8):579-607.

[8] Guo W H. Dynamic analysis of coupled road vehicle and long span Cable-stayed bridge systems under cross winds[D]. Hong Kong: Hong Kong Polytechnic University,2003.

[9] Kim C W, Kawatani M, Kim, K B. Three-dimensional dynamic analysis for bridge-vehicle interaction with roadway roughness[J]. Computers and Structures, 2005,83(19/20):1627-1645.

[10] Zhang Q. L., Vrouwenvelder A., Wardenier J. Dynamic amplification factors and EUDL of bridges under random traffic flows[J]. Engineering Structures,2001,23(6):663-672.

[11] OBrien EJ, Cantero D, Enright B and Gonzalez A. Characteristic dynamic increment for extreme traffic loading events on short and medium span highway bridges[J]. Engineering Structures, 2010,32(12):3827-3835.

[12] Gonzalez A, Cantero D, OBrien EJ. Dynamicincrement for shear force due to heavy vehicles crossing ahighway bridge[J]. Computers and Structures,2011,89(23/24):2261-2272.

[13] Brady S P, OBrien E J and Znidaric A. Effect of vehicle velocity on the dynamic amplification of avehicle crossing asimply supported bridge[J]. Journal of Bridge Engineering,2006,11(20):241-249.

第4章　随机车流-桥梁耦合振动分析系统精细化分析

第3章通过典型车辆运动方程的推导、汽车-桥梁耦合关系确立及车-桥系统运动方程的求解，建立了随机车流-桥梁耦合振动分析系统，为了使分析结果更加精确可靠，对分析系统进行精细化分析功能拓展。车-桥耦合振动精细化分析功能多种多样，本章基于重载交通研究的分析需求，从有限元模型修正技术、路面粗糙度非一致激励对车-桥耦合振动的影响及缆索承重桥梁全过程几何非线性分析3个方面，依次阐述分析系统精细化分析功能的实现过程。

采用有限元模型进行结构分析时，建立的初始模型很难反映结构的真实受力特点，引入有限元模型修正技术对模型的材料参数等进行更新，可以使分析结果最大程度地接近结构真实响应。路面粗糙度是影响车桥系统耦合振动的重要因素之一，主要是由于路面在空间上介于桥梁和车辆之间，路面粗糙度是引起车辆振动特别是竖向振动的主要激励源，是路况中影响车桥动力响应、车辆运行安全性和平稳舒适性的控制因素，实际中的路面粗糙度多是空间变化的，考虑路面粗糙度非一致激励可以使车-桥耦合振动分析结果更加准确可靠。缆索承重桥梁多为柔性工作体系，几何非线性问题在其施工、运营阶段比较突出，在分析系统中完善缆索承重桥梁全过程几何非线性分析功能，对于研究结构刚度在初内力下的弱化等问题具有重要意义。

4.1　基于模型修正的梁格法车-桥耦合振动

在进行车-桥耦合振动分析时，依据初始设计参数结合模型简化原理建立的有限元模型往往不能反映实际结构的真实受力状态，需要对建立的初始有限元模型进行修正。有限元模型修正即是利用原结构试验结果识别或修正有限元模型中的参数(刚度、质量、截面特性等)，使有限元模型最大限度地与实际结构近似。

在对宽正交异性板桥、弯梁桥以及宽箱梁桥等进行空间内力和变形分析时，目前通用的方法主要有梁单元法、板壳元法、三维实体元法以及梁格法。其中，梁单元法无法得到内力的横向分布；板壳元法和实体元法模型复杂，计算费用高，数据处理烦琐；梁格法计算方便快捷，结果提取方便并能与现行桥规匹配，在工程分析中得到了广泛应用。

首先，介绍静动力有限元模型修正方法及流程，以一座钢桁架连续梁桥为工程实例，使用竣工验收时的静力荷载工况及模态测试结果对所建立的初始梁格法有限元模型进行修正；其次，将修正之后的基准有限元模型输入至已建立的车-桥耦合振动分析系统，通过对比无障碍、有障碍行车工况下的计算响应与实测响应，对随机车流-桥梁耦合振动分析系统相关模块分析功能的可靠性及修正之后的有限元模型准确性进行验证。

4.1.1 静动力有限元模型修正方法及流程

基于静动力的有限元模型修正就是在有限元计算分析的基础上，充分利用结构现场采集的较为准确可靠的静动力响应数据，在保证修正参数物理意义的前提下，通过优化迭代，不断调整模型参数，使得结构有限元模型的计算响应与实测响应之间的差异最小，从而建立与实际结构“相似”的基准有限元模型。图 4-1 给出了模型修正过程的主要流程：首先依据设计参数和模型简化方法建立初始有限元模型，通过有限差分法进行参数灵敏度分析，选取对结构响应敏感度较高的参数作为修正参数，其次通过现场试验测试变形、频率及振型等数据，与初始有限元模型计算数据进行残差计算，建立静动力多目标函数，最后基于 ANSYS 的 APDL 语言编写有限元模型修正程序并进行零阶优化计算，不断调整修正参数，直到参数值和目标函数值满足收敛条件[1]。

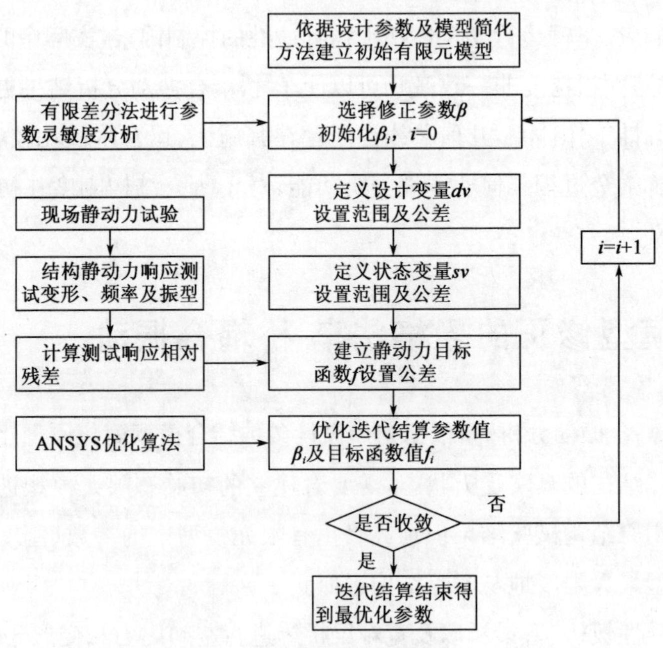

图 4-1 模型修正流程图

建立合适的目标函数是实现有限元模型修正的关键步骤，采用联合静动力响应相对差值平方和并引入模态置信度（MAC）构造如（4-1）式所示的目标函数，其中包含变形、频率及振型等静动力信息。

$$f_{\text{union}} = f_{\text{static}} + f_{\text{dynamic}} \tag{4-1}$$

$$f_{\text{static}} = \sum_{i=1}^{n_{\text{su}}} \beta_{\text{u}i} \left(u_{\text{c}i}/u_{\text{t}i} - 1\right)^2 \tag{4-2}$$

$$f_{\text{dynamic}}^{1} = \sum_{i=1}^{n_{\text{d}}} \beta_{\text{df}i} \left(fre_{\text{c}i}/fre_{\text{t}i} - 1\right)^2 \tag{4-3}$$

式中：f_{static}——基于位移响应的静力目标函数；

n_{su}——静力位移测点的数目；

$\beta_{\text{u}i}$——位移修正项权值；

u_{ci}、u_{ti}——分别为计算位移与测试位移；

f_{dynamic}^{1}——基于频率的动力目标函数；

n_{d}——模态阶数；

$\beta_{\text{df}i}$——频率修正项权值；

fre_{ci}、fre_{ti}——分别表示计算频率与测试频率。

4.1.2 钢桁架连续梁桥概况及现场静动力试验

4.1.2.1 上莘大桥概况

上莘大桥位于浙江省长兴县境内，采用3跨下承式连续钢桁架结构，跨径分布为62m+100m+62m，主桁采用无竖杆的华伦式三角形腹杆，节间长度8m和10m，桥梁全宽29.2m，设计荷载采用城市-A级荷载标准。主桁和上下平纵联为杆系结构，桥面板为组合结构。下弦杆、上弦杆、腹杆、桥塔竖杆均采用焊接箱形断面；主横梁、次横梁、次纵梁和桥面板构成焊接工字形断面；上平联、下平联均采用焊接工字形断面。

根据桥梁设计参数及梁格法理论，采用ANSYS软件建立该试验桥梁的有限元计算模型，如图4-2所示，全桥共划分2 798个节点，4 729个单元（3 437个梁单元，1 292个质量单元），主桁构造均采用beam188梁单元进行模拟，桥面铺装及栏杆护栏均采用mass21质量单元模拟。钢结构材料均采用Q345qD钢，铺装材料为钢桥面沥青混凝土。

4.1.2.2 桥梁静动力响应测试

在该桥竣工验收时进行了现场静动力荷载试验，静载试验分为4个工况，分别为中跨跨中最大正弯矩中载（工况1）、偏载（工况2）、边跨0.4L最大正弯矩中载（工况3）、偏载（工况4），4个工况下的布载方式和变形测点位置如图4-3、图4-4所示，主要测试各加载工况下控制点的下挠、纵偏及内倾值。加载车辆均采用满载标准质量35t3轴货车，现场加载如图4-5

所示。

a)实桥场景

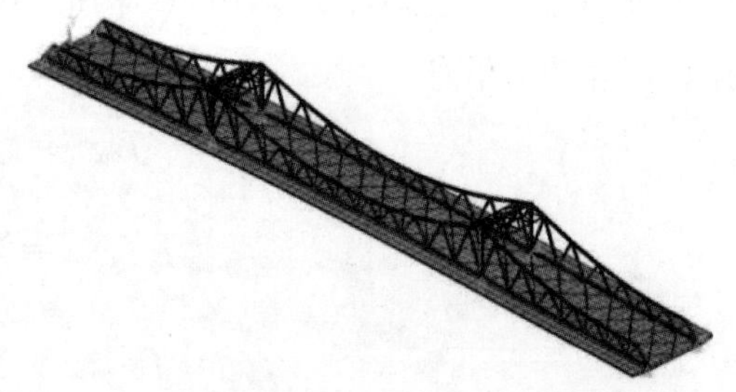

b)全桥有限元模型

图 4-2　浙江长兴上莘大桥

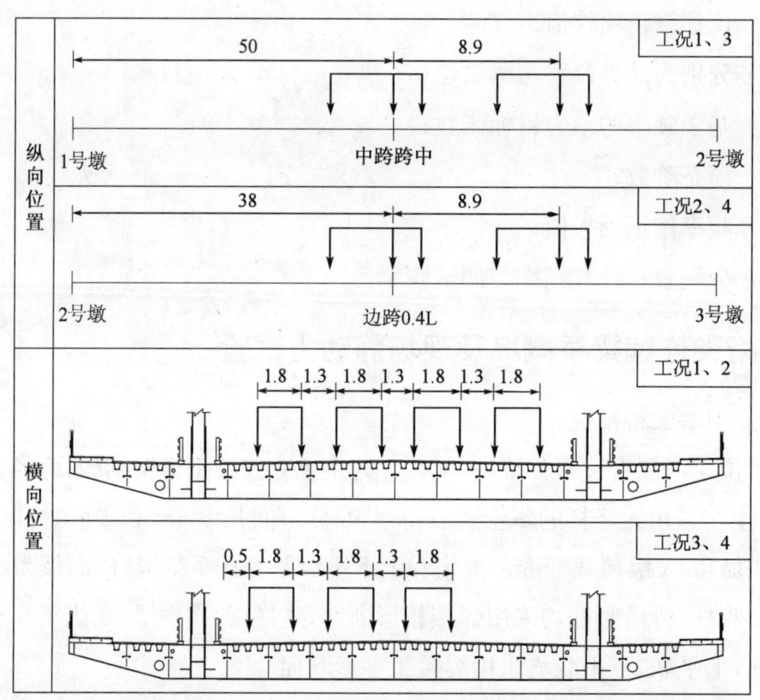

图 4-3　静力工况车辆加载位置(尺寸单位:m)

动力试验包括环境激励脉动试验和无障碍、有障碍行车试验,测试结构的固有频率、振动模态、临界阻尼比及在行车状况下桥梁的动挠度响应。其中,行车试验主要是以单车或者两车以 20km/h 的速度通过桥梁,测定不同行车状态下桥梁一侧边跨控制断面动挠度和冲击系数。如图 4-4 所示,9 号、10 号点下弦杆底缘为动挠度测点,架设挠度机电百分表,楔形障碍木块高 5cm,宽 20cm,布置在边跨 0.4L 处。现场静力加载场景如图 4-5 所示。行车试验的车辆横向位置如图 4-6所示,单车行车工况下均采用 1 号车。图 4-7 为现场有障碍行车试验及动态信号测试系统。

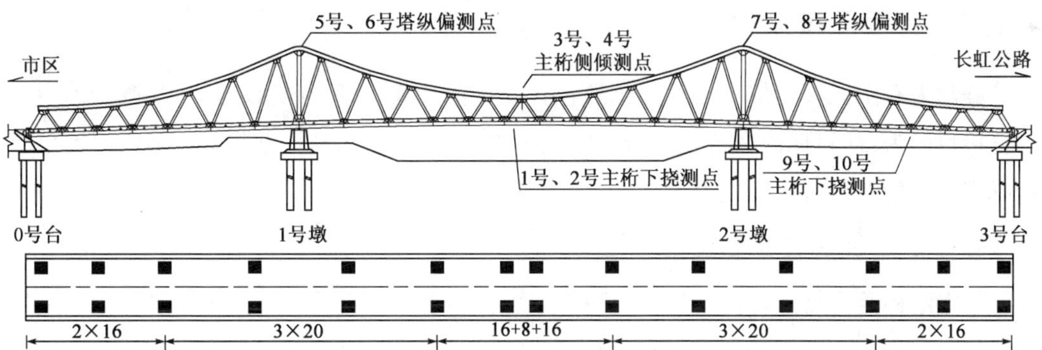

图 4-4　变形测点及模态测点布置(尺寸单位:m)

a)中跨跨中中载

b)中跨跨中偏载

图 4 5　现场静力加载场景

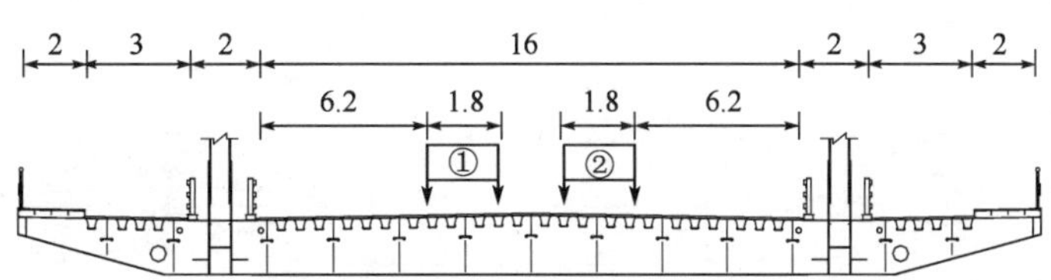

图 4-6　车辆横向布置图(尺寸单位:m)

a)有障碍行车

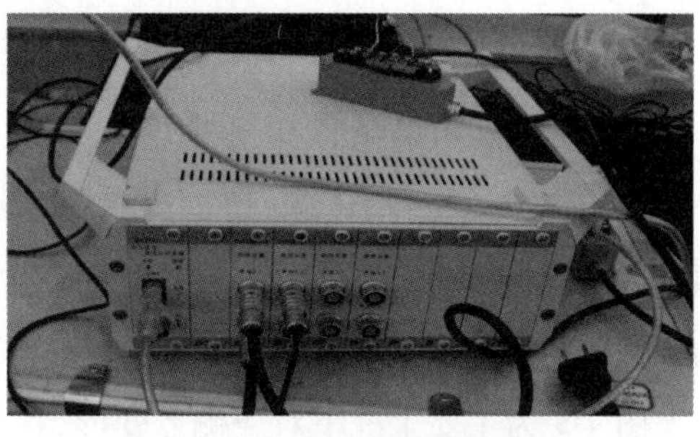

b)DH5920动态信号测试分析系统

图 4-7　行车试验及测试系统

4.1.3 有限元模型修正

静动力有限元模型修正的目标函数包含4个静力工况下的变形、频率及振型等。修正的直接目的为:使目标函数值在给定的收敛边界内达到最小,从而获得能够最大限度反映结构真实状态的基准有限元模型。

4.1.3.1 选择修正参数

根据结构受力特点,修正参数以材料参数为主(弹性模量、质量密度),同时考虑梁格法建模转化对桥面板刚度的损失,将车道位置的纵横梁抗弯刚度一并纳入待修正参数中,通过有限差分法,对影响结构静动力性能的主要杆件的初始选定参数进行位移和频率灵敏度分析。

以影响动力性能的参数为例(图4-8),各参数对频率均有不同程度的影响,主桁杆件弹性模量、质量密度对结构各方向的频率均有较明显的影响,部分次要杆件尤其是主横梁抗弯刚度的频率灵敏度相对较低,但考虑其对结构静力变形的影响,选定所有初始参数作为模型修正参数,根据初始误差范围及结构特点,主桁杆件参数的修正范围主要以初始值的±15%控制,其中行车道部分的纵、横梁刚度参数适当扩大范围,以考虑简化桥面板造成的刚度损失。

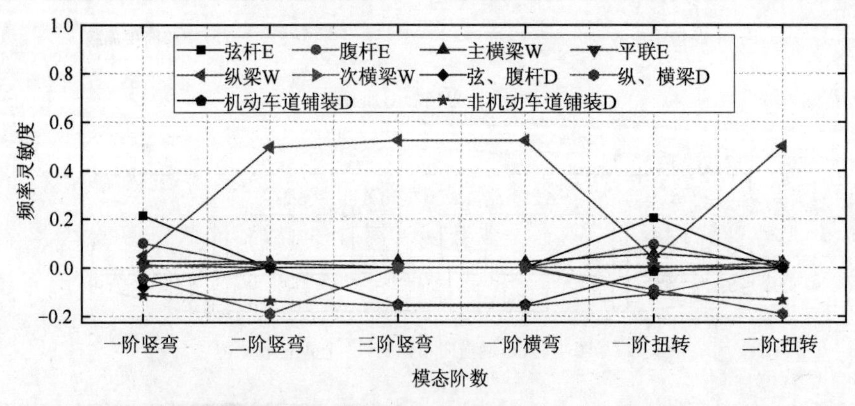

图4-8 参数灵敏度分析

4.1.3.2 优化迭代计算过程

利用ANSYS的APDL语言编写有限元模型修正程序并进行零阶优化计算,通过曲线拟合或者求导的方式逼近目标函数的最优解,并结合罚函数方法,将约束优化问题转换成非约束优化问题[2]。

图4-9为主要工况下对应测点变形、频率、修正参数及目标函数在优化迭代过程中的变化曲线。由图4-9可知,当迭代至13步时,各变量和目标函数均在设定范围之内,且满足容许公差,迭代结束,得到最优结果。

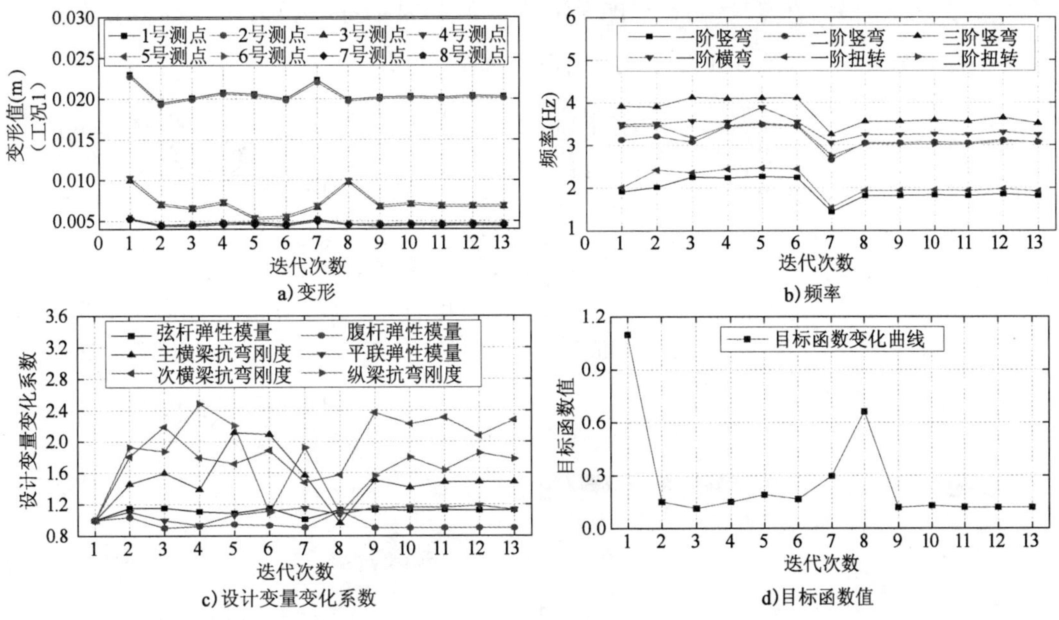

图 4-9 优化迭代过程中参数的变化

4.1.4 有限元模型修正前后静动力特性对比

考虑到现有软件在进行梁格法和多梁模型静力工况下的多车加载时，需要将每个车辆的各车轮按照杠杆法原理进行加载，过程烦琐、耗时且容易出错，为此，BDANS 开发了简单方便的、专门针对梁格法和多梁式模型进行静力荷载试验加载的“整车加载”模块。

将在 ANSYS 中建立的梁格法有限元模型作为输入文件直接调入 BDANS，其中梁格法输入模块要求输入以下参数：桥面纵梁数量、每道纵梁单元数、整个纵梁的长度、每道纵梁横向位置以及依照次序（从左至右或从右至左）的每道纵梁的单元号。

BDANS 中的车型参数模块要求：首先，选择车辆类型，如两轴车、3 轴车或者拖挂车，本次加载车辆为 3 轴车，故首先选择 3 轴车型；其次，输入车辆的质量参数、悬挂系统以及车辆几何参数。静力加载时，只需在质量参数对话框中输入轮重以及在车辆几何参数对话框中输入轴数、轴距和轮距等参数。

在确定了桥面梁格以及加载车辆信息之后，单个车辆静力加载只需输入车辆中心相对于第一道纵梁的横向距离以及车辆前轴相对于桥梁起点的纵向距离，程序将自动判断整个车辆各车轮需加载的相邻纵梁号、纵向加载单元和节点号。

为了验证 BDANS 静力分析模块及修正之后模型的正确性，将 4 个静力工况下的 ANSYS 与 BDANS 计算结果进行对比，图 4-10 为跨中最大正弯矩中载和偏载工况下中跨跨中断面弦杆及各纵梁的 ANSYS 与 BDANS 下挠计算值的对比情况，两者之间的最大相对误差为工况 3 下的 10 号梁，误差为 0.47%。图 4-11 给出了中跨最大正弯矩和边跨最大正弯矩工况下，两个计算软件的结构变形图。由图 4-10 和图 4-11 可以看出，BDANS 静力分析模块的计算结果与 ANSYS 静力计算结果完全吻合。

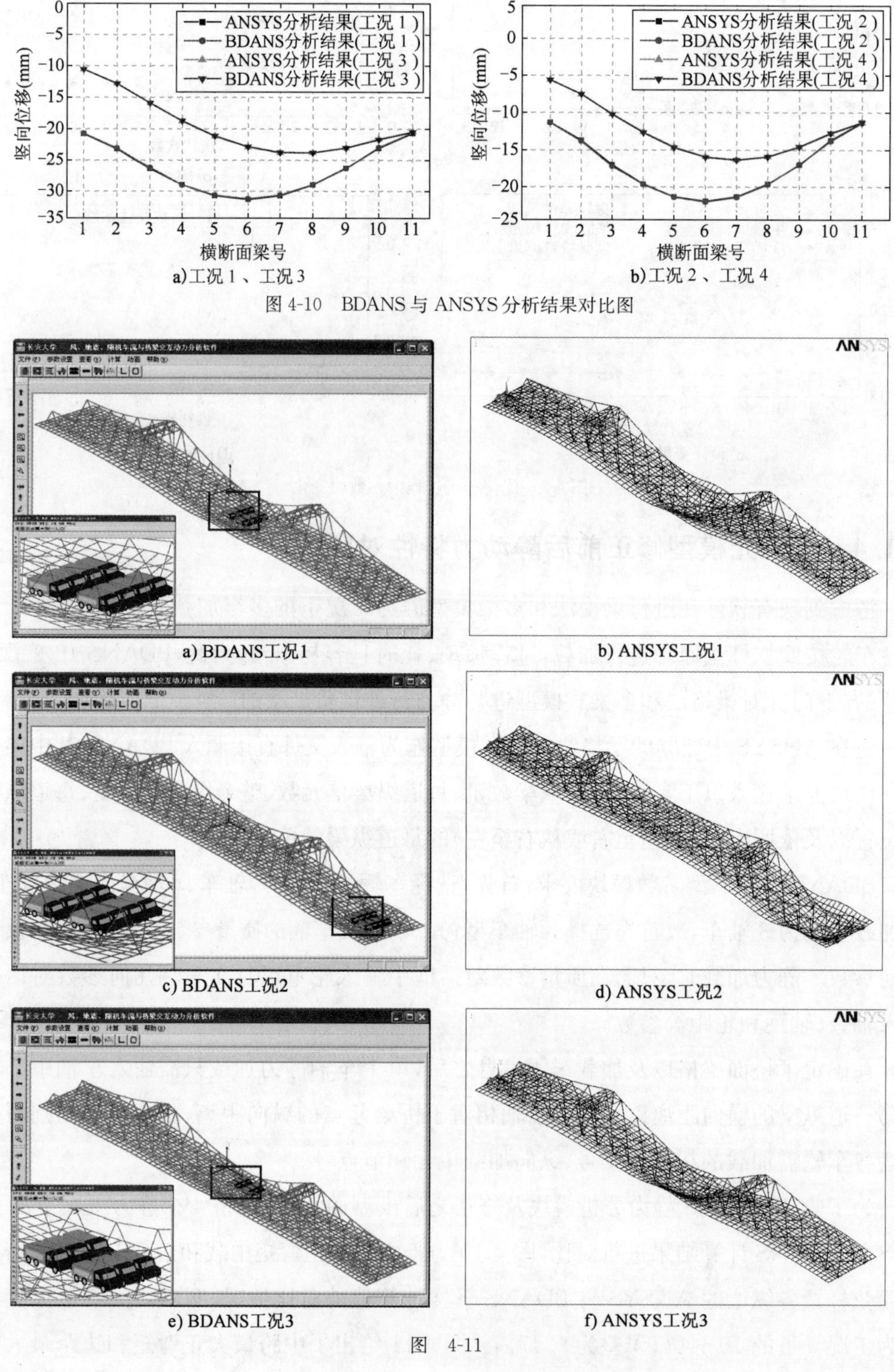

a)工况 1、工况 3

b)工况 2、工况 4

图 4-10　BDANS 与 ANSYS 分析结果对比图

a) BDANS工况1

b) ANSYS工况1

c) BDANS工况2

d) ANSYS工况2

e) BDANS工况3

f) ANSYS工况3

图　4-11

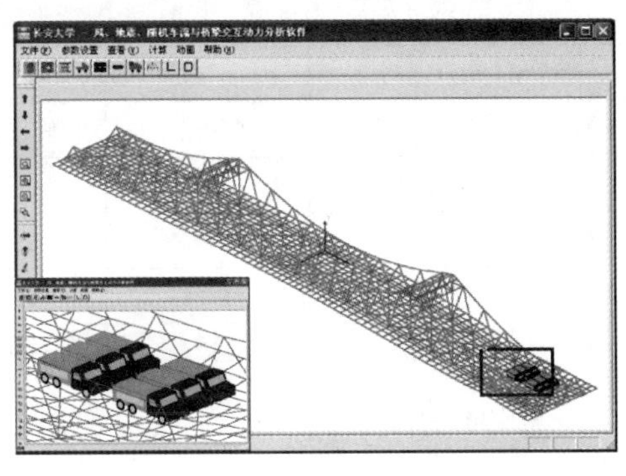

g) BDANS工况4

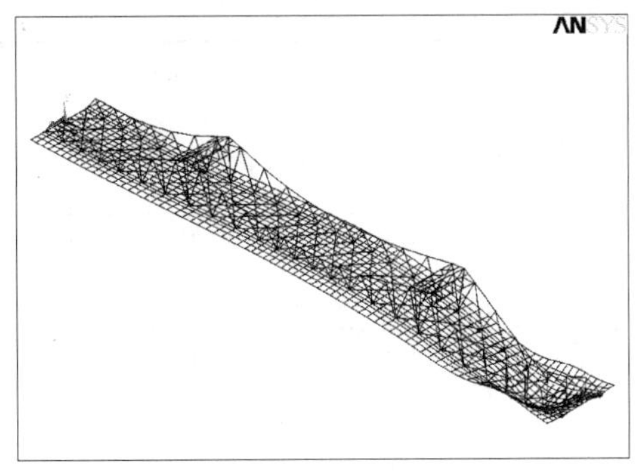

h) ANSYS工况4

图 4-11　BDANS 与 ANSYS 变形对比图

表 4-1 和表 4-2 分别为修正前后模型的静动力特性与试验结果的比较，表 4-1 中静力计算结果为 BDANS 与 ANSYS 相互校核后的计算结果。由表 4-1、表 4-2 中的对比结果可以看出，经过有限元模型修正，静动力计算响应与实测响应之间的误差大为减少，吻合程度更好。除工况 1 的 1、2 测点，其余静力测点变形相对误差均在 10%以内；除横向振动频率误差稍显偏大，其余方向的各阶频率误差均较小，模态相关性程度也更好。由此表明，经过修正的有限元模型基本能够反映实际结构的静动力特性，可作为该桥的基准有限元模型。联合图 4-12 结构频率及模态置信度 *MAC* 对比情况可知，除横向振动频率误差稍显偏大，其余方向的各阶频率误差均较小，但都保持在 10%以内，模态相关性程度也均在 94%以上，相比修正前模型，模态相关性得到了较好的改善，图 4-13 给出了通过对最大振幅归一化的各阶实测振型和计算振型的对比情况。

修正前后静力特性的比较　　　表 4-1

工况	测点编号	实测值(mm)	计算值(mm)		相对误差(%)	
			修正前	修正后	修正前	修正后
工况 1	1	22.70	22.97	20.27	1.2	10.7
	2	22.90	22.73	20.06	−0.7	12.4
	3	6.50	9.92	6.73	52.7	3.5
	4	6.50	10.25	6.96	57.7	7.1
	5	4.73	5.38	4.55	13.7	3.9
	6	4.73	5.34	4.66	12.8	1.4
	7	4.48	5.22	4.41	16.4	1.5
	8	4.48	5.29	4.62	18.0	3.1
	9	10.10	12.30	11.08	21.8	9.7
	10	10.10	12.30	11.08	21.8	9.7
工况 2	5	1.05	1.34	1.08	27.9	3.1
	6	2.68	3.37	2.93	25.8	9.5

续上表

工况	测点编号	实测值(mm)	计算值(mm)		相对误差(%)	
			修正前	修正后	修正前	修正后
工况 2	7	1.05	1.30	1.05	23.6	0.1
	8	2.68	3.33	2.91	24.2	8.6
工况 3	1	9.90	11.13	9.75	12.4	1.5
	2	20.50	22.90	20.30	11.7	1.0
工况 4	9	4.80	5.75	4.43	19.8	7.7
	10	10.50	12.60	9.75	20.0	7.1

修正前后动力特性比较 表 4-2

振动方向	阶数	频率(Hz)					模态置信度 MAC(%)	
		实测值	计算值		相对误差(%)			
			修正前	修正后	修正前	修正后	修正前	修正后
竖向	1	1.75	1.91	1.81	9.1	3.4	85	95
	2	3.18	3.13	3.06	−1.6	−3.6	91	98
	3	3.56	3.92	3.52	10.1	−1.0	83	98
横向	1	3.55	3.45	3.25	−3.0	−8.4	95	97
扭转	1	1.95	2.01	1.92	3.2	−1.5	88	94
	2	3.05	3.45	3.08	13.1	1.1	76	96

值得注意的是，修正之后少数变形及频率误差值变大，由此表明，对于跨度相对较大的复杂桥梁结构来说，经过静动力的联合修正不能完全消除残余误差，主要是由于实测数据自身误差、建模简化及选择的修正方法造成的，但修正后模型基本能够反映实际结构的静动力特性，相对误差在工程分析精度可接受的范围之内，修正后模型可作为桥梁结构的基准有限元模型。

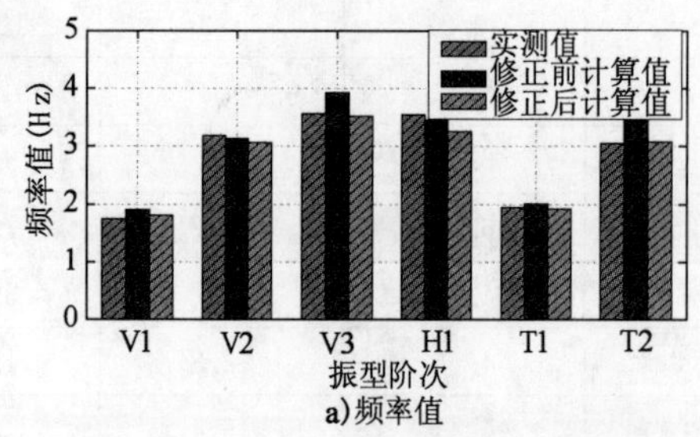

a)频率值

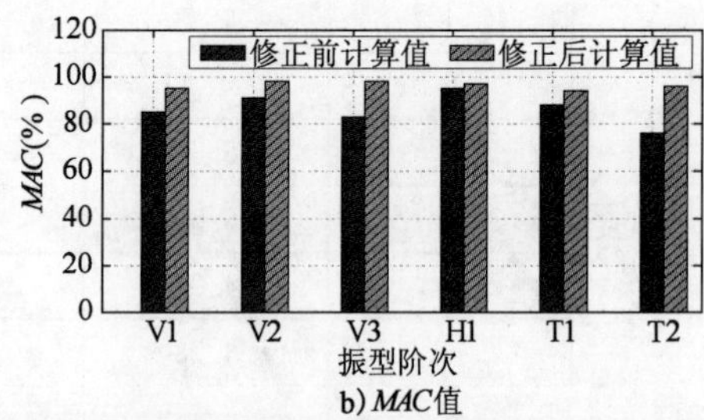

b)*MAC*值

图 4-12 模型修正前后计算频率和 *MAC* 值对比

表 4-3 为模型修正前后参数的变化情况，主桁杆件弹性模量参数变化比例保持在 10%左右，变化较小且保证了参数自身的物理意义，参数的变化主要是模型简化处理过程中，不能准确考虑结构整体节点刚度、杆件内加劲板刚度及结构初始缺陷的影响；而车道处纵、横梁刚度的变化范围较大，说明按照规范给出的初始截面刚度不能完全考虑桥面板的刚度贡

献;杆件及铺装层的质量密度变化不明显,表明初始模型中的质量参数设定较为准确。从中可以看出,实际结构刚度与初始梁格模型刚度存在比较明显的差别,经过修正,得到了较为合理的有限元模型,为车-桥耦合振动程序的验证奠定了基础。

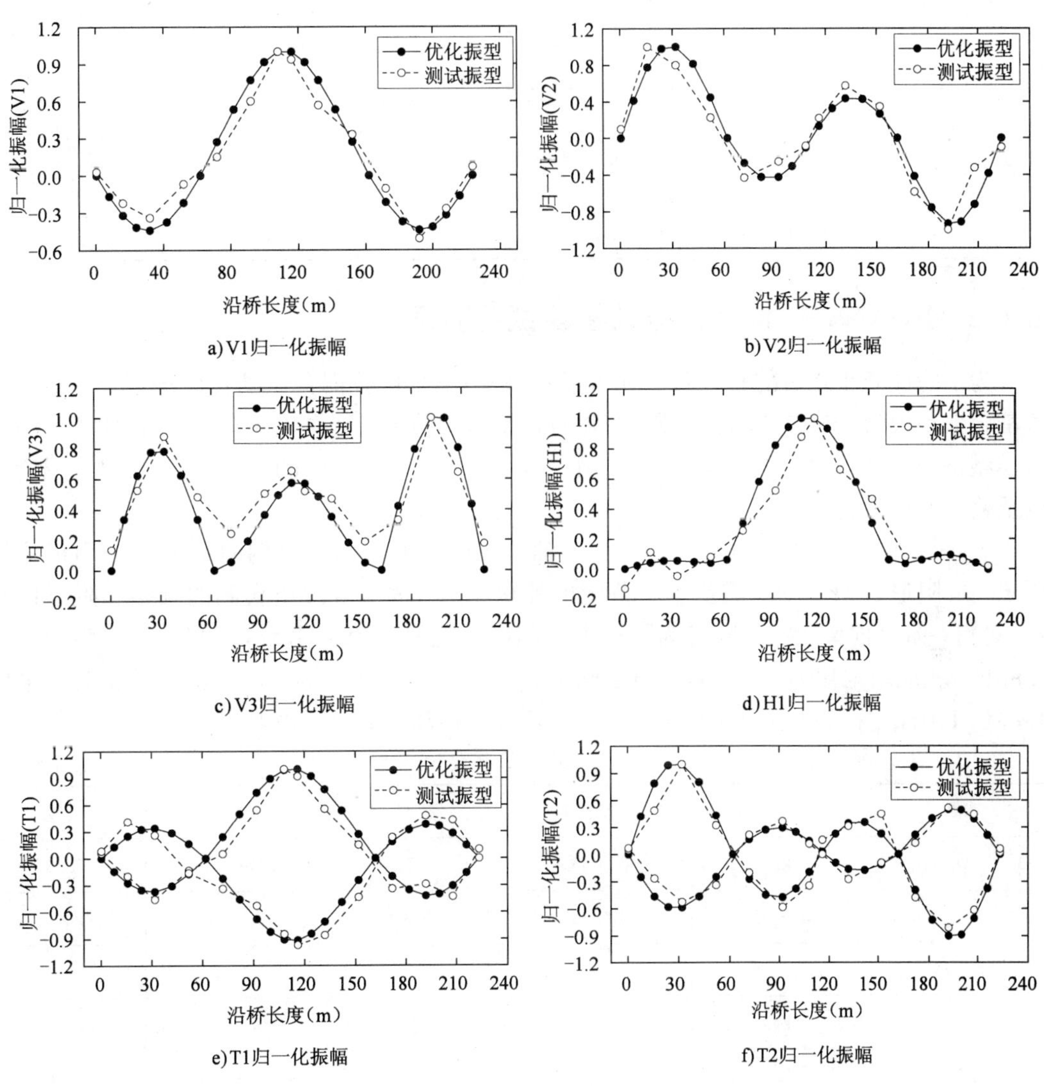

a) V1归一化振幅 b) V2归一化振幅

c) V3归一化振幅 d) H1归一化振幅

e) T1归一化振幅 f) T2归一化振幅

图 4-13 优化振型与实测振型对比

修正前后参数对比结果 表 4-3

修正参数(单位)	修正构件	修正前参数值	修正后参数值	变化比例(%)
弹性模量(10^{11}Pa)	弦杆	2.1	2.36	12.8
	腹杆	2.1	1.89	−9.9
	平联	2.1	2.37	13.1

续上表

修正参数（单位）	修正构件	修正前参数值	修正后参数值	变化比例(%)
抗弯刚度（$10^{-3}m^4$）	主横梁	25.0	37.1	48.7
	次横梁	0.7	1.6	127.7
	纵梁	1.1	1.9	77.8
质量密度(kg/m^3)	弦、腹杆	7 850	7 858	0.1
	纵、横梁	7 850	7 866	0.2
	机动车道铺装	2 300	2 335	1.5
	非机动车道铺装	2 300	2 348	2.1

4.1.5 BDANS 车-桥耦合振动模块试验验证

为了验证修正之后的基准有限元模型以及梁格法车-桥耦合振动程序的可靠性，将车-桥耦合振动模块分析结果与无障碍、有障碍行车试验结果进行对比。车-桥耦合计算时的桥梁模型是经过修正的有限元模型，并采用尽可能反映行车试验时的车辆参数、桥梁阻尼特性以及路面粗糙度特性。

表 4-4 给出了车质量为 35t 的一辆 3 轴整车的主要参数。结构阻尼矩阵采用传统的 Rayleigh 阻尼近似，因此，需要求解待定的比例系数 α 和 β，α、β 由实测的频率和阻尼比确定，实测一阶竖向弯曲振动频率为 1.75Hz，相应的阻尼比为 1.57%，实测一阶扭转的频率 1.95Hz，相应阻尼比为 1.23%，则可以确定 $\alpha=0.028\,96$，$\beta=0.006\,65$。动载试验时的采样频率为 100Hz，采样间隔为 0.01s，因此，车-桥耦合振动计算间隔也取为 0.01s。

车辆计算参数

表 4-4

参数	单位	数值	参数	单位	数值
M_v	kg	32 005	C_{uz5}	kN·s/m	10.0
J_{yv}	kg·m²	40 000	K_{lz1}	kN/m	2 400
J_{xv}	kg·m²	10 000	K_{lz3}	kN/m	4 800
M_{s1}	kg	359.5	K_{lz5}	kN/m	4 400
M_{s3}	kg	595.5	C_{lz1}	kN·s/m	6.0
M_{s5}	kg	542	C_{lz3}	kN·s/m	12.0
K_{uz1}	kN/m	1 200	C_{lz5}	kN·s/m	12.0
K_{uz3}	kN/m	2 400	L_1	m	3.36
K_{uz5}	kN/m	2 400	L_2	m	0.14
C_{uz1}	kN·s/m	5.0	L_3	m	1.54
C_{uz3}	kN·s/m	10.0	—	—	—

为了获得桥面路面粗糙度的功率谱密度，采用精密水准仪测试了 10m 长度的高差，间距为 0.1m，对其进行功率谱密度分析，进而拟合获得了实测功率谱密度表达式，然后以实测功率谱密度为目标谱，进行逆傅里叶变换，生成桥梁全长的路面粗糙度进行输入。有障碍行车时，在长虹公路一侧边跨 0.4L 处设置 20cm 宽、5cm 高障碍物粘贴固定于桥面上。图 4-14为桥面实测功率谱密度拟合曲线，车-桥耦合计算不仅与路面粗糙度有关，还与路面粗糙度的变化率相关，计算时采用图 4-15 为模拟的有障碍路面粗糙度曲线(由长虹公路方向至市区方向)及其变化率。

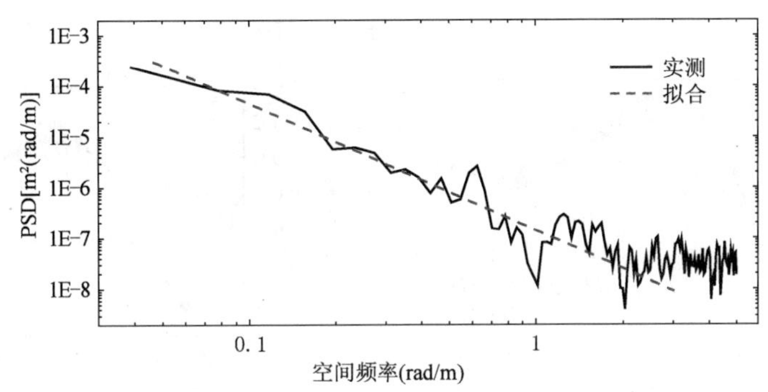

图 4-14　实测路面粗糙度功率谱密度

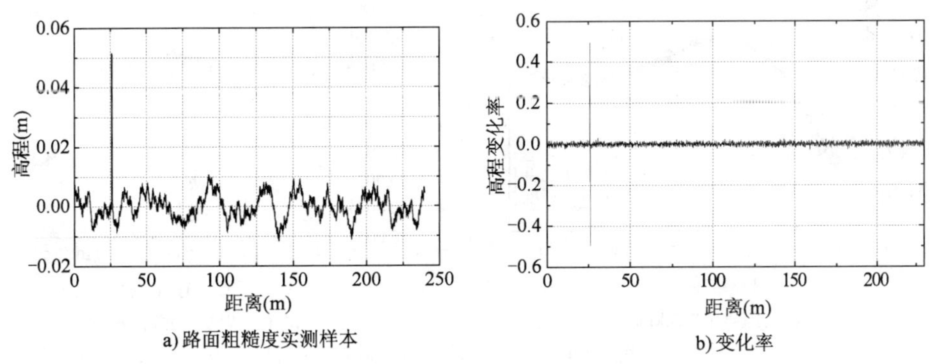

图 4-15　有障碍路面粗糙度样本及其变化率

动载试验时，在长虹公路一侧边跨 0.4L 处下弦杆底缘设置了动挠度观测点，无障碍行车分别测试了单车 20km/h(长虹公路至市区方向)、双车同向 20km/h(长虹公路至市区方向)及双车异向 20km/h 等行车工况下的桥梁动挠度响应，有障碍行车分别测试了单车 20km/h 由长虹公路一侧行驶至市区一侧及市区一侧行驶至长虹公路一侧两个工况下的桥梁动挠度响应，图 4-16 为双车异向行驶时车辆过桥的动画截图。图 4-17 分别给出了无障碍和有障碍行车工况下 BDANS 计算动挠度曲线与实测动挠度曲线对比情况，由于跑车试验过程中的车速控制存在一定的偏差，在计算桥梁动挠度响应时，根据实测行驶时间对车速进行了适当调整。

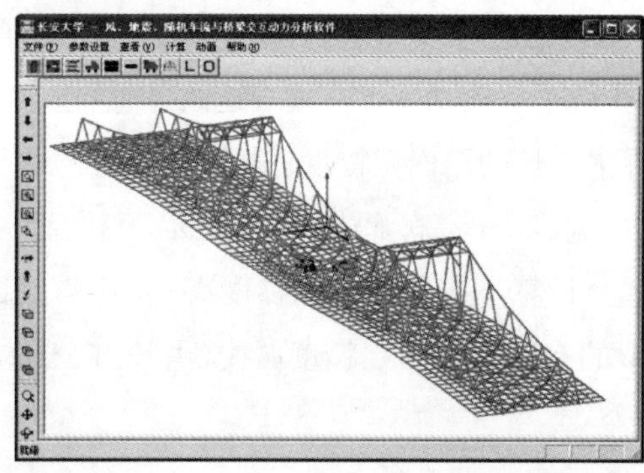

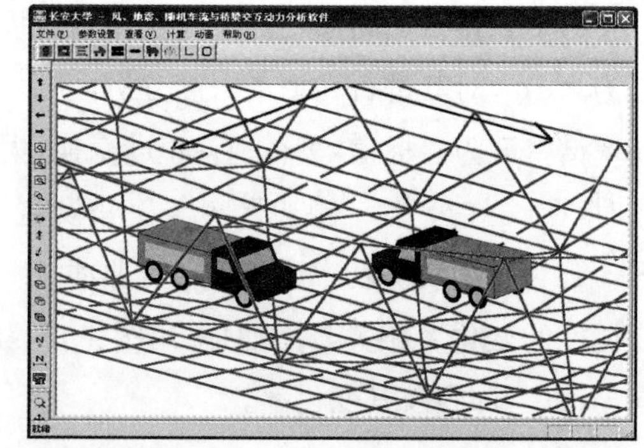

图 4-16　双车异向行车工况可视化分析

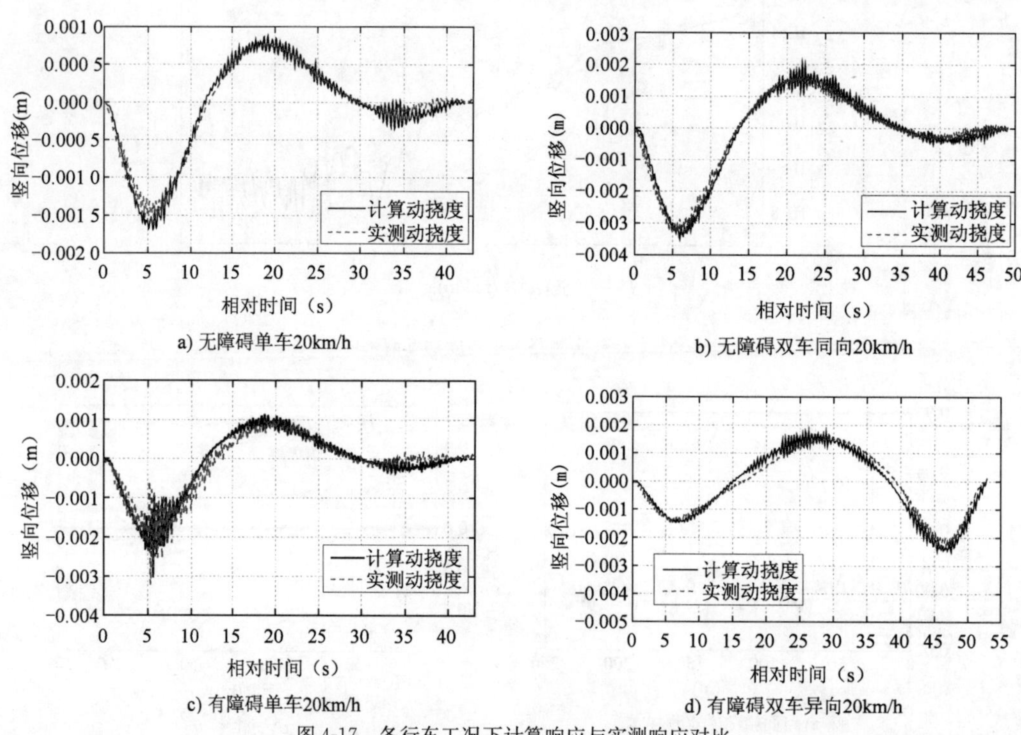

a) 无障碍单车20km/h

b) 无障碍双车同向20km/h

c) 有障碍单车20km/h

d) 有障碍双车异向20km/h

图 4-17　各行车工况下计算响应与实测响应对比

分析图 4-17 可见，不论是无障碍行车还是有障碍行车，修正后模型的计算响应与实测响应间的振动趋势均保持一致，响应曲线吻合程度较好。综上分析表明，有限元模型经过修正后，利用 BDANS 车-桥耦合振动分析模块计算出的动力响应结果，能够很好地反映实际桥梁结构的振动特性。

4.2　路面粗糙度非一致激励对车-桥耦合振动系统响应影响分析

已有的车-桥耦合振动分析中，路面粗糙度的处理基本可以分为数值模拟[3]和现场实测两种方法，并且以数值模拟方法为主，在进行路面粗糙度的数值模拟时，通常仅模拟一条纵向路面粗糙度样本，然后将生成的样本对车辆左右轮进行一致输入计算车桥系统的响应[4-7]，这种路面粗糙度的处理和输入方法与实际情况是有较大偏差的，主要是由于这种模拟方法忽略了桥面沿横向的变化，而假定桥面仅是沿纵向一维变化的，而实际上桥面是二维的，空间变化的。鉴于此，Huang[8]在进行车-桥耦合振动分析时，采用数值方法模拟了两条路面粗糙度样本进行非一致输入，但是在模拟时没有考虑左右轮样本的相关性，左右轮粗糙度样本是完全独立的。Liu[9]采用 ARMA 方法模拟车辆左右轮路面粗糙度样本时考虑了样本的相关性，并研究了样本相关系数大小对车桥系统响应的影响。

在路面粗糙度实测方面，Kim[10]和 Calcada R[11]在进行车-桥耦合振动模拟时，对车辆左、右轮所对应路面粗糙度进行了实测，并在车-桥耦合振动分析时，采取实测路面粗糙度进行非一致输入。但是他们的研究重点主要集中于验证所建立的车桥分析系统的正确性和适用性，即在保证路面粗糙度相同的前提下，重点验证车桥系统响应计算值和实测值的一致性。并没有展开研究样本相关性以及路面粗糙度一致输入和非一致输入对车桥系统响应的影响。

本节考虑桥面不平整的空间变化对车桥系统动力响应的影响，首先采用高速激光道路检测车对车辆左、右轮对应路面粗糙度进行同步实测，获得了 4 条路面粗糙度样本，然后进行相关性分析，选择两条典型路面粗糙度样本进行功率谱密度分析、自相关和互相关分析。最后以一辆 3 轴卡车通过刚架拱桥为工程实例，研究和对比路面粗糙度非一致激励与一致激励对车桥系统动力响应的影响。

4.2.1 路面粗糙度的实测与分析

4.2.1.1 路面粗糙度检测设备

长安大学光电技术应用研究所依托长安大学科研力量，长期从事高等级公路检测装备研究、开发、生产及推广应用，先后研制出了具有自主知识产权的路面检测装备“CT-101B”“CT-301A”和“CT-501A”。其中，“CT-501A”高速激光道路检测车(图 4-18)是交通部西部交通建设科技项目《激光道路检测技术与成套装备研究》的最新研究成果。该产品是一种综合多功能检测系统，可以同时对车辆左、右轮路面不平整度进行测定，具有快速、准确、测试精度高等特点。采用嵌入式激光路面检测系统，该系统可有效消除检测过程中车辆的振动，检测结果不受检测速度影响，实现了粗糙度检测的高、低速精密测量，其中平整度检测技术指标如下：平整度检测激光探头的分辨率不大于 0.2mm，平整度检测路面高低不平检测范围不小于±150mm(每个激光探头)。

4.2.1.2 实测路面粗糙度样本及其分析

图 4-19 给出了采用“CT-501A”高速激光道路检测车实测的 4 条西宝高速公路行车道

上单个车道左右两个轮沿纵向的粗糙度样本，实测长度为 50m，取样间隔为 0.10m。

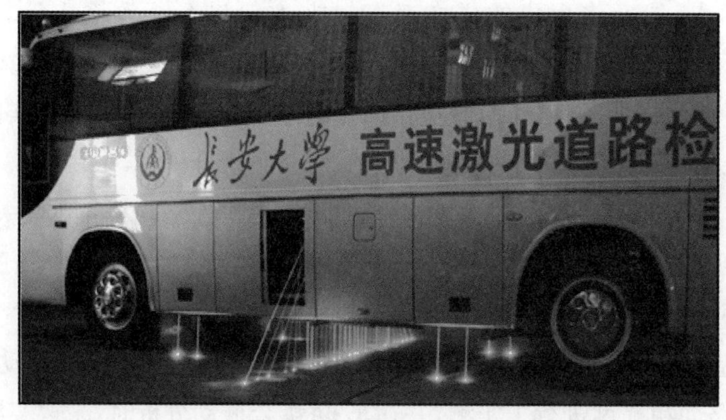

图 4-18　CT501-A 高速激光道路检测车

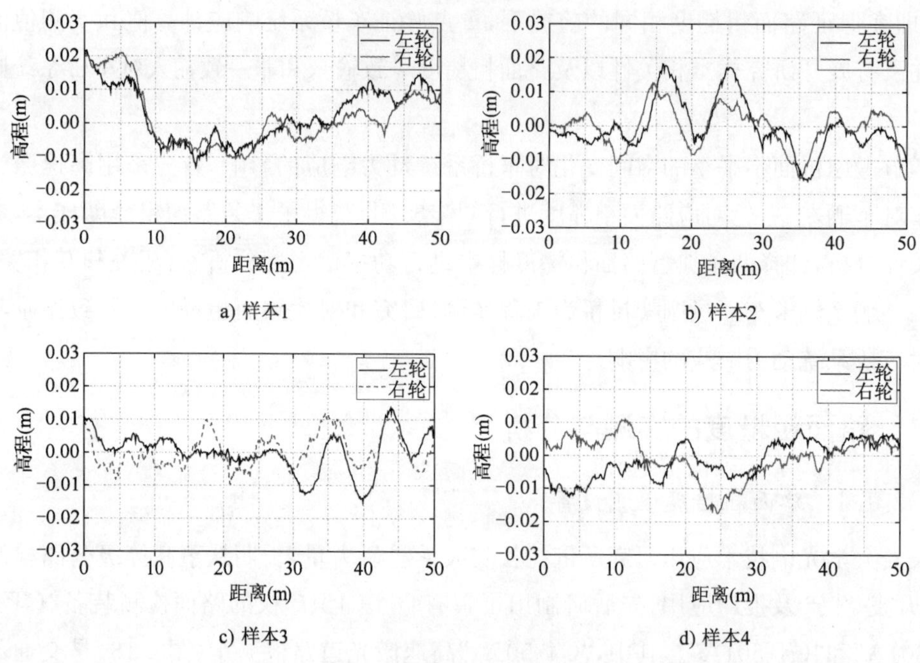

图 4-19　实测路面粗糙度样本

在可靠度理论和统计学中，相关系数表示两个随机变量线性相关的程度，其数值位于−1和 1 之间，这个数字越接近于 1，说明这两组数据的正相关性越强，数字越接近于−1，那么说明这两组数据的负相关性越强，当数字接近于 0 时，就说明这两组数据没有相关性。基于该统计分析方法，计算得到 4 个实测样本左、右轮路面粗糙度之间的相关系数，见表 4-5。

4 条实测样本左、右轮路面粗糙度相关系数　　表 4-5

样本	样本 1	样本 2	样本 3	样本 4
相关系数	0.877 8	0.747 3	0.375 4	0.098 8

由表 4-5 可知,各样本相关系数相差较大。其中,样本 1 的相关性最好,其相关系数为 0.877 8,说明样本 1 左、右轮路面平整度变化趋势基本一致;样本 4 的相关性最差,其相关系数为 0.098 8,接近于 0,说明左、右轮路面平整度变化趋势存在较大差异。为了研究路面粗糙度样本左、右轮相关性对车桥系统的影响,将选择相关性最好的样本 1 以及相关性最差的样本 4 作为车桥系统的路面粗糙度输入信息。

4.2.1.3　功率谱密度分析

对样本 1 和样本 4 左、右轮路面粗糙度样本进行功率谱分析,并与 ISO 组织提供的“很好”“好”和“一般”的功率谱密度进行对比,绘制于图 4-20。由图 4-20 可知,样本的功率谱密度函数曲线基本位于 ISO 规范给出的标准值的“好”与“很好”之间。

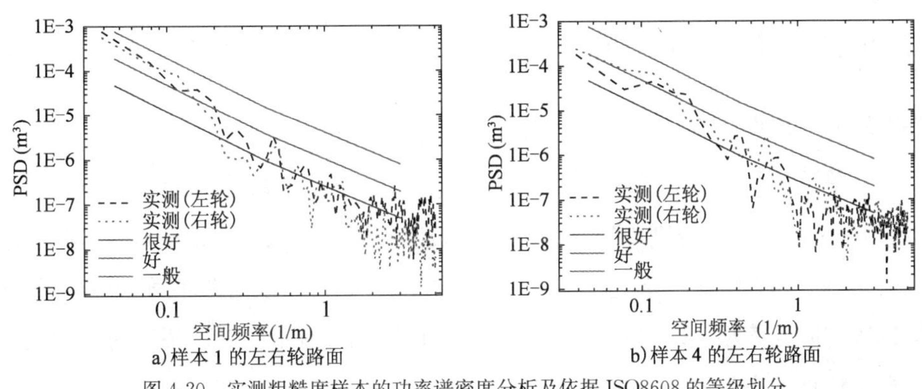

图 4-20　实测粗糙度样本的功率谱密度分析及依据 ISO8608 的等级划分

4.2.1.4　样本左、右轮粗糙度相关性分析

相关函数描述随机振动样本函数在不同时刻瞬时值之间的关联程度,可以简单描述为随机振动波形随时间坐标移动时与自身或别的波形的相似程度。自相关函数描述随机振动同一样本函数在不同瞬时幅值之间的依赖关系,也就是反映同一条随机振动信号波形随时间坐标移动时相互关联紧密性的一种函数。

图 4-21 给出了两个典型样本左、右轮路面粗糙度的自相关函数。由图 4-21 可知,样本 1 的自相关情况较好,且左、右轮自相关函数曲线波动趋势较一致;样本 4 的自相关情况一般,且发现左、右轮自相关函数曲线波动呈相反趋势。

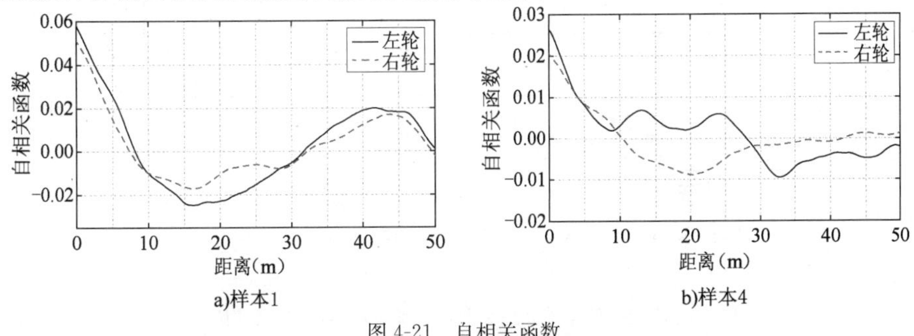

图 4-21　自相关函数

互相关函数描述随机振动两个样本函数在不同瞬时幅值之间的依赖关系，也就是反映两条随机振动信号波形随时间坐标移动时相互关联紧密性的一种函数。图 4-22 给出了两个样本的互相关函数。由图 4-22 可知，样本 1 的互相关情况较好；样本 4 的互相关函数值趋于零，互相关情况较差。通过对比图 4-21 和图 4-22 发现，样本 1 左、右轮自相关函数波动趋势基本一致，其互相关情况就很好；样本 4 左、右轮自相关函数波动趋势呈相反趋势，其互相关情况就很差。

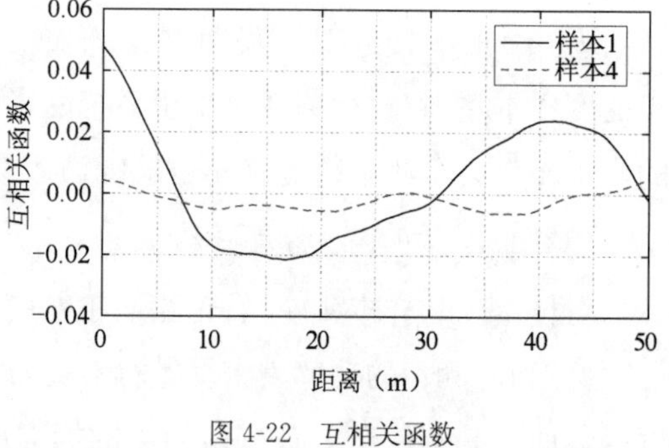

图 4-22　互相关函数

4.2.2　刚架拱桥实例分析

4.2.2.1　桥梁概况

以一座单孔跨径为 40m 的刚架拱桥为工程实例，该桥矢跨比 $l_0/f_0=1/10$。上部横向设置拱形刚架 5 片，每片分别由拱腿、斜撑、实腹段、弦杆、横系梁 5 部分组成，刚架之间距离为 3.2m。桥面净宽 12m(行车道)＋2×2m(人行道)，该桥为双向两车道，道路等级为二级，该刚架拱桥有限元模型及车辆荷载的横向位置如图 4-23 所示。对该桥进行自振特性分析，前五阶自振特性见表 4-6。

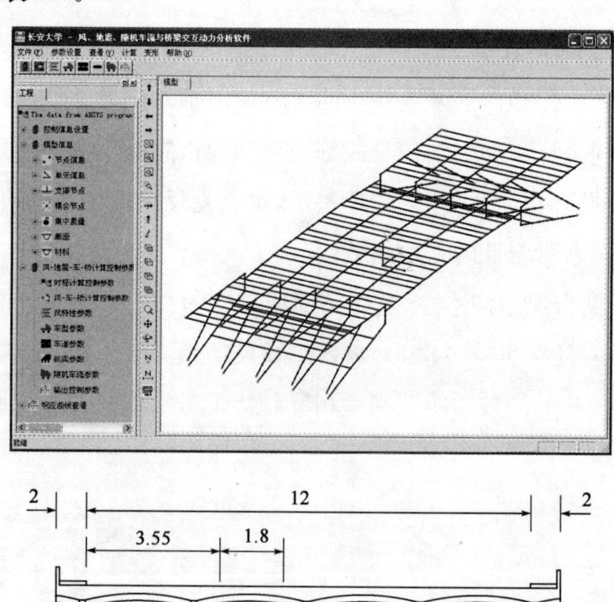

图 4-23　刚架拱桥有限元模型及车辆加载横向位置(尺寸单位:m)

刚架拱桥前5阶自振频率及振型描述　　表4-6

阶次	自振频率(Hz)	自　振　特　性
1	4.262 4	一阶反对称竖向弯曲振动
2	6.021 3	一阶对称竖向弯曲振动
3	6.146 1	一阶对称扭转振动
4	8.429 6	全桥面内横桥向对称弯曲振动
5	9.389 4	面外对称弯曲振动

4.2.2.2　车辆参数

车辆模型仍选用3轴整车动力分析模型，车辆的主要参数列于表4-7。对车辆进行了自振特性分析，该车前两阶竖向振动频率分别为2.658Hz和4.891Hz。

车 辆 主 要 参 数　　表4-7

参　　数	单　　位	参　数　值
车长	m	7.78
车体质量	kg	26 807
车体仰俯惯性矩	kg·m^2	10 000
车体扭转惯性矩	kg·m^2	40 000
车体侧翻惯性矩	kg·m^2	100 000
前轴质量	kg	359.5
中轴质量	kg	595.5
后轴质量	kg	542.5
轮胎质量	kg	0.0
($K^1_{vuL}=K^1_{vuR}$)上层竖向弹簧刚度	kN/m	1 200
($K^1_{yuL}=K^1_{yuR}$)上层横向弹簧刚度	kN/m	1 000
上层竖向弹簧刚度($K^2_{vuL}=K^2_{vuR}=K^3_{vuL}=K^3_{vuR}$)	kN/m	2 400
上层横向弹簧刚度($K^2_{yuL}=K^2_{yuR}=K^3_{yuL}=K^3_{yuR}$)	kN/m	1 600
上层竖向阻尼器阻尼系数($C^1_{vuL}=C^1_{vuR}$)	kN·s/m	5.0
上层横向阻尼器阻尼系数($C^1_{yuL}=C^1_{yuR}$)	kN·s/m	5.0
上层竖向阻尼器阻尼系数($C^2_{vuL}=C^2_{vuR}=C^3_{vuL}=C^3_{vuR}$)	kN·s/m	10.0
上层横向阻尼器阻尼系数($C^2_{yuL}=C^2_{yuR}=C^3_{yuL}=C^3_{yuR}$)	kN·s/m	10.0
下层竖向弹簧刚度($K^1_{vlL}=K^1_{vlR}$)	kN/m	2 400
下层横向弹簧刚度($K^1_{ylL}=K^1_{ylR}$)	kN/m	1 210
下层竖向弹簧刚度($K^2_{vlL}=K^2_{vlR}=K^3_{vlL}=K^3_{vlR}$)	kN/m	4 400
下层横向弹簧刚度($K^2_{ylL}=K^2_{ylR}=K^3_{ylL}=K^3_{ylR}$)	kN/m	2 420
下层竖向阻尼器阻尼系数($C^1_{vlL}=C^1_{vlR}$)	kN·s/m	6.0
下层横向阻尼器阻尼系数($C^1_{ylL}=C^1_{ylR}$)	kN·s/m	6.0
下层竖向阻尼器阻尼($C^2_{vlL}=C^2_{vlR}=C^3_{vlL}=C^3_{vlR}$)	kN·s/m	12.0

续上表

参　数	单　位	参数值
下层横向阻尼器阻尼系数($C_{y1L}^2=C_{y1R}^2=C_{y1L}^3=C_{y1R}^3$)	kN·s/m	12.0
设计面积	m^2	10.5
设计高度	m	1.5
距离(L_1)	m	3.1
距离(L_2)	m	0.4
距离(L_3)	m	1.8
距离(b_1)	m	0.9
距离(b_2)	m	0.0
距离(h_1)	m	0.8
距离(h_2)	m	1.0

4.2.2.3　多肋式车-桥耦合振动系统分析模块的验证

为了验证BDANS软件中多肋式车-桥耦合振动分析模块的正确性，对刚架拱桥进行静力加载，加载思路为杠杆法。加载车辆为3轴整车，跨中横向加载位置如图4-23所示。将BDANS与ANSYS分析结果以及变形图进行对比，由图4-24可以看出，BDANS与ANSYS计算得到的各肋跨中竖向位移完全一致。

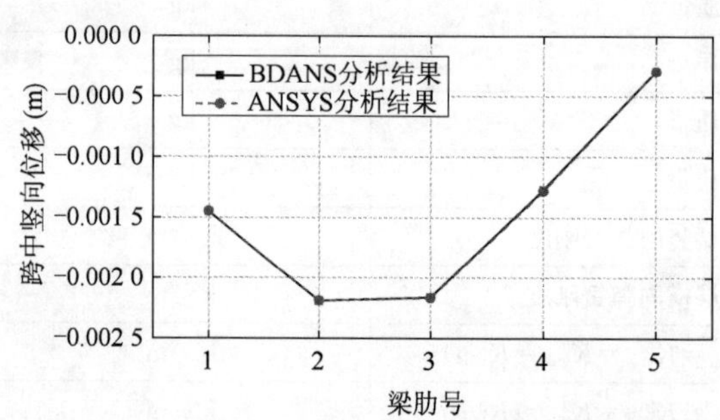

图4-24　BDANS和ANSYS跨中竖向位移分析结果对比

4.2.2.4　路面粗糙度一致与非一致激励对车桥系统响应影响分析

(1)对车桥系统接触力影响分析

路面粗糙度直接影响到车桥系统的相互接触力，进而影响车桥系统的动力响应。为了研究路面粗糙度对车桥系统相互接触力的影响，分别采用样本1和样本4进行了以下3种方式的输入：同时采用样本左轮实测粗糙度（一致激励左）、同时采用样本右轮实测粗糙度（一致激励右）以及采用样本实测左右轮路面粗糙度非一致激励进行输入。

图4-25给出了样本1和样本4在50km/h车速下一致激励左、一致激励右和非一致激励3种输入情况，车辆左前轮和右前轮的接触力时程以及相应的功率谱密度分析，加载过程的动画截图如图4-26所示。由于一致激励时，车辆左、右轮接触力完全一样，因此，一致激

励左和一致激励右仅给出了一条时程。限于篇幅，仅对车辆前轮进行分析。

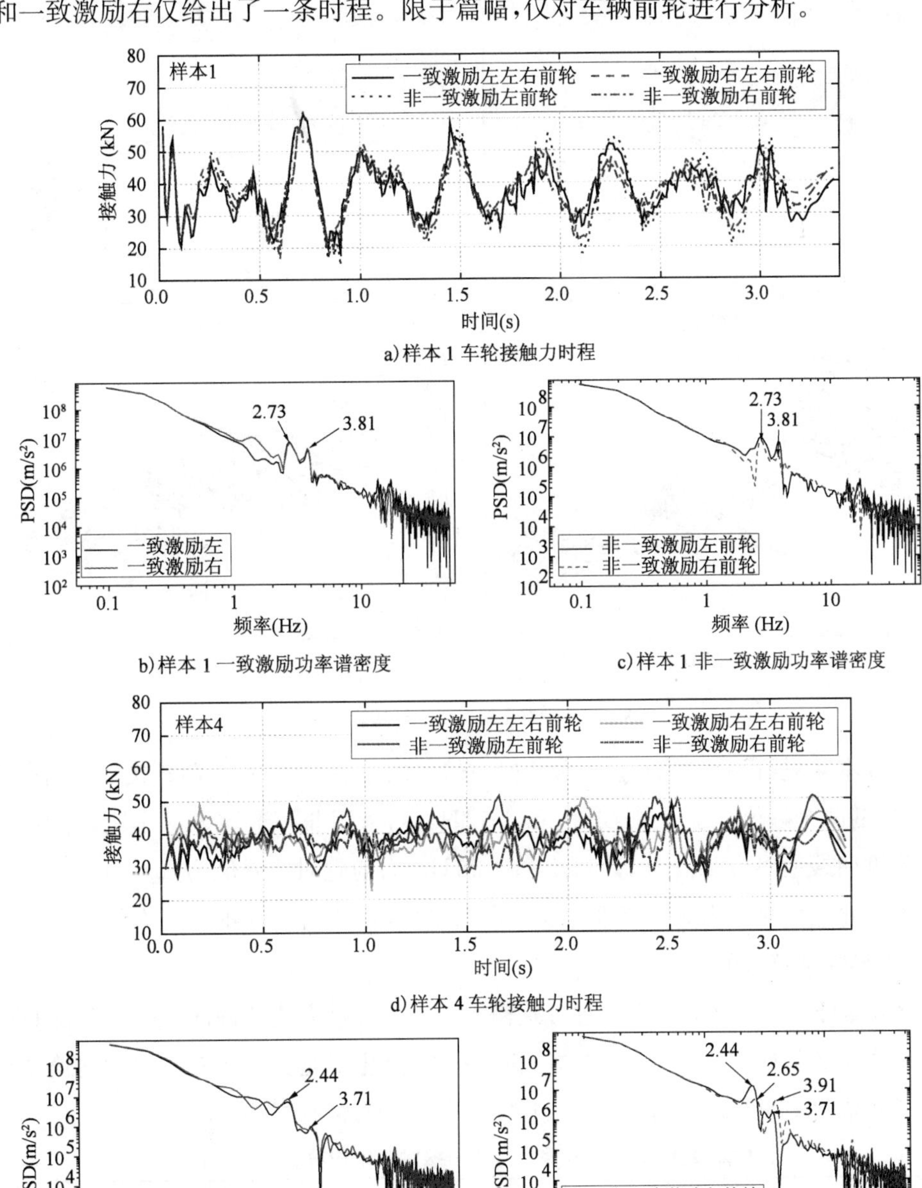

图 4-25　3 种输入模式前轮接触力时程及相应的功率谱密度

由图 4-25 可以看出，采用样本 1 进行一致激励左、一致激励右以及非一致激励下车辆左前轮、右前轮接触力功率谱密度曲线所对应的两个峰值是完全一样的，均为 2.73Hz 和3.81Hz。这是由于车辆左右轮路面粗糙度相关性强、一致性好，因此，车轮竖向接触力频谱特性基本一致。并且，两个峰值分别位于车辆竖向振动基频 2.658Hz 和桥梁竖向振动基频 4.262 4Hz 附近。

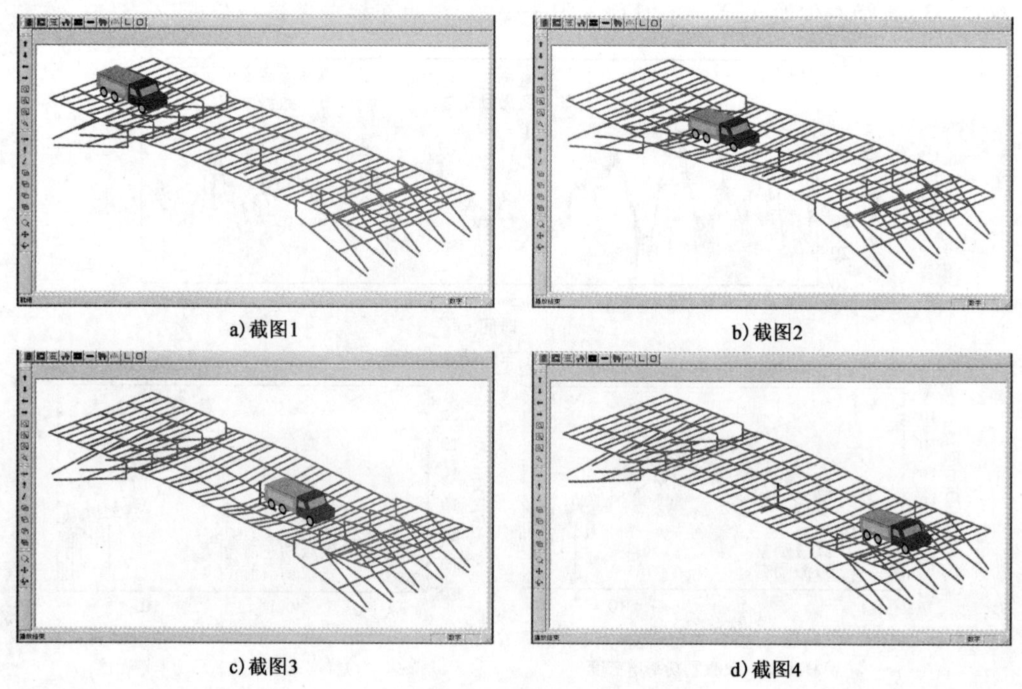

a) 截图1　b) 截图2　c) 截图3　d) 截图4

图 4-26　加载车辆在桥上行驶动画截图

采用样本 4 进行一致激励左、一致激励右输入的车辆左前轮、右前轮接触力功率谱密度曲线，对应的两个峰值分别为 2.44Hz 和 3.71Hz；而采用非一致输入的车辆左前轮接触力功率谱密度曲线所对应峰值为 2.44Hz 和 3.71Hz，右前轮对应峰值为 2.65 Hz 和 3.91Hz。车辆左右前轮竖向接触力频谱特性存在一定的差异，主要由于样本 4 左右轮路面粗糙度相关性差、差异性强造成的。

表 4-8 为样本 1 和样本 4 在 3 种方式输入下车轮接触力统计特性分析。由表 4-8 可知，不论是样本 1 还是样本 4，接触力的均值相差不大，这主要是由于车轮接触力均值主要由车轮所分担车辆自身重量决定，但是样本 1 的方差约为样本 4 方差的 2 倍。

样本 1、样本 4 不同输入方式下接触力响应分析(单位：N)　表 4-8

前轮		左一致激励 左右前轮	右一致激励 左右前轮	非一致激励 左前轮	非一致激励 右前轮
样本 1	均值	37 694.67	37 797.41	37 673.48	37 819.02
	方差	8 203.98	8 222.32	9 902.09	6 542.56
样本 4	均值	38 014.23	38 043.60	37 987.02	38 071.79
	方差	4 161.87	4 359.76	5 969.70	3 561.45

(2)对车桥系统响应影响分析

在多肋(梁)式车-桥耦合振动分析时，选取荷载作用下响应最大的梁肋进行分析更有意义，因此，以下将以响应水平最高的 2 号肋作为研究对象。图 4-27 和图 4-28 给出了采用样本 1

和样本 4 进行一致激励左、一致激励右和非一致激励输入方式下，2 号肋跨中竖向位移冲击系数、竖向弯矩冲击系数、竖向加速度 RMS 值以及车体竖向加速度 RMS 值随车速变化情况。

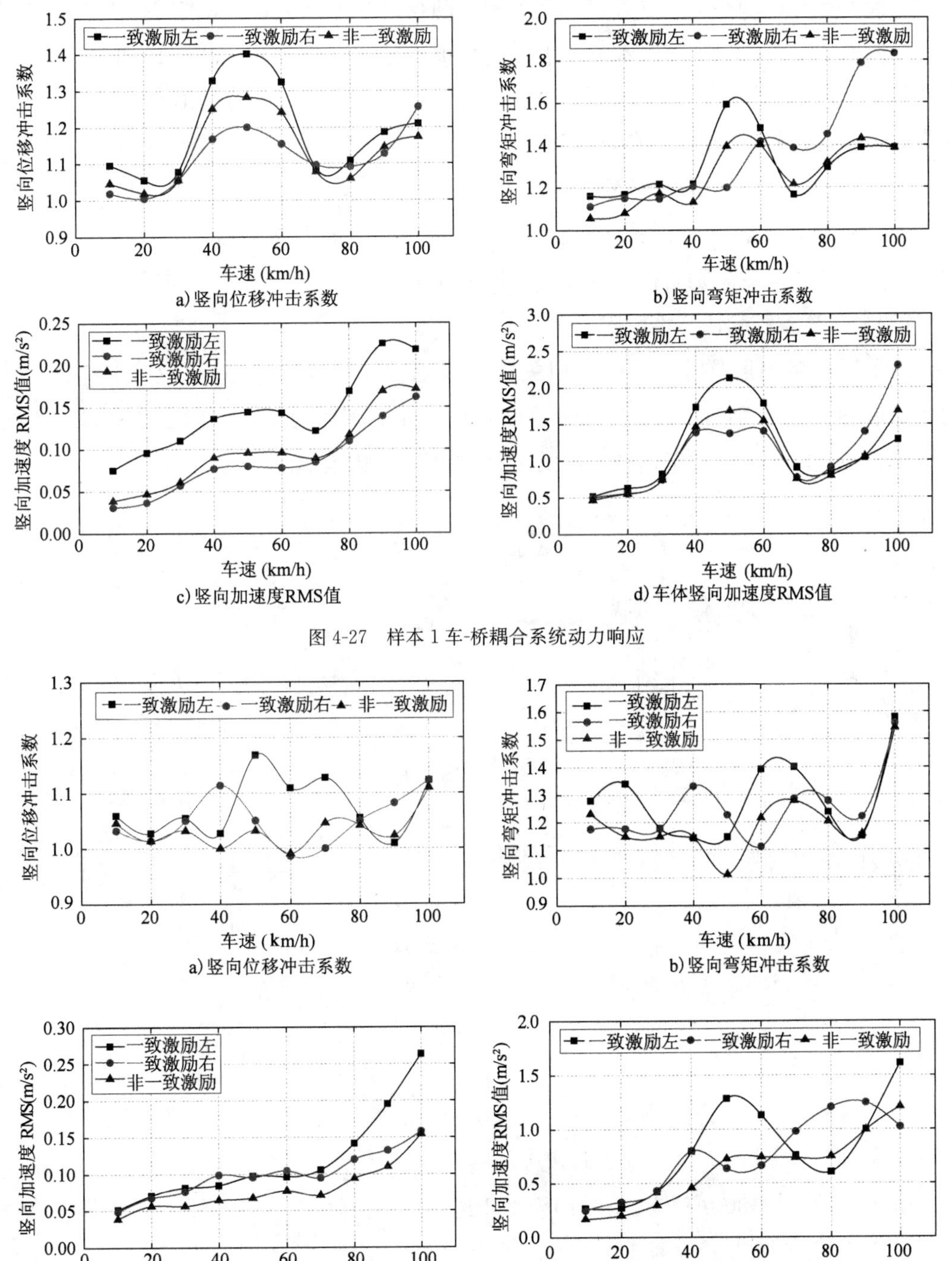

a) 竖向位移冲击系数　b) 竖向弯矩冲击系数

c) 竖向加速度RMS值　d) 车体竖向加速度RMS值

图 4-27　样本 1 车-桥耦合系统动力响应

a) 竖向位移冲击系数　b) 竖向弯矩冲击系数

c) 竖向加速度RMS值　d) 车体竖向加速度RMS值

图 4-28　样本 4 车-桥耦合系统动力响应

从图 4-27 和图 4-28 中可以看出，对于样本 1，非一致激励输入计算得到的桥梁跨中位移冲击系数、弯矩冲击系数、竖向加速度 RMS 值以及车体竖向加速度 RMS 值，基本位于一致激励左和一致激励右输入计算得到的响应之间；对于样本 4，非一致激励输入计算得到的车桥系统响应基本比一致激励左和一致激励右输入计算得到的响应都要小。而样本 1 和样本 4 的最大区别在于，样本 1 左、右轮互相关性好，而样本 4 左、右轮互相关性差。从而可以得出如下结论：粗糙度样本左右轮的互相关情况对非一致激励输入下的车桥系统振动响应有显著的影响，若二者互相关性较好，非一致激励输入计算得到的系统响应基本位于一致激励左和一致激励右输入计算得到的响应之间；若互相关性较差，非一致激励输入的系统响应比一致激励左和一致激励右输入计算得到的响应都要小。

(3)对车桥系统频谱特性影响分析

为了研究粗糙度样本左、右轮相关性以及激励方式对车桥系统频谱特性的影响，图 4-29和图 4-30 分别给出了对应于样本 1 和样本 4 的车速为 50km/h 时，3 种输入方式下的桥梁跨中竖向加速度和车辆加速度的时程曲线以及相应的幅频特性分析图。

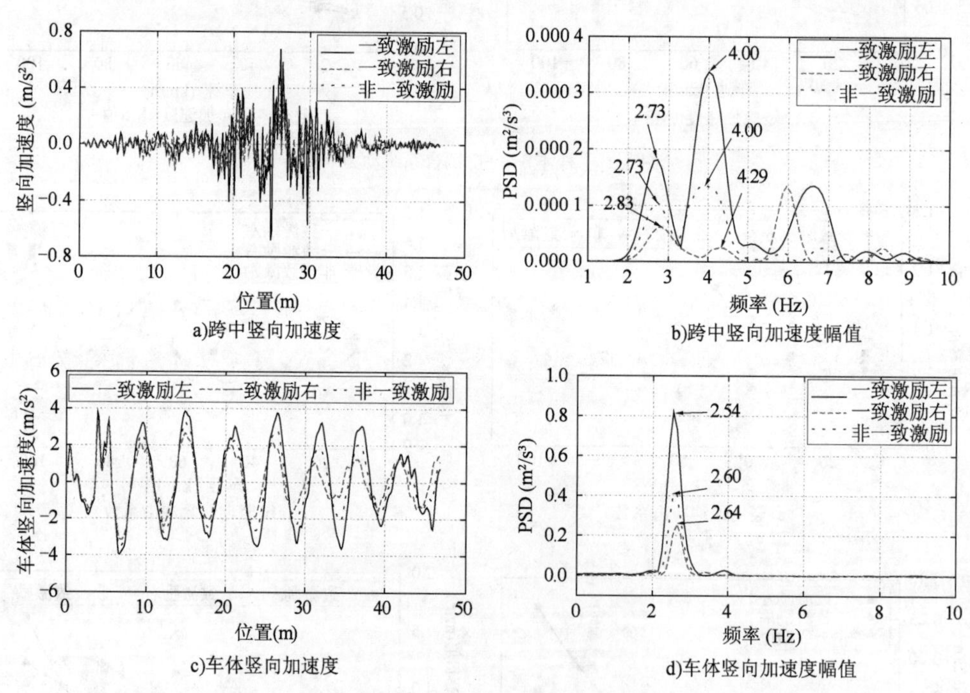

图 4-29　样本 1 加速度响应及幅频特性

由图 4-29、图 4-30 可以看出：采用样本 1 进行一致激励左、一致激励右以及非一致激励下桥梁跨中竖向加速度幅频曲线，第 1 个峰值所对应频率分别为 2. 73Hz、2. 83Hz 和 2. 73Hz，第 2 个峰值所对应频率分别为 4. 00Hz、4. 29Hz 和 4. 00Hz，两个频率分别集中于车辆的竖向振动基频 2. 658Hz 以及桥梁的竖向振动基频 4. 262 4Hz 附近。3 种输入方式下的车辆竖向加速度幅频曲线峰值对应频率分别为 2.54Hz、2.50Hz 和 2.64Hz，基本集中于车辆的竖向振动基频 2.658Hz 附近。总的来说，由于样本 1 左右轮粗糙度相关性好，3 种激励方式下桥梁跨中竖向加速度幅频曲线以及车辆竖向加速度幅频曲线峰值所对应频率都相差不大。

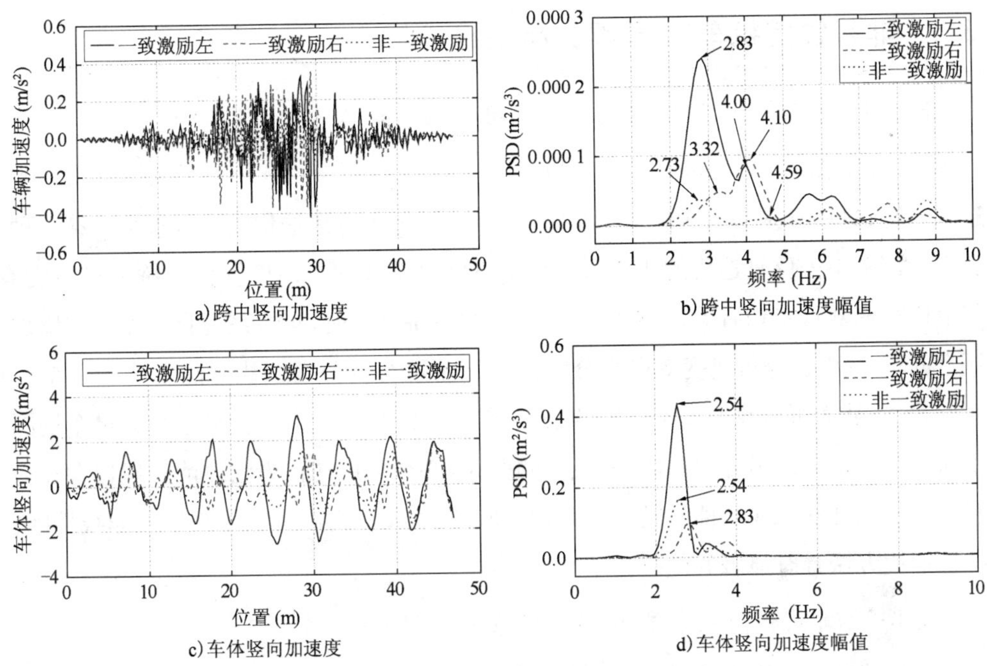

a) 跨中竖向加速度　b) 跨中竖向加速度幅值

c) 车体竖向加速度　d) 车体竖向加速度幅值

图 4-30　样本 4 加速度响应及幅频特性

采用样本 4 进行一致激励左、一致激励右以及非一致激励下桥梁跨中竖向加速度幅频曲线，第 1 个峰值对应的频率分别为 2.83Hz、3.32Hz 和 2.73Hz，第 2 个峰值对应频率分别为 4.00Hz、4.10Hz 和 4.59Hz。3 种输入方式下的车辆竖向加速度幅频曲线峰值对应频率分别为 2.54Hz、2.83Hz 和 2.54Hz。一致激励右输入下的桥梁跨中竖向加速度和车辆竖向加速度幅频曲线峰值对应频率明显大于一致激励左和非一致激励幅频曲线对应的相应频率，这主要是由于样本 4 左右轮粗糙度相关性差，因此，车桥系统频谱特性存在一定的差异。

4.3　考虑全过程几何非线性的缆索承重桥车-桥耦合振动分析

本节以一座混凝土自锚式悬索桥为工程实例，阐述考虑全过程几何非线性的缆索承重桥车-桥耦合振动精细化分析的实现过程。自锚式悬索桥是主梁、主塔、主缆、吊杆 4 种基本结构组成的缆索承重系统，是目前主流桥型结构中，形式、受力最为复杂的桥型之一。自锚式悬索桥一般表现为柔性的受力特性，与连续梁和桁架梁等结构相比，其非线性影响较为突出，且影响因素也比较多。由于自锚式悬索桥独特的锚固形式，使主梁承受主缆传递的巨大轴向压力，主梁刚度在初内力作用下的弱化问题，和对结构刚度及活载响应的影响问题，应该在自锚式悬索桥的计算分析中得到充分重视与考虑。

4.3.1 非线性随机车流-桥梁分析系统求解策略

4.3.1.1 密集车流下车-桥耦合系统组集求解策略

车-桥耦合系统组集和求解主要分为两种：一是车辆子系统和桥梁子系统耦联在一起直接进行求解；另一种则是车辆和桥梁系统分别建立，采用分离迭代法进行求解。第一种方法具有直接求解不需反复迭代的优点，但是车-桥耦合系统的自由度不仅与桥梁自由度有关，还与上桥车辆数目密切有关，当有大量车辆同时在桥梁上时，车桥系统自由度急剧增加使得全耦合的车-桥耦合分析速度变得十分缓慢甚至不可行。分离迭代方法由于车桥系统自由度相互独立，从而可以克服直接求解的缺点，因此非线性迭代方法十分适合大量车辆同时作用于桥面上的情况。另外，当处理非线性问题时，必须采用迭代方法才能处理包含几何非线性和荷载非线性的双非线性问题。因此，在处理随机车流上桥计算效率以及非线性问题时，非线性迭代方法具有显著的优势。

4.3.1.2 非线性随机车流-桥梁分析系统求解策略

分离迭代法将汽车和桥梁分别处理为两个子系统，车桥系统的运动方程表达式如下：

$$\boldsymbol{M}_{\mathrm{b}}\ddot{\delta}_{\mathrm{b}}+\boldsymbol{C}_{\mathrm{b}}\dot{\delta}_{\mathrm{b}}+\boldsymbol{K}_{\mathrm{b}}\delta_{\mathrm{b}}=F_{\mathrm{bg}}+F_{\mathrm{bv}} \tag{4-4a}$$

$$\boldsymbol{M}_{\mathrm{v}}\ddot{\delta}_{\mathrm{v}}+\boldsymbol{C}_{\mathrm{v}}\dot{\delta}_{\mathrm{v}}+\boldsymbol{K}_{\mathrm{v}}\delta_{\mathrm{v}}=F_{\mathrm{vg}}+F_{\mathrm{vb}} \tag{4-4b}$$

式中：$\boldsymbol{M}_{\mathrm{b}}$——质量矩阵；

$\boldsymbol{C}_{\mathrm{b}}$——阻尼矩阵；

$\boldsymbol{K}_{\mathrm{b}}$——刚度矩阵；

δ_{b}、δ_{v}——位移向量；

$\dot{\delta}_{\mathrm{b}}$、$\dot{\delta}_{\mathrm{v}}$——速度向量；

$\ddot{\delta}_{\mathrm{b}}$、$\ddot{\delta}_{\mathrm{v}}$——加速度向量；

v、b——分别代表车辆系统和桥梁系统；

F_{vg}、F_{bg}——分别为车辆系统自重和桥梁系统自重；

F_{vb}、F_{bv}——分别为作用于车辆上和桥梁上的车-桥接触力向量。

考虑非线性对车-桥耦合振动的影响，采用拖动坐标法（U. L 列示迭代求解法）和分离迭代法，编制出考虑全过程几何非线性的缆索承重桥梁车-桥耦合分析程序，程序分析流程如图 4-31 所示。具体过程如下：

(1)参数输入：

①桥梁信息：基本几何、材料和边界信息，桥梁有限元模型，路面粗糙度；

②随机车流信息：车流密度，车型组成和占有率，速度，横向位置，行驶方向。

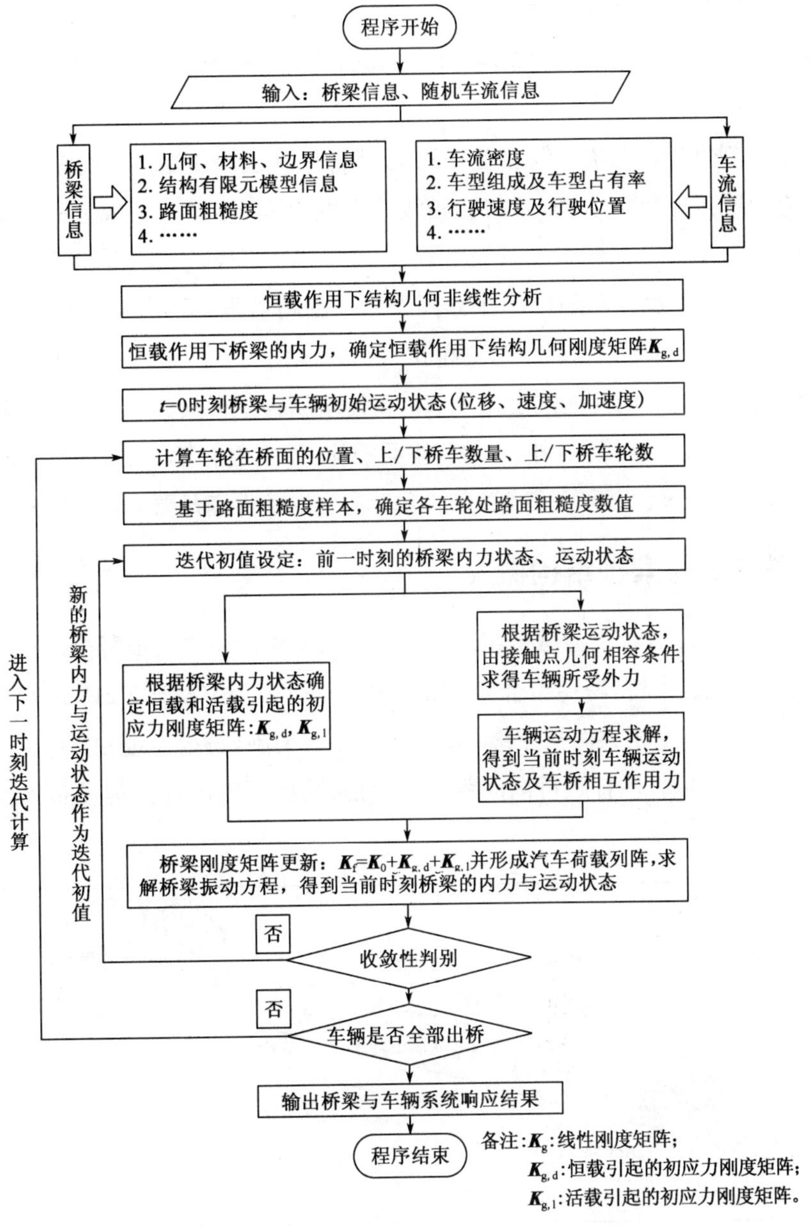

图 4-31 考虑全过程几何非线性缆索承重桥梁车-桥耦合分析流程图

(2)确定桥梁在自重作用下的静力平衡位置，获取桥梁各构件的内力，确定恒载引起的初应力刚度矩阵 $\boldsymbol{K}_{g,d}$。

(3)确定上桥车辆数目和位置，将每一个车轮接触桥梁处的竖向路面粗糙度和 $t-1$ 时间步桥面处运动状态($\ddot{\delta}_b^{t-1},\dot{\delta}_b^{t-1},\delta_b^{t-1}$)组合形成等效竖向路面粗糙度。独立求解车辆子系统的运动方程获取车辆子系统在 t 时刻的初始运动状态($\ddot{\delta}_v^t,\dot{\delta}_v^t,\delta_v^t$)。

(4)求解当前 t 时刻的桥梁响应。

①根据得到的车辆子系统的响应可以计算得到当前时刻的所有进入桥梁的各车轮的车桥相互作用力；

② $t-1$ 时刻恒载和上桥车轮相互作用力(活载)引起的初始内力分别形成恒载和活载引起的初应力刚度矩阵 $\boldsymbol{K}_{g,d}$、$\boldsymbol{K}_{g,l}$，与初始线性刚度矩阵 $\boldsymbol{K}_0$ 组合形成方程左侧的整体刚度矩阵；

③形成桥梁所受恒载和随机车流共同作用下的荷载阵，采用 Newmark 积分法对桥梁子系统进行求解，计算更新得到 t 时刻桥梁变形以及内力状态。将得到的桥梁变形和内力状态用于更新②的桥梁的几何刚度矩阵 $\boldsymbol{K}_T$，重复求解直至桥梁的变形和内力趋于恒定；

(5)将第 4 迭代步计算得到的 t 时刻桥梁响应，用于更新第 3 迭代步的桥面运动状态。第 3 至第 5 步重复迭代直至车桥接触点的几何和变形条件满足要求，进入下一时步的计算。

4.3.2 自锚式悬索桥结构概况

前仓大桥是浙江省青田县城市组团交通枢纽工程中的重要组成部分。前仓大桥为双塔 3 跨混凝土自锚式悬索桥，跨径组合为 45m＋120m＋45m，桥梁全长 218m，宽 30m。中跨主缆垂跨比为 1∶5.5，全桥共两根主缆，采用 PPWS 法编制，每根主缆由 37 股 91ϕ5.0mm 镀锌高强钢丝索股组成。吊杆顺桥向间距 5m，全桥共设 74 根吊杆。跨径布置及吊杆编号如图 4-32 所示。

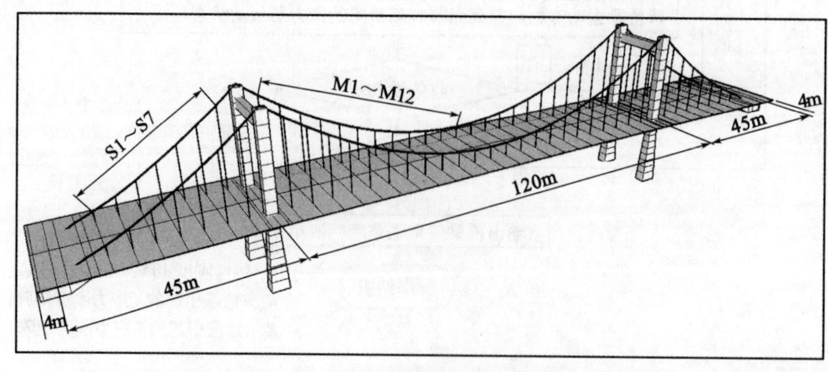

图 4-32　前仓大桥全桥有限元模型

4.3.3 集中力匀速通过桥梁验证

计算工况选取单位集中力以 5km/h 的速度匀速通过桥梁，以自锚式悬索桥下游外侧车道中心为横向加载位置，分别提取 ANSYS 软件和 BDANS 的主梁跨中位移、主缆拉力、吊杆拉力和塔根弯矩进行对比计算，并绘制出典型响应下的影响线，其对比如图 4-33 所示[12]。

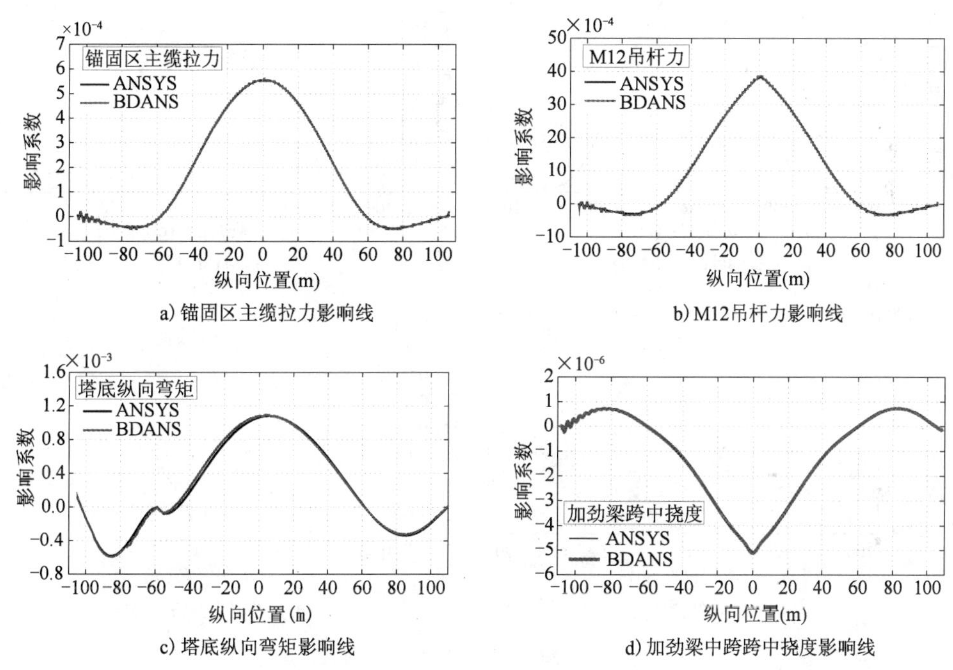

a) 锚固区主缆拉力影响线

b) M12吊杆力影响线

c) 塔底纵向弯矩影响线

d) 加劲梁中跨跨中挠度影响线

图 4-33　前仓大桥典型响应影响线

4.3.4 单车工况非线性车-桥耦合分析

恒载和上桥车轮相互作用力（活载）引起的初始内力分别形成恒载和活载引起的几何刚度矩阵 $\boldsymbol{K}_{\mathrm{d}}^{\mathrm{e}}$，$\boldsymbol{K}_{\mathrm{l}}^{\mathrm{e}}$，恒载作用下内力是个定值，活载产生的内力状态和桥面运营的车流状况密切相关。为了研究恒载和活载引起的几何非线性对桥梁响应的贡献程度，分别选择两种极端工况，一种为单车工况，可以近似认为只有恒载作用产生的几何非线性；另一种为桥面密集交通状态，可以认为恒载＋最不利桥面活载工况。然后，分别研究恒载与恒载＋最不利活载工况所对应几何非线性对桥梁响应的影响。

为了研究恒载初内力所对应几何非线性对单车通过桥梁的响应的影响，分别选取考虑梁塔恒载初内力影响和不考虑初内力影响两种情况，图 4-34 给出了两种情况下单车过桥时桥梁关键截面响应时程曲线。表 4-9 对桥梁各关键位置响应极值的对比情况。

从图 4-34 可以看出，考虑桥梁的几何非线性因素后，桥梁的振动趋势并没有发生变化，但由于几何刚度的存在，桥梁的锚固区主缆拉力、吊杆力、主塔塔根弯矩及主梁跨中位移极值均比线性条件下的值偏大，最大差值为 5%。由表 4-9 可知，考虑桥梁几何非线性的极值比不考虑的极值大 1.7%～7.9%。可见，由恒载引起的梁塔初内力对结构受力和变形的影响显著，且不同响应对初内力效应的敏感度不同。

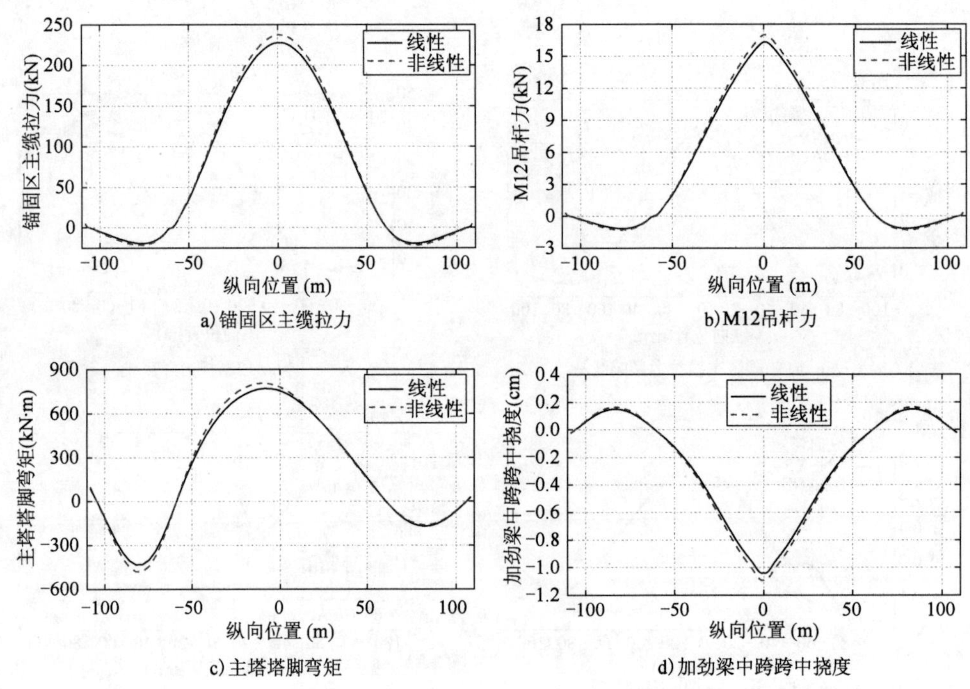

图 4-34 几何非线性对桥梁位移时程曲线的影响

梁塔初内力的影响 表 4-9

编号	响 应	不计梁塔初内力影响	计入梁塔初内力影响	相对差值(%)
1	锚固区主缆拉力(kN)	227.9	237.5	4.20
2	M12 吊杆力(kN)	16.34	17.02	4.20
3	主塔塔脚弯矩(kN·m)	773.6	811.7	4.90
4	加劲梁中跨跨中弯矩(kN·m)	1 922.9	1 994.3	3.70
5	加劲梁塔梁结合处负弯矩(kN·m)	−1 246.8	−1 268.4	1.70
6	主缆中跨跨中竖向位移(cm)	−0.948	−0.998	5.30
7	塔顶纵向位移(cm)	0.24	0.259	7.90
8	加劲梁中跨跨中挠度(cm)	−1.041	−1.092	5.00

图 4-35 给出了两种情况下全桥吊杆力增量、主缆内力增量和主梁挠度的对比，从图中可以看出，梁塔初内力对结构的影响，在整个桥梁结构上均有体现，且沿纵桥向吊杆、主缆、主梁的响应对梁塔初内力的敏感程度不一而同。为了了解桥塔恒载内力和主梁恒载内力非线性对桥梁响应的影响，分别计算单独考虑主梁、主塔初内力以及同时考虑主梁和桥塔内力非线性对桥梁响应的影响，其对比结果如图 4-36 所示。

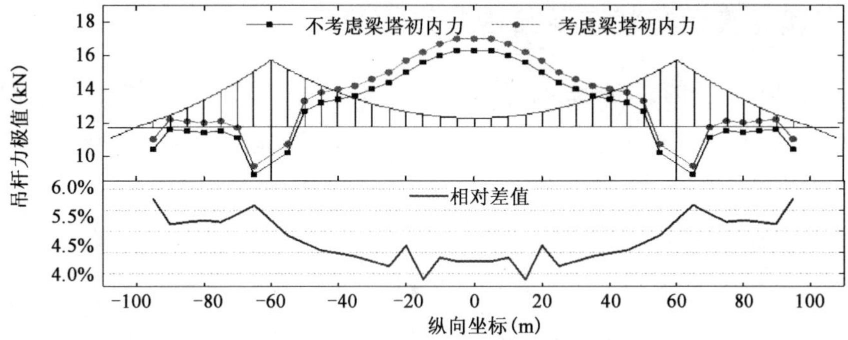

a）吊杆力增量包络图

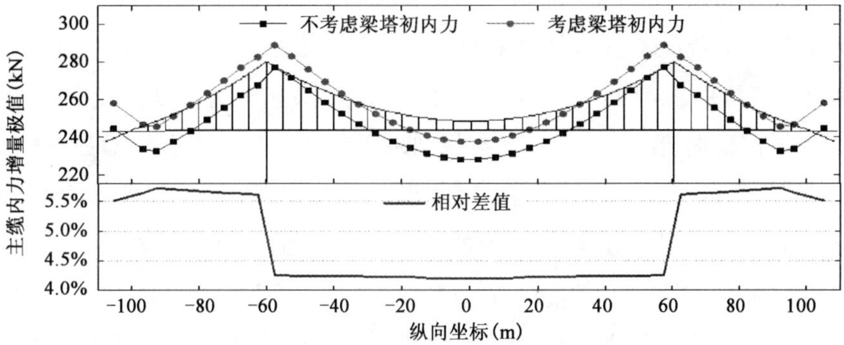

b）主缆内力包络图

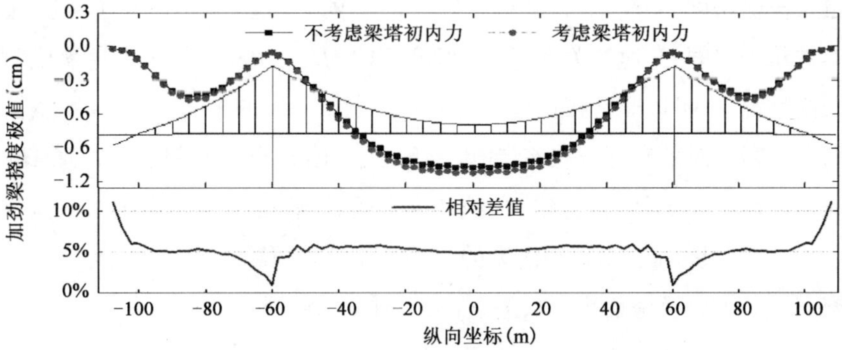

c）加劲梁挠度包络图

图 4-35　响应包络对比图

由图 4-36 可知：主梁初内力对结构响应的影响远大于主塔初内力的影响，说明主梁初内力对结构刚度矩阵变化的影响贡献较大，主塔贡献微小；将单独考虑主塔、主梁初内力两种情况的响应差值求和，其值与同时考虑两者初内力的响应差值基本相等，说明主梁初内力与主塔初内力对结构响应的影响相互独立，可线性叠加。

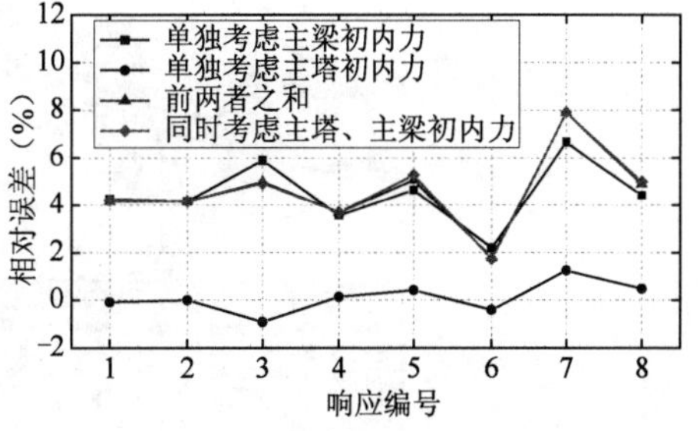

图 4-36　主梁、主塔初内力影响对比

4.3.5 车辆密集运行状态下结构非线性分析

使用全自动自校核的交通流信息采集系统，对桥址所在地浙江省的城市车流信息进行为期一个月的初步采集，通过统计分析，获得车型、车重、车速、车辆数目等参数的分布数据，形成交通荷载样本数据库。

元胞自动机模型(简称CA模型)在时间离散和空间离散的假设下，将每一车道划分为若干个长度相同的小元胞，元胞的长度取完全堵塞情况下相邻两车中心间的平均距离，每个元胞在每个时间点为空或者只能被一辆车所占据。每辆车的速度为在单位时间步内能够移动的元胞个数，最大速度根据该车道的最大限速获得。在每一个时间步内，每一辆车的加、减速和变道都要根据预先设置的规定，这些规定都要根据现有的交通规则以及驾驶员行为的假定来建立。

CA模型在模拟交通流时，计算简单、运行规则便于理解，且实现了真实交通系统的复杂性、非线性，并能根据情况修改其参数与规则来研究各种真实交通状态，如车辆加减速、换道、超车及红绿灯等微观车辆状态及堵车、封道、极端天气下等宏观车流交通状态。并且，CA模型能模拟出任意时刻及空间位置的任意车辆详细信息，结合车-桥耦合分析软件BDANS的动态可视化功能，可以直观地体现随机车流作用下桥梁结构的响应。

应用CA模型[13]在模拟真实车流信息，考虑3个车流信息参数，即车型分布比例、各车型平均质量及车流密度ρ(单位长度路面上行驶的车辆平均数目)。考虑上述交通荷载样本数据中样本数量与时间、车速的关系，建立车流密度为$\rho=0.6$的CA交通流模型，在以1h为计算时长的情况下，可以非常接近地模拟密集运营状态下的车流状态，即真实情况下前仓大桥汽车荷载为最大时的交通流状态，如以密集运营工况下的主塔塔顶纵向偏位为研究对象，设置3种工况：工况1，不考虑梁塔恒载初内力的影响；工况2，仅考虑梁塔恒载初内力的影响；工况3，同时考虑恒载、活载初内力的影响。图4-37及图4-38分别为车流密度为0.6时的桥面交通流状态以及密集运行状态下，某一时刻的可视化分析截图。

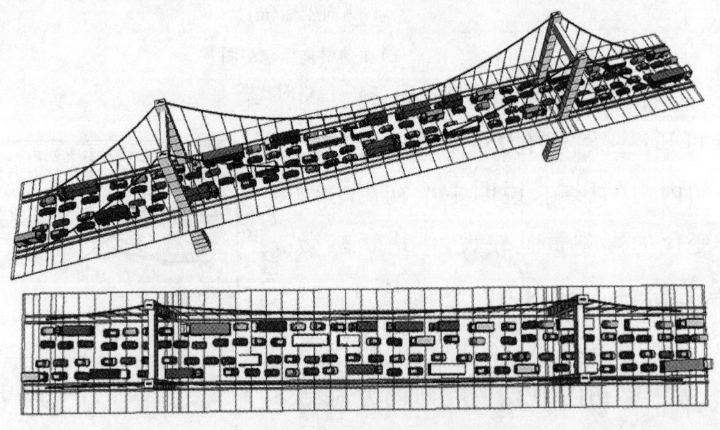

图4-37 密集运行状态随机车流示意

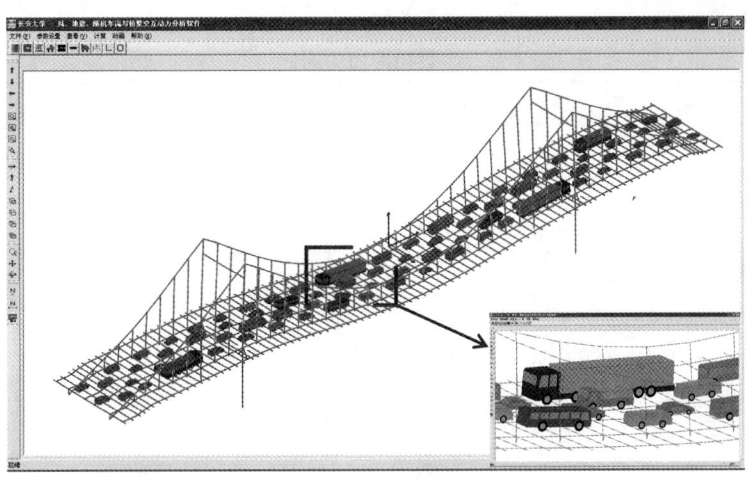

图 4-38　BDANS 车-桥耦合变形示意

表 4-10 及图 4-39 分别为计入及不计入活载初内力效应影响时，各响应极值在不同工况下的对比情况及主塔塔顶纵向偏位在 3 种工况下的响应时程图对比情况。从图 4-39 可以看出，3 种工况下，响应的变化趋势一致，变化幅度有所不同，极值出现在同一时刻而大小有所差异；工况 2 与工况 3 响应时程曲线基本一致，工况 1 与前两者有较大差距，说明塔梁恒载初内力的影响大于活载初内力的影响。

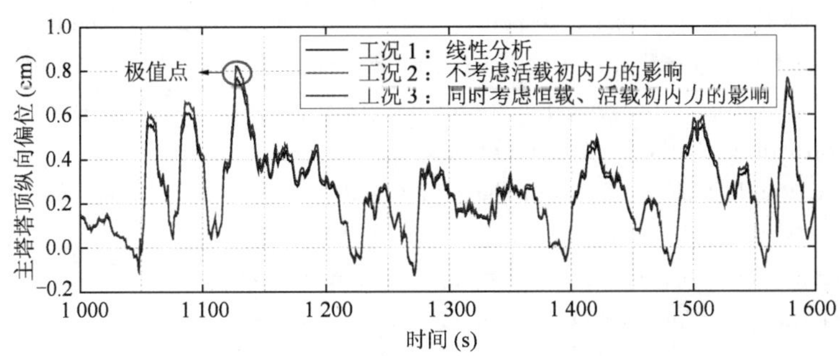

图 4-39　不同工况下主塔塔顶纵向偏位

根据表 4-10 的统计结果，考虑 $\boldsymbol{K}_1$（活载初内力的影响）与否，各项响应相对差值不超过 0.4%，因此，对于前仓大桥车-桥耦合振动分析，可忽略活载非线性影响。究其原因，是因为 $\boldsymbol{K}_1$ 中元素的大小主要取决于构件的轴向力 N，而密集运行状态下活载所引起的主缆拉力、主梁轴力不超过恒载的 0.4%，因此，活载引起的初内力对结构刚度的影响相对较小，对结构响应的非线性影响不明显。

非线性计算程序中增加了计算桥梁刚度的循环迭代过程，计算效率有所降低，计算过程中也容易出现发散现象，不易收敛。此外，对于这种柔度不是很大的桥梁，线性计算与非线性计算的结果也基本一致，不会造成很大误差，所以为了提高计算效率，一般采用线性程序进行计算即可。

活载初内力的影响　　表4-10

编号	响　应	不计活载初内力影响	计入活载初内力影响	相对差值(%)
1	锚固区主缆拉力(kN)	820.3	823.4	0.40
2	M12吊杆力(kN)	54.3	54.4	0.20
3	主塔塔脚弯矩(kN·m)	988.0	988.1	0.01
4	加劲梁中跨跨中弯矩(kN·m)	3 645.9	3 645.9	0.00
5	加劲梁塔梁结合处负弯矩(kN·m)	−1 509.5	−1 509.6	−0.01
6	主缆中跨跨中竖向位移(cm)	0.257	0.256	−0.40
7	塔顶纵向位移(cm)	−2.622	−2.623	0.04
8	加劲梁中跨跨中挠度(cm)	820.3	823.4	0.40

本章参考文献

[1] 李永庆.基于模型修正的梁格法车桥耦合振动程序开发和验证[D].西安:长安大学,2010.

[2] Dodds C J, Robson J D. The description of road surface roughness[J]. Journal of Sound and Vibrations. 1973,31(2):175-183.

[3] Au F T K, Cheng Y S and Cheung Y K. Effects of random road surface roughness and long-term deflection of prestressed concrete girder and cable-stayed bridges on impact due to moving vehicles[J]. Computers and Structures,2001,79:853-872.

[4] Law S S, Zhu X Q. Bridge dynamic responses due to road surface roughness and braking of vehicle[J]. Journal of Sound and Vibration ,2005,282(3/4/5):805-830.

[5] Silva J G S. Dynamical performance of highway bridge decks with irregular pavement surface[J]. Computers and Structures,2001,82(11/12):871-881.

[6] Wang T L, Huang D Z. Cable-stayed bridge vibration due to road surface roughness[J]. Structure Engineering,1992,118(5):1354-1374.

[7] Chul Woo Kim, Mitsuo Kawatani and Ki Bong Kim. Impact coefficient of reinforced concrete slab on a steel girder bridge[J]. Engineering Structures,2007,29:576-590.

[8] Huang. D Z, Wang. T L and Shahawy M. Impact studies of multigirder concrete bridges[J]. Journal of Structural Engineering, 1992,118(12):3427-3443.

[9] Liu C H, Huang D Z and Wang T L. Analytical dynamic impact study based on correlated road roughness[J]. Computers and Structures,2002,80:1639-1650.

[10] Kim C W, Kawatani M and Kim K B. Three-dimensional dynamic analysis for bridge-vehicle interaction with roadway roughness[J]. Computers and Structures,2005,83:1627-1645.

[11] Calcada R, Cunha A, Delgado R. Analysis of traffic-induced vibrations in a Cable-stayed bridge Part I: Experimental Assessment[J]. Journal of Bridge Engineering,2005,10(4):386-397.

[12] 杨雨豪.考虑全过程几何非线性的自锚式悬索桥车-桥耦合振动分析[D].西安:长安大学,2015.

[13] 武隽,杨飞,韩万水.基于实测和CA模型的大跨桥梁车辆荷载模拟[J].铁道科学与工程学报,2014,11(4):14-18.

第 5 章 重载下中小跨桥梁响应特征及安全评价

受能源及产业结构基本构成的影响，我国当前阶段各地区区域产业结构趋同的形势较为明显，并且不断地向重型化发展，导致重载运输现象愈加普遍。重载货车数量的增长及其运力的提高为超载运输的形成、发展提供了萌发与生长的温床，公路桥梁结构的运营安全由此不断遭受考验，据统计，车辆超载运输所造成的桥梁垮塌事件约占据总量的 27%，已经成为仅次于结构施工的第二大桥梁垮塌事件诱导因素。

截至 2013 年底，我国已建成公路桥梁 70 余万座，其中中小跨径桥梁(简支空心板桥梁、简支 T 梁桥、连续 T 梁桥等)约为 65 万座，占公路桥梁总数的 90%以上[1]。重载交通下中小跨径桥梁响应特征研究及结构安全评价对于桥梁的管理与养护意义重大，然而一直以来，建立在充分统计数据基础上的定量危害分析的欠缺，导致公路桥梁等基础设施的建设与管养存在严重脱节。近 10 年来，WIM 等交通流监测设备的投入使用，使得基于实测交通流数据的结构安全评价等工作成为可能。

根据中国当前阶段中小跨径桥梁的建设现状，选择装配式钢筋混凝土空心板桥(RC 板桥)、预应力混凝土空心板桥(PC 板桥)、简支 T 梁桥及连续箱梁桥为研究对象，使用 BDANS 计算各地区特重车荷载工况作用下中小跨径桥梁的特征响应，分析结构空间响应特征，分别从正常使用极限状态及承载能力极限状态出发，对结构的运营状况进行评价。

5.1 典型中小跨径桥梁结构选取

中小跨径桥梁的建设多采用标准化跨径、装配式结构、机械化和工厂化施工，依据交通运输部颁布的《桥梁上部结构通用图》[2]，选择设计荷载等级为公路—Ⅰ级，整体式路基宽度 24.5m，左右幅分离的 RC 板桥、PC 板桥、简支 T 梁桥及连续箱梁桥为代表桥型，各桥型桥梁的关键参数见表 5-1。

RC 板桥与 PC 板桥沿桥梁纵向等截面布置，简支 T 梁桥与连续箱梁桥主梁腹板厚度在支点处加厚，分别以 RC8m 板桥、PC10m 板桥、20m 简支 T 梁桥及 4×20m 连续箱梁桥为例，给出其跨中横断面布置，如图 5-1 所示，4 种桥型桥面的车道布置形式均为超车道、行车道、紧急停车带。

中小跨径桥梁结构关键参数 表 5-1

截面形式	跨径(m)	主梁数目	梁高(m)	截面面积(m^2)	I_X(m^4)	I_Y(m^4)	I_Z(m^4)
	6	12	0.32	0.388	0.015 3	0.005 9	0.027 8
	8	12	0.42	0.398	0.023 5	0.010 8	0.029 6
	10	12	0.50	0.438	0.030 9	0.016 3	0.032 4
	10	9	0.60	0.551	0.066 6	0.030 5	0.077 9
	13	9	0.70	0.586	0.086 9	0.043 7	0.085 5
	16	9	0.80	0.620	0.108 7	0.059 9	0.093 1
	20	9	0.95	0.673	0.143 5	0.089 9	0.104 7
	20	5	1.58	0.958	0.022 7	0.268 2	0.231 7
	25	5	1.78	1.010	0.023 8	0.268 9	0.334 4
	30	5	2.08	1.076	0.024 9	0.269 4	0.515 2
	35	5	2.38	1.166	0.027 2	0.271 6	0.797 5
	40	5	2.58	1.276	0.036 1	0.274 6	1.097 9
	20	4	1.20	1.273	0.337 2	0.676 1	0.220 2
	25	4	1.40	1.344	0.429 0	0.703 9	0.322 7
	30	4	1.60	1.415	0.524 2	0.731 7	0.449 6
	35	4	1.80	1.487	0.658 8	0.778 8	0.603 7
	40	4	2.00	1.625	0.847 8	0.853 0	0.809 0

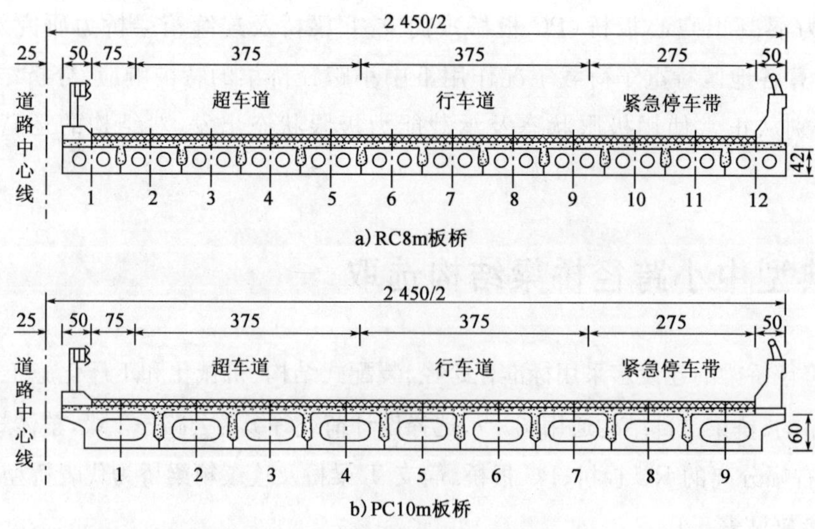

图 5-1

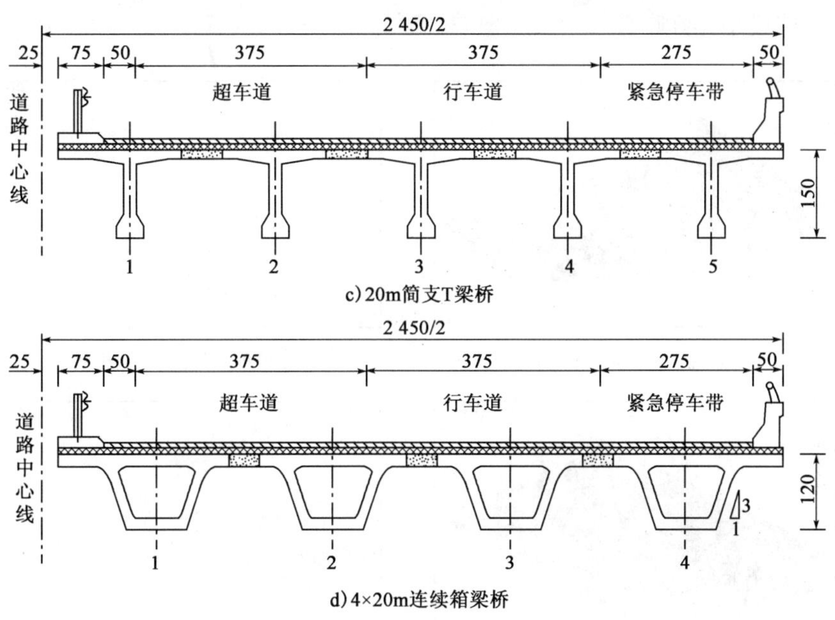

图 5-1 中小跨径桥梁典型横断面信息(尺寸单位:cm)

5.2 中小跨径桥梁有限元模型建立与修正

使用 ANSYS12.0 分别建立中小跨径桥梁上部结构的三维实体模型及梁格有限元模型[3]。在实体模型的建模过程中,梁(板)、桥面铺装、护栏均采用 Solid65 单元进行模拟,使用 Link8 单元模拟预应力钢筋,边界条件的处理方法为:约束一端支座处相应节点 3 个方向的自由度,并约束另一端支座处相应节点的竖向自由度;空心板桥相邻板之间的铰缝通过耦合重合节点 3 个方向的平动自由度进行模拟;简支 T 梁桥、连续箱梁桥的现浇接缝与主梁翼缘板具有足够的连接刚度,建立模型时,将现浇接缝处理为主梁翼缘的一部分。梁格模型采用 Beam4 单元模拟主梁,通过耦合铰缝处节点的平动自由度模拟空心板桥的铰缝连接,简支 T 梁桥、连续箱梁桥的现浇接缝仍处理为主梁翼缘的一部分。图 5-2 为 PC10m 板桥、20m 简支 T 梁桥、4×20m 连续箱梁桥上部结构的实体模型及梁格模型。

以实体模型为目标,对梁格模型进行修正,修正参数选择横梁的弹性模量及质量密度,建立联合静动力的多目标函数,使用编制的有限元模型修正程序进行零阶优化计算,不断调整修正参数,得到与实体模型"相似"的基准梁格模型。

以 4×30m 连续箱梁桥为例,对修正之后的梁格模型的准确性进行静力加载验证,分别设置一个偏载工况及中载工况。工况 1:1 000kN 集中力加载于第一跨 1 号梁跨中位置;工况 2:1 000kN 集中力加载于第一跨 2 号梁跨中位置。实体模型与修正之后梁格模型第一跨 0.4L 处各片梁竖向位移的对比,如图 5-3 所示,可见修正之后梁格模型的关键截面竖向位移能够与实体模型完好吻合。

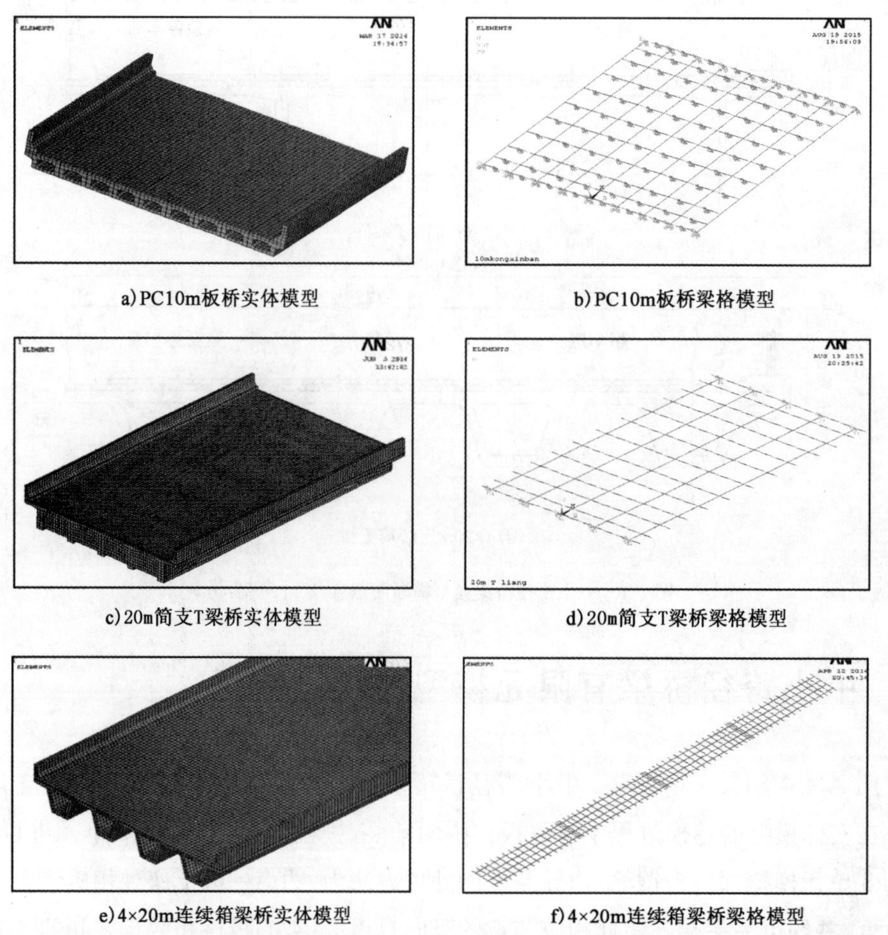

a)PC10m板桥实体模型　b)PC10m板桥梁格模型

c)20m简支T梁桥实体模型　d)20m简支T梁桥梁格模型

e)4×20m连续箱梁桥实体模型　f)4×20m连续箱梁桥梁格模型

图 5-2　中小跨径桥梁上部结构实体模型及梁格模型

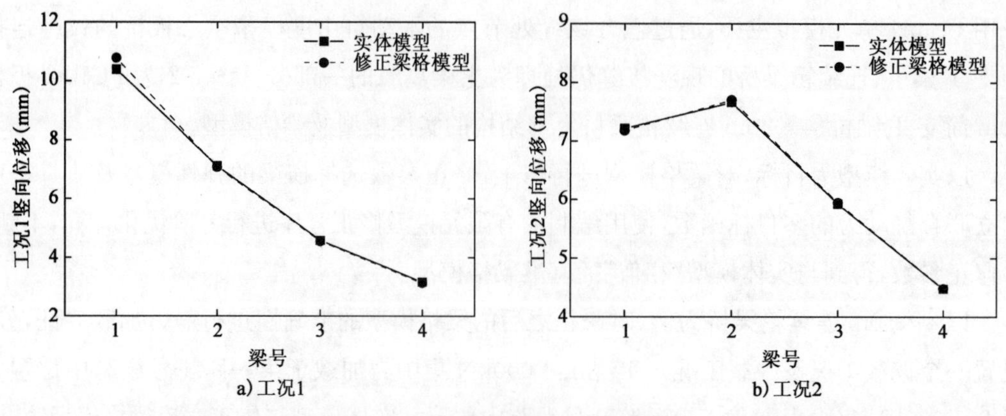

a)工况1　b)工况2

图 5-3　修正梁格模型静力加载验证

使用修正之后的梁格模型，对中小跨径桥梁进行最不利车道加载，计算公路—Ⅰ级设计汽车荷载效应。根据《公路桥涵设计通用规范》(JTG D60—2015)[4]的规定，设计汽车荷载为均布荷载 $q_k=10.5$kN/m 与集中力 P_k 的叠加，P_k 的取值根据结构的计算跨径确定，计入冲击的中小跨径桥梁公路—Ⅰ级设计汽车荷载效应计算结果见表 5-2，可见随着跨径增大，正弯矩、剪力、位移设计汽车荷载效应呈明显递增趋势。

中小跨径桥梁公路—Ⅰ级设计汽车荷载效应 表 5-2

桥型	跨径(m)	正弯矩(kN·m)	剪力(kN)	位移(mm)	负弯矩(kN·m)	冲击系数
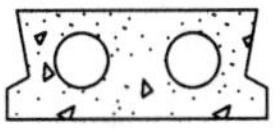	6	134.46	118.70	2.02	—	1.450
	8	185.02	123.45	2.69	—	1.450
	10	232.69	123.51	3.60	—	1.400
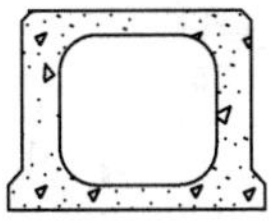	10	292.96	168.04	2.06	—	1.450
	13	378.88	170.29	3.26	—	1.380
	16	470.27	173.06	4.57	—	1.330
	20	607.60	181.41	6.26	—	1.280
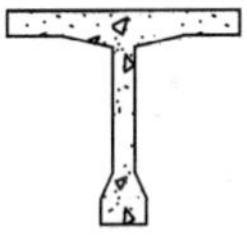	20	1 433.09	364.28	5.86	—	1.341
	25	2 007.35	388.69	8.96	—	1.286
	30	2 664.50	423.70	11.19	—	1.254
	35	3 367.85	457.15	12.45	—	1.230
	40	4 017.76	476.07	14.27	—	1.200
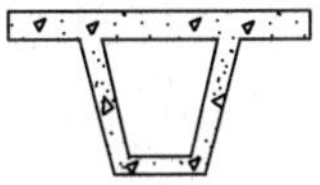	4×20	1 228.50	499.60	4.68	991.50	1.302
	4×25	1 613.90	541.60	6.60	1 339.80	1.252
	4×30	2 044.90	580.20	8.76	1 761.70	1.212
	4×35	2 472.70	617.10	10.98	2 252.80	1.179
	4×40	3 018.80	655.30	13.24	2 770.00	1.150

5.3 特重车荷载效应动态可视化仿真计算

与常规交通荷载流相比，构成重载交通流的车辆荷载水平更高、在桥面的行驶特点更鲜明，特重车荷载效应的计算将为了解桥梁上部结构响应特征提供数据分析基础。

5.3.1 特重车荷载工况提取

特重车荷载工况即至少包含 1 辆特重车的行驶在桥面的一组车辆。根据特重车工况的定义，可确定特重车荷载工况的提取原则：当特重车经过桥梁时，将与之同时在桥的其他轻车、重车或特重车与该车辆合并为车辆过桥行驶工况。基于全自动自校核交通流信息采集系统的特重车荷载工况提取流程如图 5-4 所示。

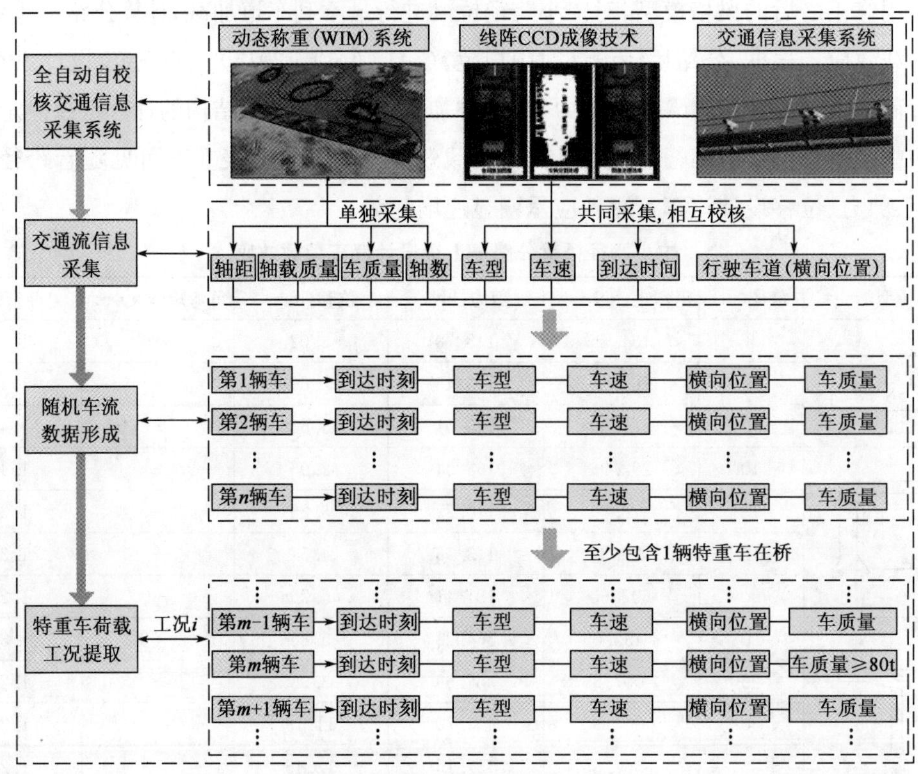

图 5-4　特重车荷载工况提取流程

分别基于 G104 国道、宣大高速及沪陕高速长期的交通流监测,提取特重车荷载工况,各地区特重车荷载工况的主要信息见表 5-3。由表 5-3 可知:中小跨径桥梁特重车荷载工况以单车工况为主,尤其以小跨径空心板桥最为明显,单车工况分别占据 G104 国道、宣大高速、沪陕高速特重车工况总数的 95.8%、97.6%、96.3%,随着桥梁跨径的增大,多车工况所占百分比增大。

各地区特重车荷载工况信息　　　　表 5-3

桥　型	类型编号	工况类型	G104 国道	宣大高速	沪陕高速
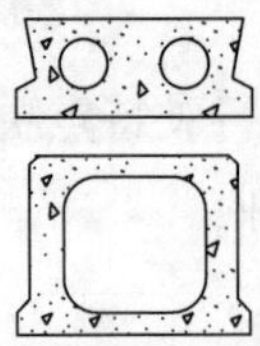	1	1 特重车	526	862	180
	2	1 特重车+1 轻车	20	15	7
	3	1 特重车+1 重车	3	5	—
	4	2 特重车	—	1	—
	合计	549	883	187	—
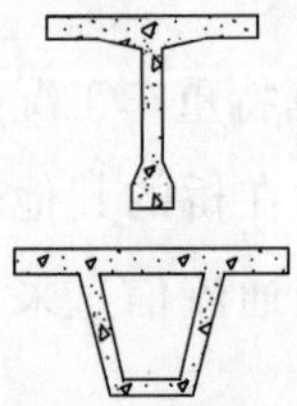	1	1 特重车	471	807	180
	2	1 特重车+1 轻车	3	6	7
	3	1 特重车+1 重车	30	67	—
	5	2 特重车+1 重车	21	1	—
	合计		525	881	187

5.3.2 典型特重车荷载工况动态可视化仿真分析

采用 BDANS 软件动态可视化仿真分析功能计算每一个特重车荷载工况下结构的动力响应,得到各片板(梁)关键截面的内力及位移响应时程曲线,每一条时程曲线的主峰值为特重车荷载工况下相应板(梁)的最不利响应,所有板(梁)最不利响应的最大值为该工况下桥梁的最大响应。在此,以 4 个典型特重车荷载工况为例,对动态可视化仿真分析功能进行说明。

图 5-5 为一个单车工况通过 RC8m 板桥的动态可视化仿真分析,桥面交通流信息如图 5-5a)所示,图 5-5b)为动态可视化仿真分析的动画截图,路面粗糙度选用国际 ISO 提供的等级为“一般”的情况,主要由于正常运营中的公路桥梁路面粗糙度等级主要介于“一般”与“好”之间。图 5-5c)、图 5-5d)分别为桥梁跨中正弯矩及竖向位移的响应时程,从图中可以看出时程曲线存在 3 处峰值,分别对应于车辆前轴、双联轴及三联轴通过桥梁跨中位置,且时程曲线第 2 处、第 3 处峰值较为分离,主要由于轴距 3 较大而桥梁跨径相对较小。

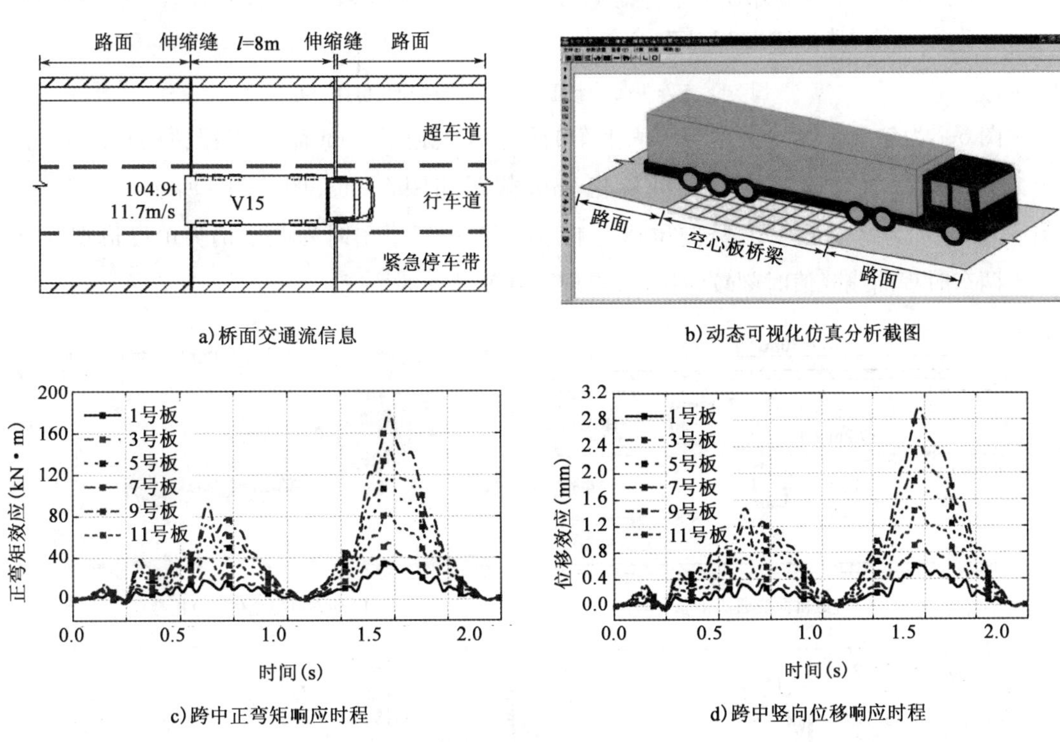

a)桥面交通流信息

b)动态可视化仿真分析截图

c)跨中正弯矩响应时程

d)跨中竖向位移响应时程

图 5-5 单车工况动态可视化仿真分析

图 5-6 为包含 1 辆特重车、1 辆轻车的荷载工况通过 PC20m 板桥的动态可视化仿真分析,图 5-6a)、图 5-6b)分别为交通流信息及动态可视化仿真分析截图。跨中正弯矩与竖向位移的响应时程如图 5-6c)、图 5-6d)所示。从图中可以看出,时程曲线近似为单峰形态,主要由于伴随车辆 V1 车质量较小,其荷载效应被淹没于车辆 V9 所对应时程曲线中。

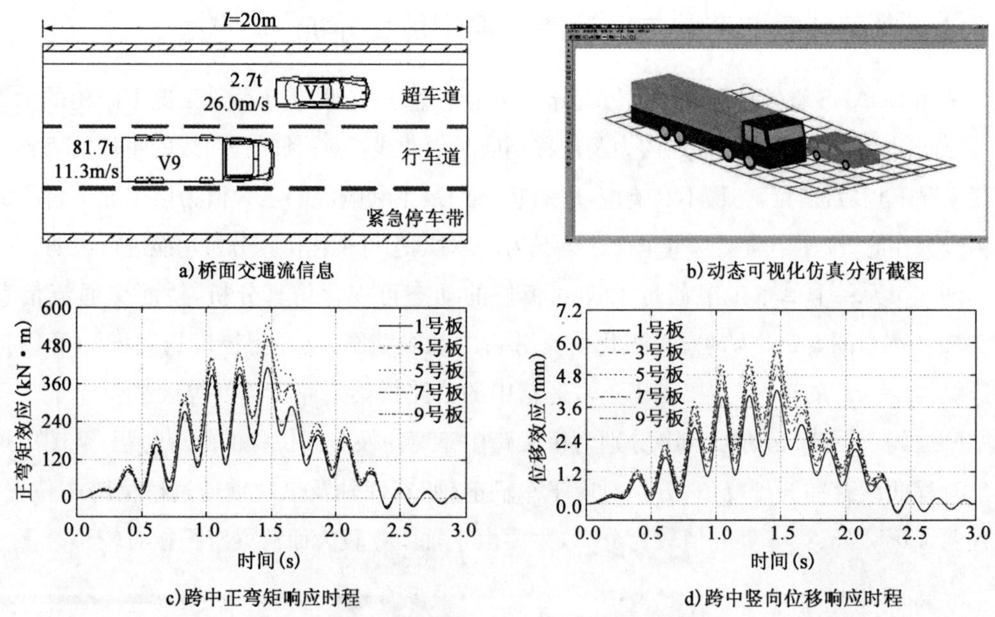

图 5-6　双车工况(1 特重+1 轻)动态可视化仿真分析

图 5-7 为包含 1 辆特重车与 1 辆重车的荷载工况通过 30m 简支 T 梁桥的动态可视化仿真分析。桥面交通流信息及可视化分析截图如图 5-7a)、图 5-7b)所示。图 5-7c)、图 5-7d)分别为跨中正弯矩、竖向位移的响应时程,可以看出时程曲线仍为单峰形态,主要由于两车时程曲线峰值时刻较为接近,出现了峰值叠加的情况。

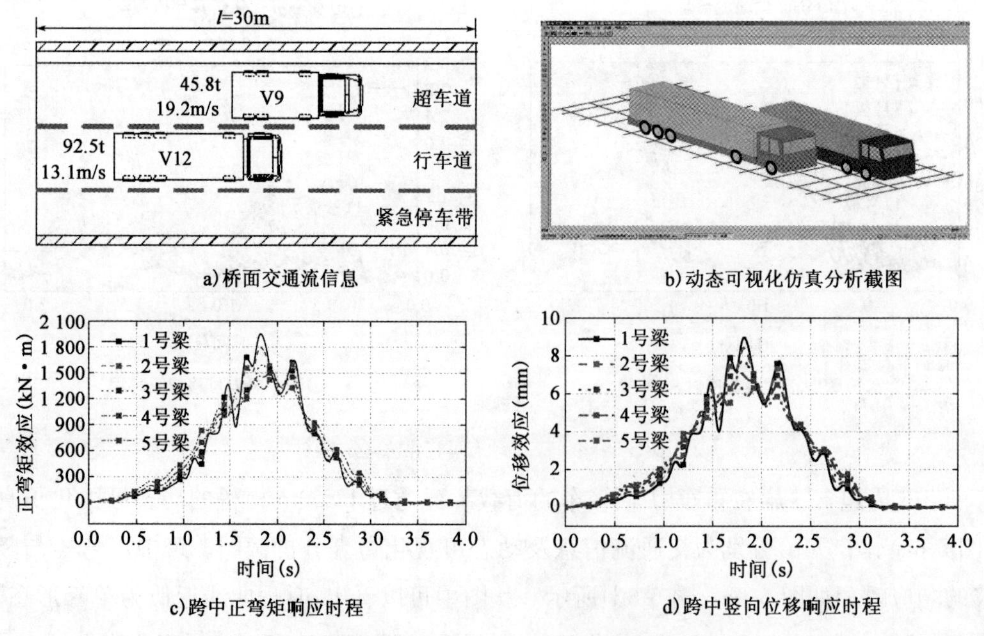

图 5-7　双车工况(1 特重+1 重)动态可视化仿真分析

图 5-8 为包含两辆特重车的荷载工况作用于 4×20m 连续箱梁桥的动态可视化仿真分析。图 5-8c)、图 5-8d)分别给出了 4 片梁第 4 跨 0.4L 处的竖向位移响应时程及 3 号梁位移静动力响应的对比，从图 5-8c)可以看出，时程曲线存在 2 个主峰值，分别对应于 2 辆特重车通过第 4 跨 0.4L 处，根据图 5-8d)中 3 号梁位移静动力的分析结果，可直接获取冲击系数的相关信息。

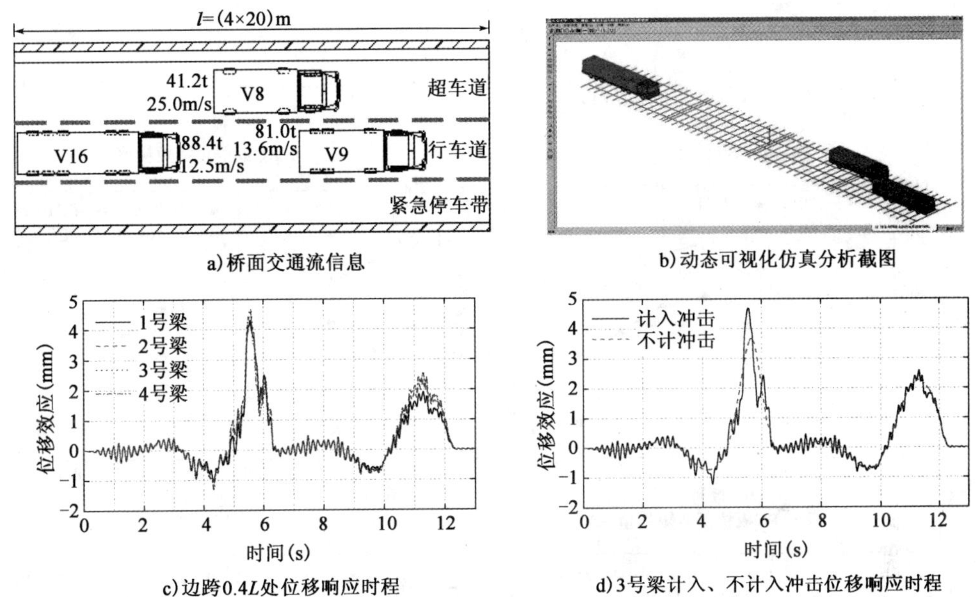

图 5-8　多车工况动态可视化仿真分析

5.4　中小跨径桥梁空间响应特征分析

由于装配式结构自身的受力性能以及重型车辆在桥面行驶位置的分布特点，内力及位移响应在横向多表现出明显的不均匀性。基于特重车荷载效应的计算结果，以内力响应横向分布特征为分析对象，研究中小跨径桥梁的空间响应特征，分析内容包括以下 3 个方面：

(1)响应特征随跨径的变化情况；

(2)各片板(梁)响应的统计特征；

(3)区域重载特性差异对结构响应特征的影响。

5.4.1　响应特征随跨径的变化

对于同一种结构类型的桥梁，为分析结构内力响应在横向各片板(梁)的分布特征随跨径增加的变化规律，图 5-9 给出了在宣大高速特重车荷载工况作用下，中小跨径桥梁各片板(梁)跨中最不利正弯矩响应的均值、极值随跨径的变化趋势，可见对于同一种桥型，结构空间响应水平随跨径的增加不断增大，但各片板(梁)内力响应横向分布特征的变化趋势保持不变。

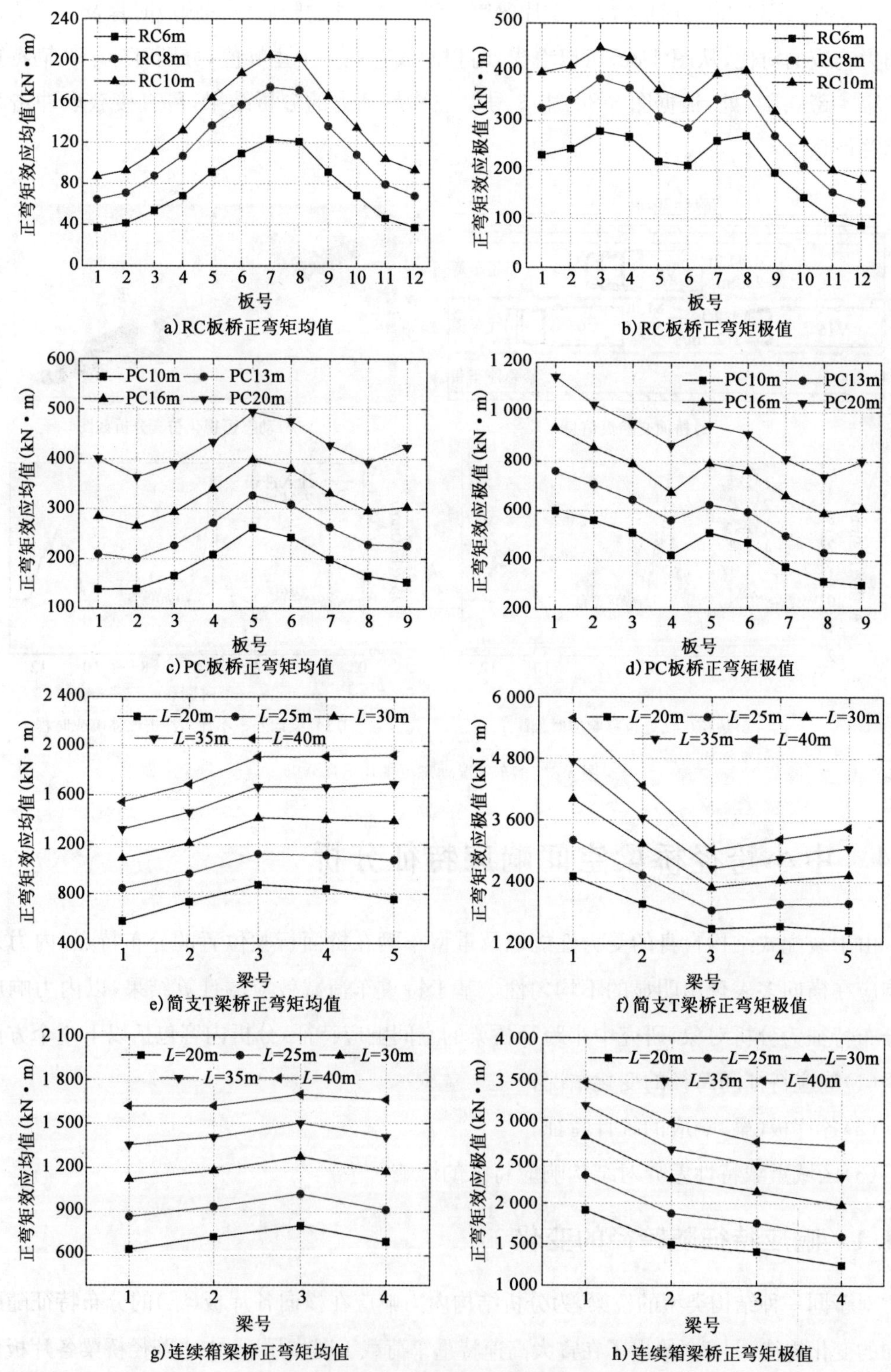

图 5-9　关键截面正弯矩响应特征值随跨径变化

5.4.2 各片板(梁)响应统计特征

由于同一结构类型的桥梁各片板(梁)内力响应横向分布特征并不随跨径的增大而改变,图 5-10~图 5-15 分别以 RC10m 板桥、PC20m 板桥、20m 简支 T 梁桥及 4×20m 连续箱梁桥为例,给出了各片板(梁)在 3 个地区特重车荷载作用下最不利正弯矩响应极值、均值及标准差。据此分别对 4 种桥型各片板(梁)的最不利响应的极值、均值及离散程度统计特征进行分析。

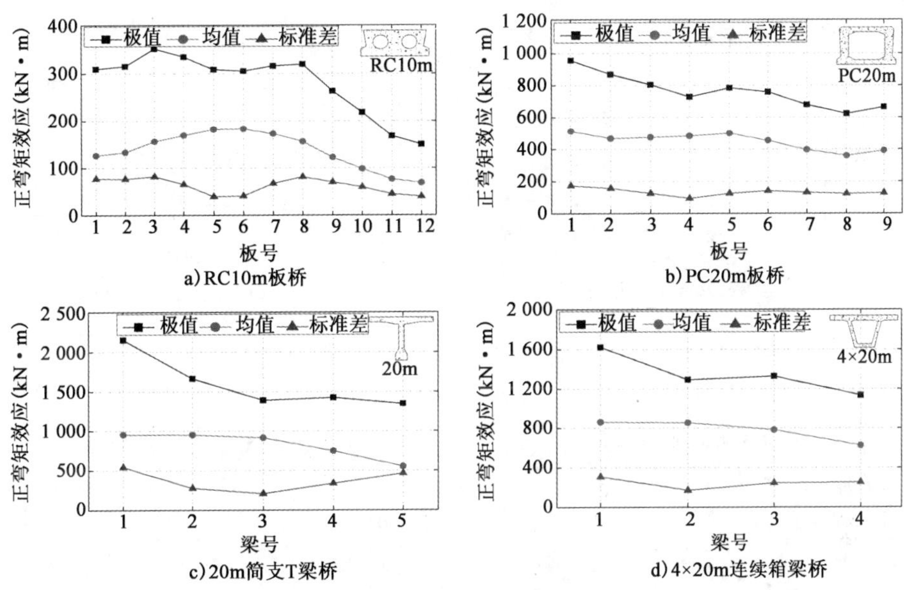

图 5-10 G104 国道 4 种桥型正弯矩效应响应特征分析

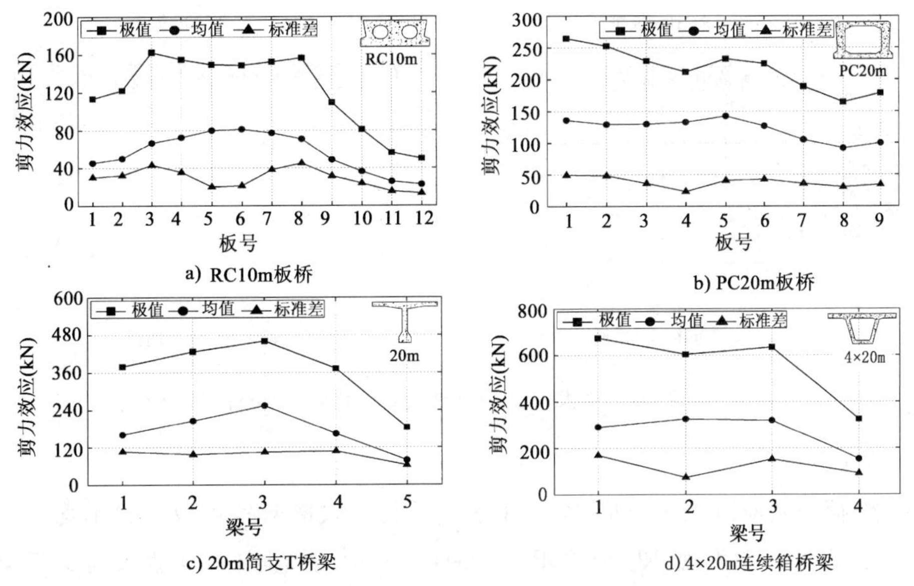

图 5-11 G104 国道各种桥型剪力效应响应特征分析

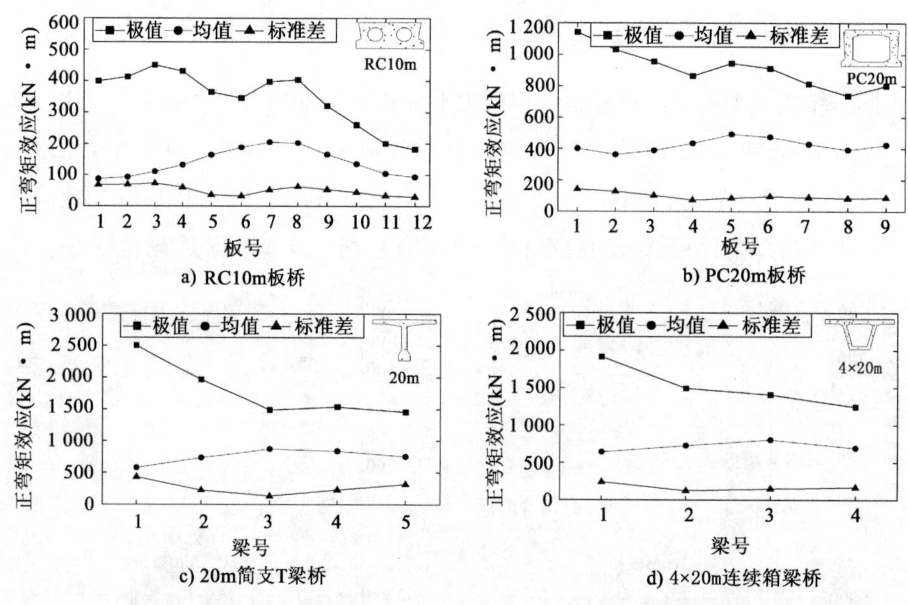

图 5-12　宣大高速 4 种桥型正弯矩效应响应特征分析

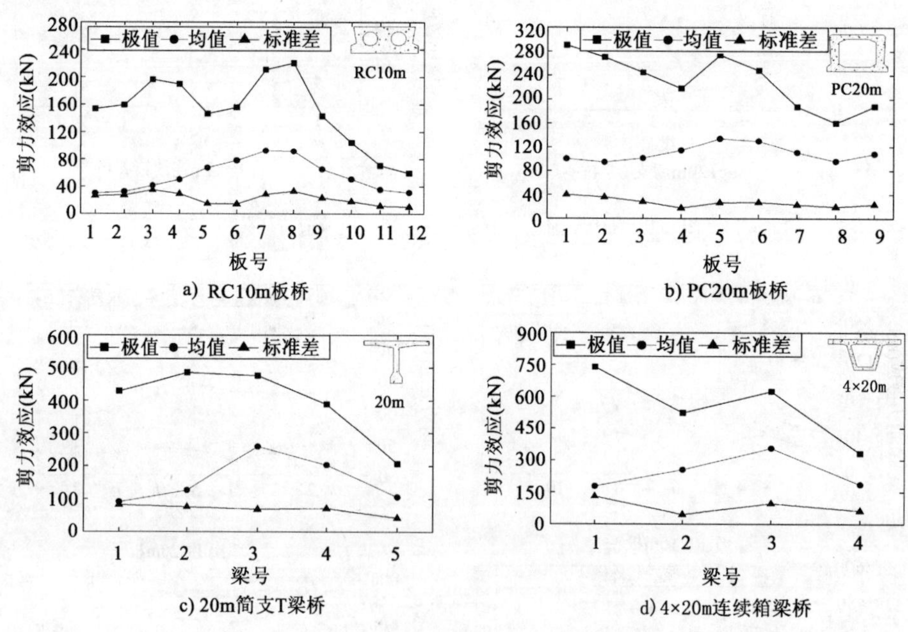

图 5-13　宣大高速 4 种桥型剪力效应响应特征分析

(1)响应极值

特重车荷载效应以单车效应为主，车辆过桥将导致横向各片板(梁)不均匀受力，从图 5-10～图 5-15 可以发现，RC 板桥、PC 板桥响应极值的横向不均匀性较简支 T 梁桥、连续箱梁桥更加明显，前两者各片板响应极值呈现明显的双峰分布形态，两个峰值分别对应于

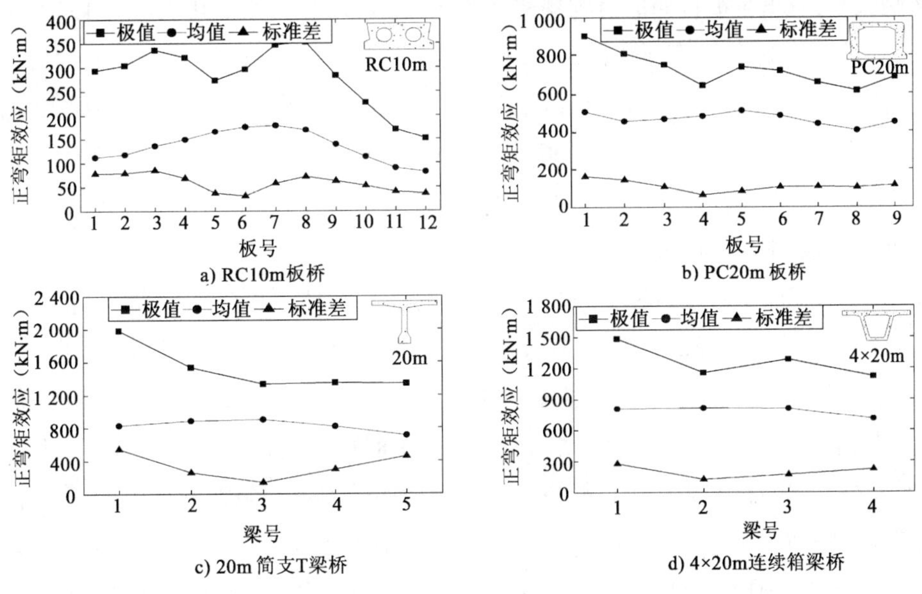

图 5-14 沪陕高速 4 种桥型正弯矩效应响应特征分析

车辆沿超车道、行车道行驶，相比之下简支 T 梁桥、连续箱梁桥各片梁响应极值由超车道处向紧急停车带处主要呈现递减趋势。

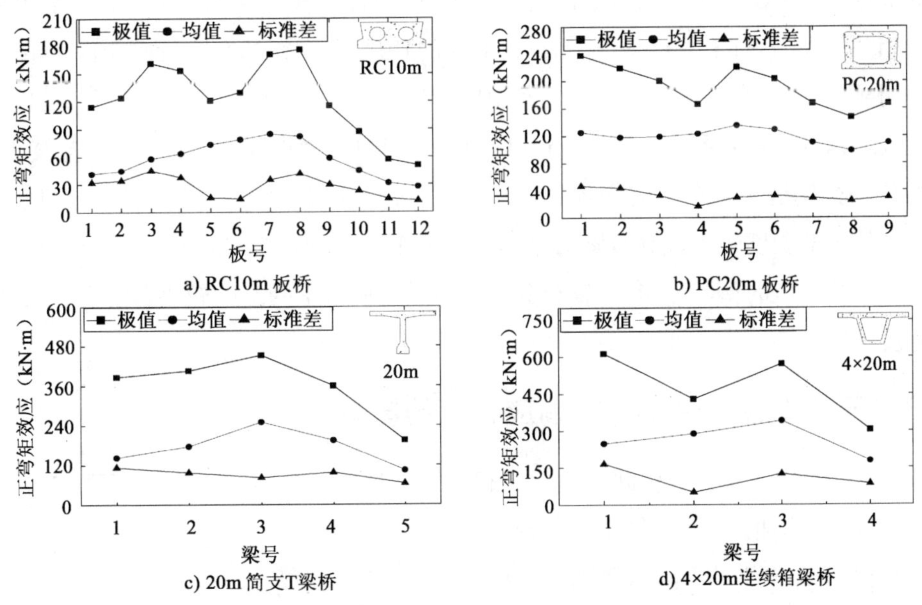

图 5-15 沪陕高速 4 种桥型剪力效应响应特征分析

(2)响应均值

特重车工况最不利效应的均值反映了各片板(梁)的整体响应水平，响应均值受单个工况的影响较小，特重车沿桥面的行驶规律是各片板响应均值大小变化趋势的主要控制因素。宣大高速、沪陕高速分别有83.7%、66.8%的特重车沿行车道行驶，G104国道特重车中60.8%的车辆沿行车道或骑中线行驶，综合图5-9～图5-15发现：中小跨径桥梁各片板（梁）响应均值呈现单峰分布形态，且行车道处各片板（梁）的平均响应水平高于超车道处，特别地，由于G104国道车辆沿行车道行驶的比例较其他地区有明显降低，响应均值的峰值有向超车道处各片板（梁）移动的趋势。

中小跨径桥梁在各地区特重车荷载作用下的极值、均值响应特征的成因主要有以下2个方面：首先，取决于多梁式桥梁横向联系的构造特点，RC板桥、PC板桥在横向分别由12片、9片空心板装配而成，各片板之间通过混凝土铰缝连接，简支T梁桥、连续箱梁桥在横向由4～5片主梁装配而成，各片主梁之间通过混凝土湿接缝连接，其连接刚度明显大于铰缝连接，所以在上述分析结果中RC板桥、PC板桥横向受力不均匀性较后两者更明显；其次，取决于车辆沿桥面行驶位置的分布特征，一般说来，荷载水平较高且行驶相对缓慢的重型车辆主要沿行车道行驶，所以导致行车道处各片板（梁）的平均响应明显高于超车道处，但不同地区车辆荷载在行车道的分布比例存在差异，导致各自响应均值变化趋势之间存在细微偏差。

(3)响应离散程度

标准差不仅取决于车辆沿桥面的行驶规律，也和各片板在结构中所处的位置及响应水平密切相关。首先，对于与行车道、超车道对应的各片板（梁），当车辆行驶于该车道时，其响应水平明显升高，而当车辆行驶于另一车道时，其响应水平明显降低，该类板（梁）响应的离散程度较大；其次，RC板桥5号、6号板、PC板桥4号板、简支T梁桥3号梁、连续箱梁桥2号梁均位于行车道与超车道的交界处，车辆的行驶位置对其响应的影响并不明显，该类板（梁）响应的离散程度较小；最后，紧急停车带处无车辆行驶，该位置所对应板（梁）的响应主要源自于荷载效应的横向分布，车辆行驶位置对其响应水平的影响较小，该类板（梁）响应的离散程度同样较小。

5.4.3 区域重载特性差异对响应特征的影响

G104国道、宣大高速及沪陕高速由于相互之间地理位置、运输功能、管理方式的差异，重载交通特性各不相同，其差异主要体现在以下3个方面：

(1)荷载分布及平均荷载水平的差异；

(2)车辆沿桥面行驶位置分布特征的差异；

(3)车型组成的差异。

仍以RC10m板桥、PC20m板桥、20m简支T梁桥、4×20m连续箱梁桥为例，分析区域重载特性对桥梁结构响应特征的影响，如图5-16所示。

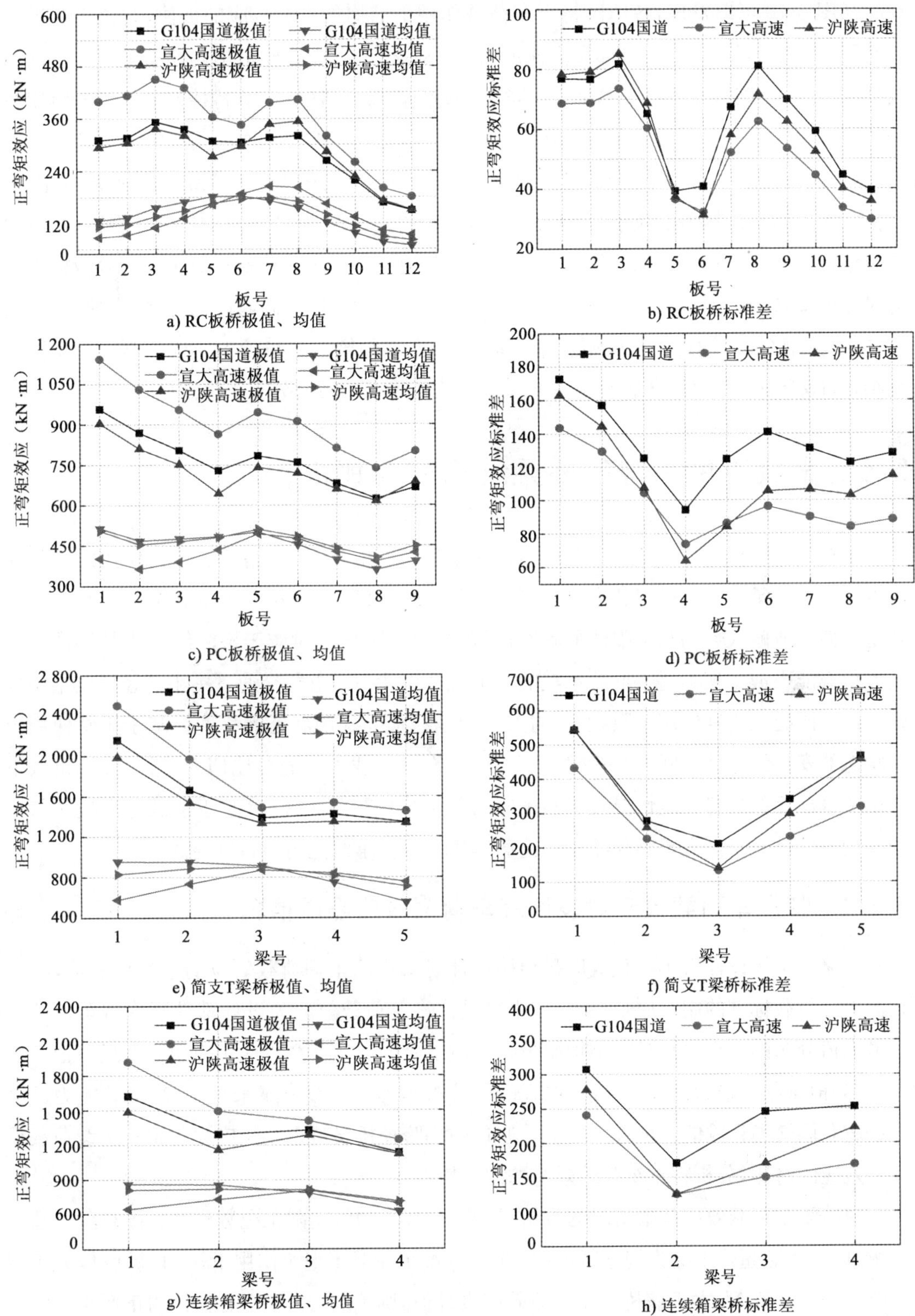

a) RC板桥极值、均值

b) RC板桥标准差

c) PC板桥极值、均值

d) PC板桥标准差

e) 简支T梁桥极值、均值

f) 简支T梁桥标准差

g) 连续箱梁桥极值、均值

h) 连续箱梁桥标准差

图 5-16 区域重载特性差异对响应特征的影响

从图 5-16 可以发现，各地区特重车荷载作用下结构最不利响应的极值、均值与标准差均有不同程度的差异。其中，宣大高速所对应最不利正弯矩效应极值水平高于 G104 国道及沪陕高速，但该指标受制于单个工况，很难从整体上反应区域荷载特性差异对结构响应特征的影响。从第 2 章的分析中可知，G104 国道特重车荷载的平均水平高于宣大高速及沪陕高速，但从图 5-16 可知，各地区所对应最不利正弯矩效应均值水平并无统一的规律可循，主要由于各片板(梁)均值响应水平变化趋势是平均荷载水平、车辆行驶位置分布特征、车型组成及结构自身受力特点等综合作用的结果。由各地区特重车荷载所对应正弯矩效应标准差的对比可知，G104 国道特重车荷载作用下结构响应离散程度最高，其次为沪陕高速、宣大高速，主要由于 G104 国道为开放型运输体系，各类车型频繁汇入与驶出导致该路段车型构成复杂，且由于该路段夜间交通管制力度降低导致特重车车质量分布更加离散。

5.5 重载下中小跨径桥梁结构安全评价

根据《公路桥涵设计通用规范》(JTG D60—2015)的要求，公路桥涵结构应按照正常使用极限状态及承载能力极限状态进行设计，正常使用极限状态对应于桥涵结构或其构件达到正常使用或耐久性的某项限值的状态，承载能力极限状态对应于桥涵结构或其构件达到最大承载能力或出现不适于继续承载的变形或变位状态。重载交通下中小跨径桥梁结构的安全评价同时从正常使用极限状态、耐久性及承载能力极限状态着手[5]。基于正常使用极限状态的安全评价从实际汽车荷载水平与设计汽车荷载水平的对比切入，通过计算重载下结构关键截面的裂缝开展情况及混凝土应力状态分析其耐久性能，基于承载能力极限状态的安全评价进一步深入至实际特重车荷载作用下结构承载能力能否满足。

5.5.1 特重车荷载效应对设计汽车荷载效应超限情况

公路—Ⅰ级设计汽车荷载效应是结构设计时采用的车辆荷载效应的基本代表值，根据我国设计荷载标准的制定原则，公路—Ⅰ级设计汽车荷载效应为设计基准期内汽车荷载效应最大值分布的 0.95 分位值，结构服役期内所承受的车辆荷载效应不应频繁超过该值。然而，在当前重载运输现象较为普遍的情况下，特重车的出现频率越来越高，其运载能力已明显僭越我国交通运输的各项管制标准。通过中小跨径桥梁特重车效应与公路—Ⅰ级荷载设计值效应的对比，分析特重车荷载效应的超限情况。

对特重车荷载效应超限情况的分析，从两个方面展开：超限工况数量和超限程度。超限工况：以正弯矩超限工况为例进行说明，即在特重车荷载工况 i 作用下，空心板桥最大正弯矩响应为 M_i，若 M_i 大于该桥的正弯矩效应设计值，则工况 i 为该空心板桥的正弯矩超限工况，同理可定义空心板桥的剪力超限工况及位移超限工况。

(1)内力超限分析

将中小跨径桥梁在各地区特重车荷载工况作用下的内力响应与公路—Ⅰ级设计汽车荷载效应进行对比,内力超限工况的数量及百分比见表 5-4,以 G104 国道为例给出正弯矩、剪力效应超限工况数量随桥型及跨径的变化趋势,如图 5-17 所示。由表 5-4 及图 5-17 可知:

①随着跨径的增加,超限工况数量呈递减趋势,简支 T 梁桥、连续箱梁桥所对应超限工况数量明显小于 RC 板桥及 PC 板桥;

②正弯矩效应所对应的超限工况数量大于剪力及负弯矩效应;

③G104 国道特重车荷载作用下,中小跨径桥梁内力超限数量高于宣大高速及沪陕高速,RC 板桥、PC 板桥正弯矩超限工况百分比的平均水平分别达到了 69.3%、52.7%。

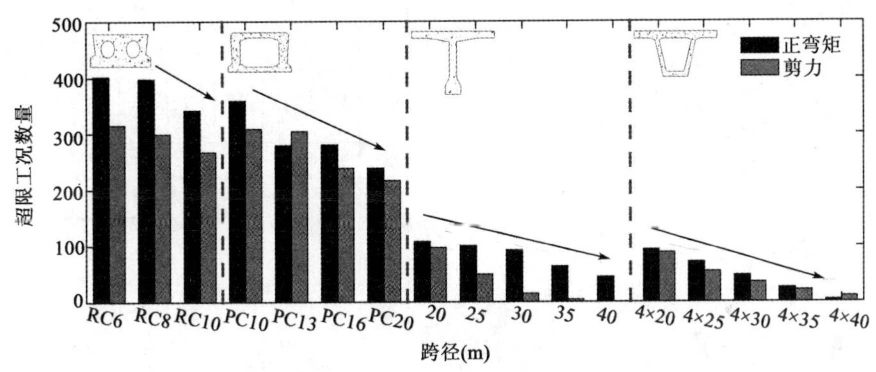

图 5-17 G104 国道正弯矩及剪力效应超限工况数量

记工况 i 作用下,结构最大内力或位移响应为 S_i,S_D 为对应内力响应的设计汽车荷载效应,以比值 $\varphi = S_i/S_D$ 为分析对象,对其进行统计分析,统计指标为极值、均值。为分析特重车正弯矩效应对公路—Ⅰ级设计汽车荷载效应的超限程度,图 5-18、图 5-19 分别给出了正弯矩效应 φ 值的极值与均值变化情况。

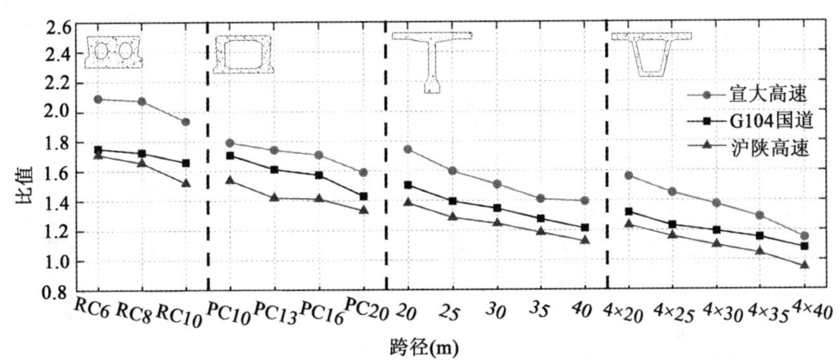

图 5-18 正弯矩效应 φ 值极值

中小跨径桥梁内力超限工况数量及百分比

表 5-4

桥型	跨径(m)	G104 国道						宣大高速						沪陕高速					
		M_1		Q		M_2		M_1		Q		M_2		M_1		Q		M_2	
		n	%	n	%	n	%	n	%	n	%	n	%	n	%	n	%	n	%
	RC6	402	73.2%	315	57.4%	—	—	449	50.8%	279	31.6%	—	—	90	48.1%	77	41.2%	—	—
	RC8	398	72.5%	299	54.5%	—	—	440	49.8%	226	25.6%	—	—	85	45.5%	66	35.3%	—	—
	RC10	341	62.1%	267	48.6%	—	—	353	40.0%	131	14.8%	—	—	73	39.0%	52	27.8%	—	—
	PC10	359	65.4%	308	56.1%	—	—	285	32.3%	161	18.2%	—	—	72	38.5%	64	34.2%	—	—
	PC13	279	50.8%	304	55.4%	—	—	225	25.5%	217	24.6%	—	—	63	33.7%	95	50.8%	—	—
	PC16	280	51.0%	239	43.5%	—	—	196	22.2%	106	12.0%	—	—	60	32.1%	44	23.5%	—	—
	PC20	239	43.5%	217	39.5%	—	—	119	13.5%	71	8.0%	—	—	58	31.0%	34	18.2%	—	—
	20	108	20.6%	97	18.5%	—	—	74	8.4%	30	3.4%	—	—	47	25.1%	8	4.3%	—	—
	25	100	19.0%	49	9.3%	—	—	47	5.3%	12	1.4%	—	—	34	18.2%	6	3.2%	—	—
	30	92	17.5%	15	2.9%	—	—	38	4.3%	5	0.6%	—	—	22	11.8%	4	2.1%	—	—
	35	63	12.0%	4	0.8%	—	—	26	3.0%	3	0.3%	—	—	13	7.0%	2	1.1%	—	—
	40	44	8.4%	0	0.0%	—	—	21	2.4%	0	0.0%	—	—	10	5.3%	0	0.0%	—	—
	4×20	93	17.7%	88	16.8%	92	17.5%	37	4.2%	34	3.9%	33	3.7%	23	12.3%	19	10.2%	19	10.2%
	4×25	71	13.5%	54	10.3%	44	8.4%	23	2.6%	24	2.7%	16	1.8%	11	5.9%	10	5.3%	10	5.3%
	4×30	47	9.0%	35	6.7%	22	4.2%	18	2.0%	12	1.4%	8	0.9%	8	4.3%	7	3.7%	6	3.2%
	4×35	25	4.8%	21	4.0%	4	0.8%	11	1.2%	7	0.8%	4	0.5%	4	2.1%	3	1.6%	0	0.0%
	4×40	4	0.8%	10	1.9%	0	0.0%	4	0.5%	5	0.6%	3	0.3%	0	0.0%	0	0.0%	0	0.0%

注：M_1：正弯矩效应，单位 kN·m；Q：剪力效应，单位 kN；M_2：负弯矩效应，单位 kN·m；n：超限工况数量；%：超限工况百分比。

从图 5-18、图 5-19 可以发现：

①随着跨径的增加，φ 值的极值与均值呈递减趋势；

②各桥型在 3 个地区特重车荷载作用下，φ 值的极值已明显超过 1.0，其中 RC6m 板桥在宣大高速特重车荷载作用下的该值已达到 2.09，而随着跨径的增加及桥型的变化，φ 值的极值明显下降；

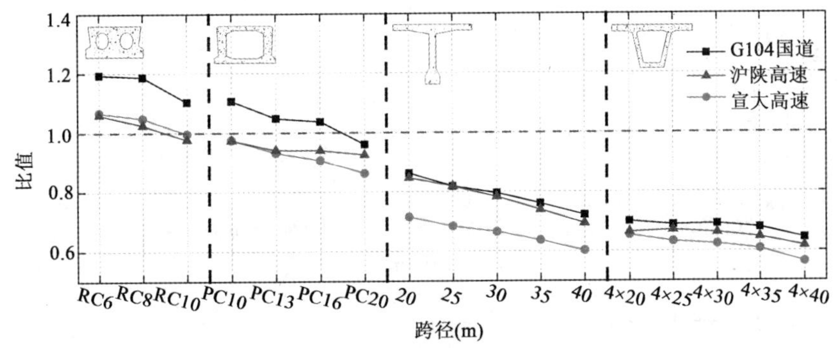

图 5-19 正弯矩效应 φ 值均值

③RC 板桥、PC 板桥所对应 φ 值的均值出现了超过 1.0 的情况，而简支 T 梁桥、连续箱梁桥所对应 φ 值的均值未达到 1.0。

综合以上分析可以认为：在 3 个地区特重车荷载作用下，中小跨径桥梁正弯矩响应均不同程度地出现了超过公路—Ⅰ级设计汽车荷载效应的情况，然而随着跨径的增加及桥型的变化，内力超限的普遍性及严重程度均有明显下降。

(2)挠度超限分析

与常规车辆荷载相比，特重车荷载具有更大的车质量与轴质量，车辆过桥时结构跨中部位的挠度更为明显，过大的挠度将影响桥梁结构的外观及驾驶员的心理，通过对结构关键截面挠度的分析，评价桥梁上部结构在特重车荷载作用下的刚度能否满足使用要求。

根据现行规范的要求，钢筋混凝土及预应力混凝土受弯构件在使用阶段的挠度在消除结构自重产生的长期挠度之后，主梁最大挠度不应超过计算跨径的 1/600[6]。在进行挠度分析时，将特重车荷载工况所对应 S_i 与公路—Ⅰ级设计汽车荷载挠度效应进行对比，并将所有工况下结构挠度极值与 $L/600$ 进行对比，对比值进行分析，其中 L 为中小跨径桥梁的计算跨径。

图 5-20 为挠度所对应 φ 值的极值与均值。由图可知：

①φ 值的极值随跨径的增加及桥型的变化呈递减趋势，对于同一种桥型，φ 值的均值随跨径的增加而减小；

②特重车荷载对中小跨径桥梁所产生挠度效应的超限情况较正弯矩效应更为严重、普遍，RC 板桥所对应 φ 值的极值已接近 2.5，均值均超越了 1.0。

将位移效应所对应 S_i 的最大值与各桥型挠度上限($L/600$)进行对比,如图 5-21 所示。由图可知:各桥型 S_i 的最大值与各桥型挠度上限($L/600$)的比值均未超过 0.6,可以认为,在特重车荷载作用下,尽管结构关键截面的挠度已明显超过公路—Ⅰ级设计荷载效应,但远未达到结构变形的容许值,桥梁上部结构的刚度能够满足重载交通条件下的使用要求。

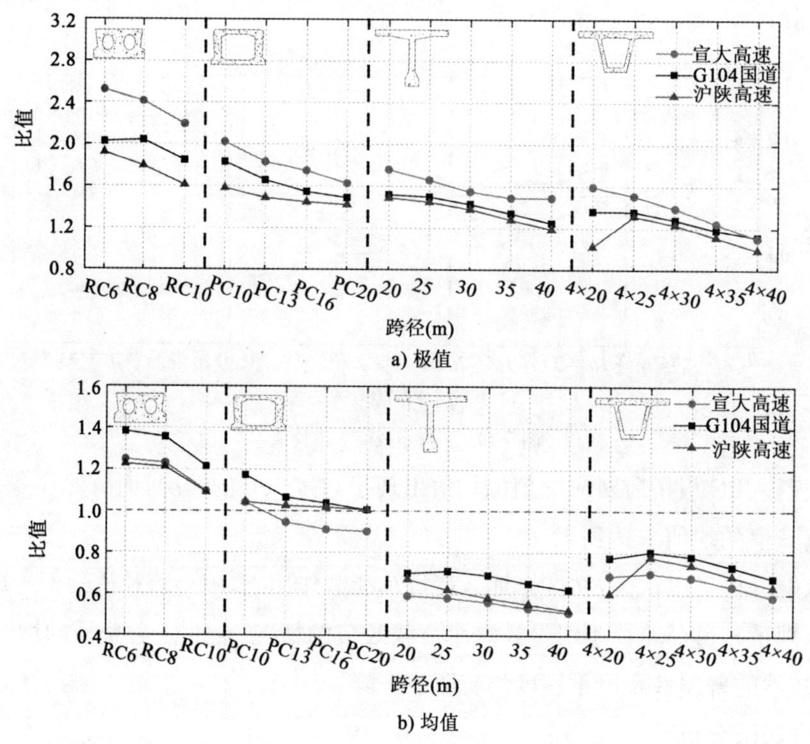

a) 极值

b) 均值

图 5-20 挠度效应 φ 值的极值与均值

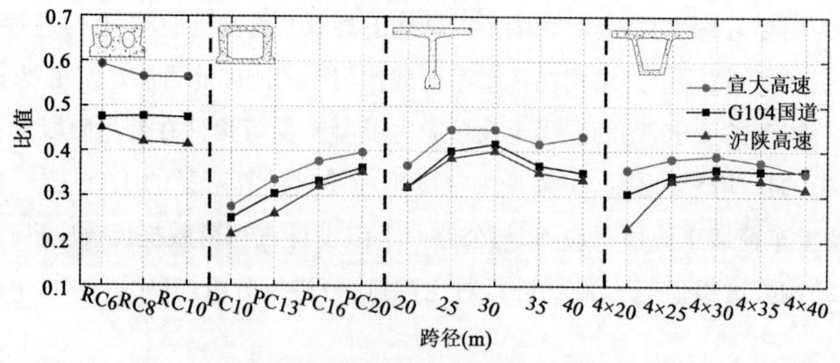

图 5-21 最大挠度极值与($L/600$)的比值

5.5.2 特重车荷载下结构抗裂性能分析

基于特重车荷载效应的计算结果,采用荷载效应的短期组合并考虑长期组合的影响,分析在特重车荷载作用下,中小跨径桥梁关键截面的正截面抗裂性是否满足正常使用的要求。

4 种桥型的设计构件类型见表 5-5 所示。

中小跨径桥梁设计构件类型 表 5-5

桥型	RC 空心板桥	PC 空心板桥	简支 T 梁桥	连续箱梁桥
构件类型	钢筋混凝土构件	预应力混凝土构件		
		A 类	全预应力	A 类

图 5-22 及表 5-6 为 17 座桥梁内梁跨中截面的普通钢筋及预应力钢束布置信息，RC 板桥及 PC 板桥空心板采用 C30 混凝土，简支 T 梁桥、连续箱梁桥主梁采用 C50 混凝土，受拉主筋均采用 HRB335 钢筋，预应力钢束采用 φ^s15.2mm，钢束用量见表 5-6。

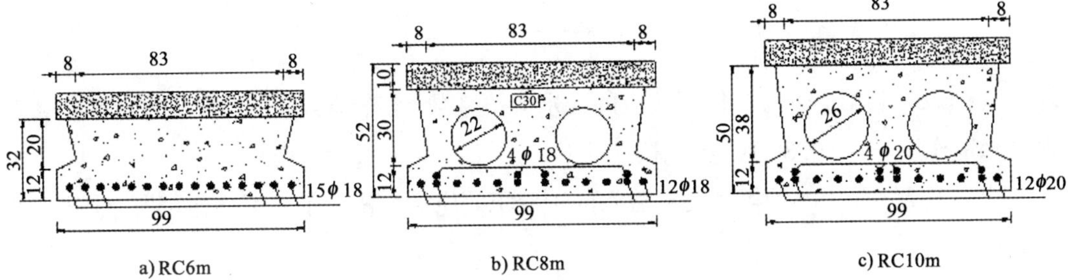

图 5-22 RC6m、8m、10m 板桥普通钢筋布置信息(尺寸单位：cm)

结构主梁钢束布置信息 表 5-6

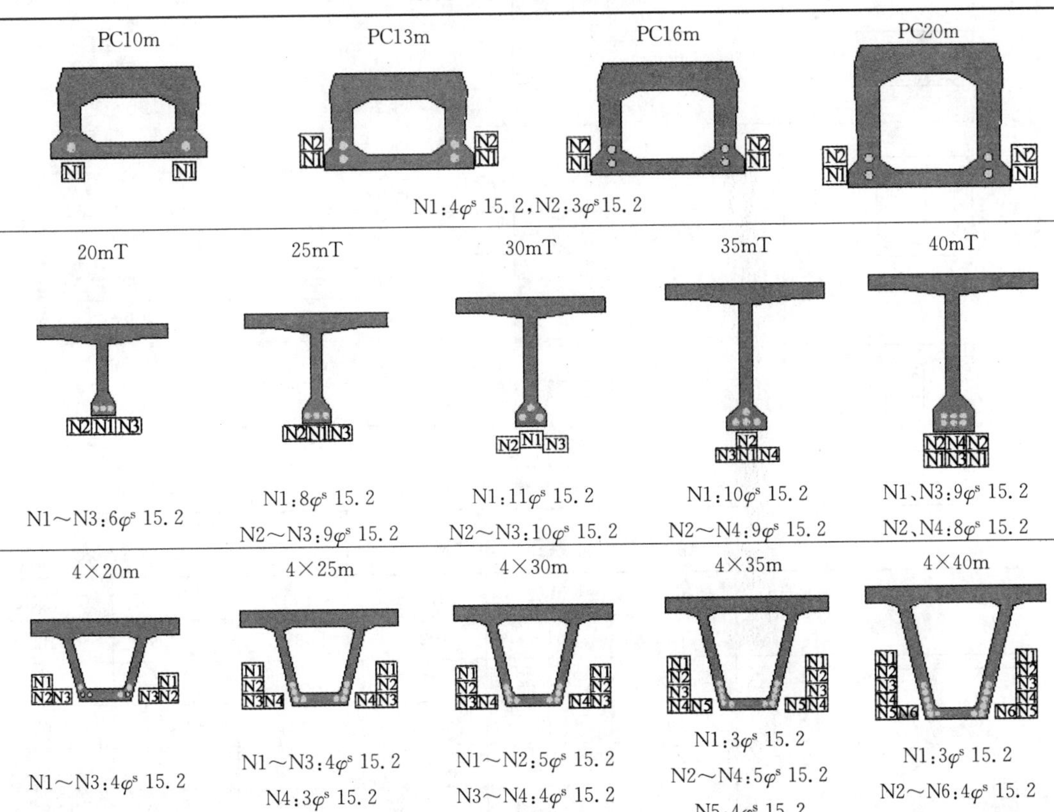

RC空心板桥、PC空心板桥及简支T梁桥均为静定结构体系，在进行荷载效应组合时考虑恒载效应、汽车荷载效应；连续箱梁桥为超静定结构体系，在进行荷载效应短期组合时尚应考虑支座沉降、钢束次内力、收缩徐变等引起的正弯矩效应。作用短期效应组合为：

$$S_{sd}=\sum_{i=1}^{m}S_{Gik}+\sum_{j=1}^{n}\varphi_{1j}S_{Qjk} \tag{5-1}$$

式中，φ_{1j} 为第 j 个可变作用效应的频遇值系数，汽车荷载(不计冲击力) $\varphi_1=0.7$，温度梯度作用 $\varphi_1=0.8$，其他作用 $\varphi_1=1.0$。

作用长期效应组合为：

$$S_{ld}=\sum_{i=1}^{m}S_{Gik}+\sum_{j=1}^{n}\varphi_{2j}S_{Qjk} \tag{5-2}$$

式中，φ_{2j} 为第 j 个可变作用效应的准永久值系数，汽车荷载(不计冲击力) $\varphi_2=0.4$，温度梯度作用 $\varphi_2=0.8$，其他作用 $\varphi_2=1.0$。

表5-7、表5-8为4种桥型关键截面的正弯矩效应抗力值及不同可变作用所对应的正弯矩效应。

静定结构体系正弯矩效应(kN·m) 表5-7

桥　型	跨径(m)	抗　力	恒　载
	6	414.8	52.0
	8	562.9	100.0
	10	807.4	168.6
	10	995.1	169.6
	13	1 460.4	385.1
	16	2 038.3	545.7
	20	2 845.3	950.0
	20	4 803.4	1 539.9
	25	7 690.8	2 568.4
	30	10 738.4	3 949.9
	35	14 802.0	5 713.3
	40	20 740.6	8 260.8

超静定结构体系正弯矩效应(kN·m) 表5-8

	跨径(m)	抗力	恒载	温度	支座沉降	钢束二次	收缩徐变
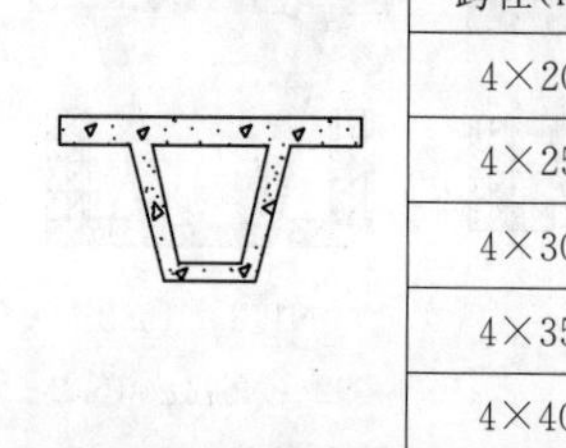	4×20	6 345.4	1 610.9	102.9	209.1	543.9	−410.3
	4×25	8 463.4	2 752.2	241.7	194.3	977.7	−567.4
	4×30	11 160.5	4 230.8	290.4	179.8	1 185.7	−907.9
	4×35	14 550.3	6 129.6	326.6	166.9	1 832.5	−1 509.3
	4×40	18 975.1	6 284.0	336.6	149.7	2 138.8	−1 787.3

(1)钢筋混凝土构件抗裂性分析

钢筋混凝土构件在服役期间均处于带裂缝工作状态，通过对RC板桥跨中截面弯曲变形裂缝宽度的计算，分析RC板桥在重载交通下的抗裂性能。根据《公路钢筋混凝土及预应力混凝土桥涵设计规范》(JTG D62—2004)，钢筋混凝土结构裂缝宽度计算方法为：

$$W_{fk}=C_1C_2C_3\frac{\sigma_{ss}}{E_s}\left(\frac{30+d}{0.28+10\rho}\right) \tag{5-3}$$

式中：C_1——钢筋表面形状系数，对于带肋钢筋$C_1=1.0$；

C_2——作用长期效应的影响系数，其取值为$C_2=1+0.5\cdot N_l/N_s$；

N_l、N_s——按照作用长期效应组合、作用短期效应组合计算的内力值；

C_3——与构件受力性质有关的系数，对于受弯构件$C_3=1.0$；

σ_{ss}——钢筋应力，$\sigma_{ss}=M_s/(0.87A_sh_o)$；

M_s——正弯矩效应的短期组合值；

h_o——截面的有效高度；

A_s——受拉钢筋面积；

E_s——钢筋的弹性模量，对于HRB335钢筋，$E_s=2.0\times10^5$MPa；

d——受拉钢筋直径；

ρ——纵向受拉钢筋的配筋率。

RC板桥的截面配筋信息如图5-22所示。

以RC8m板桥为例，给出各地区特重车荷载所对应的裂缝宽度计算结果如图5-23所示。各地区特重车荷载作用下，RC板桥的最大裂缝宽度、平均裂缝宽度信息如图5-24所示。

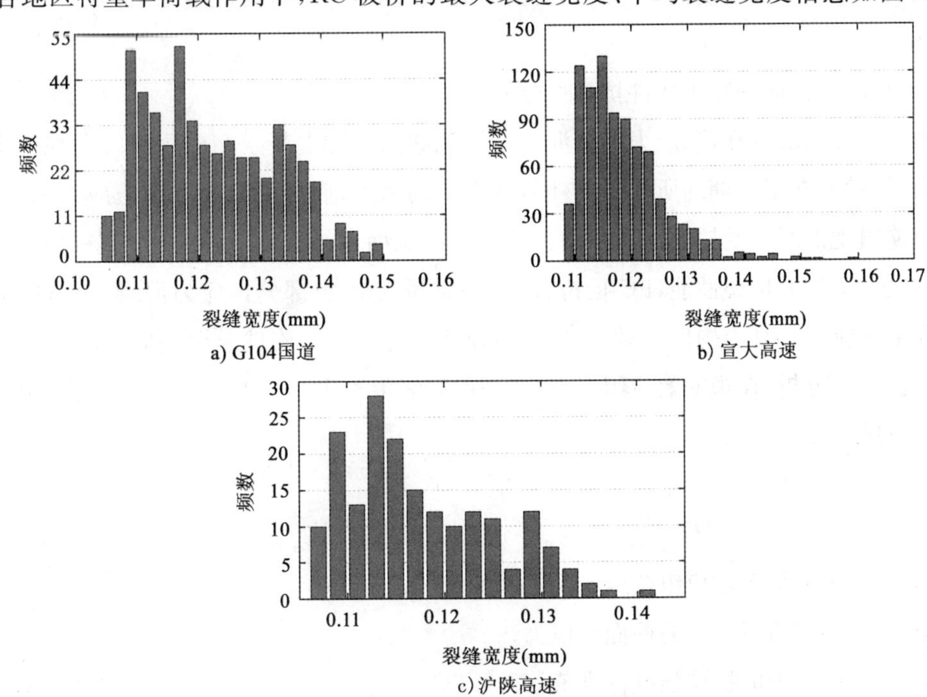

图5-23 RC8m板桥裂缝宽度计算结果

示。由图 5-24 可知：RC8m 板桥最大裂缝宽度、平均裂缝宽度均高于 RC6m、RC10m 板桥；各地区特重车荷载作用下，空心板桥的最大裂缝宽度均未达到规范限值 0.2mm，平均裂缝宽度介于 0.1～0.125mm 之间。

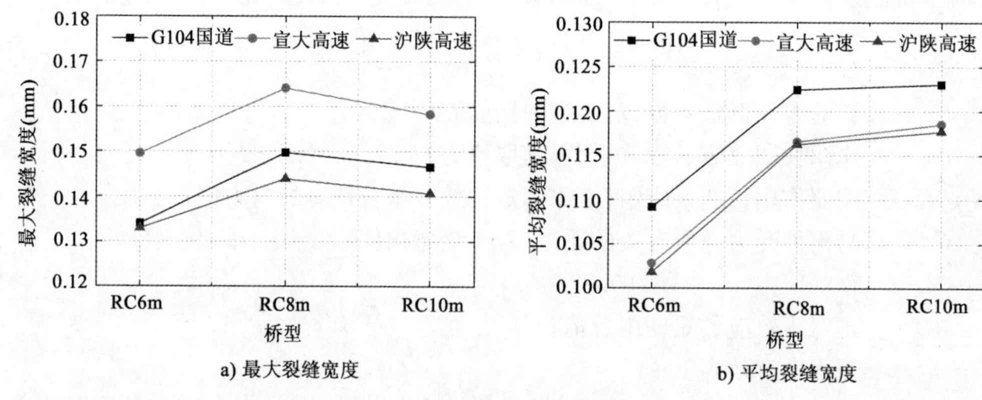

a) 最大裂缝宽度　　b) 平均裂缝宽度

图 5-24　RC 板桥裂缝宽度信息

结合图 5-23 和图 5-24 发现，在特重车荷载作用下，空心板桥受力最不利板的跨中截面最大裂缝宽度介于 0.13～0.17mm，平均裂缝宽度介于 0.1～0.125mm，并未超过钢筋混凝土结构抗裂性验算的裂缝宽度上限。但结合已有研究，该裂缝开展状态将为氯离子、水分子开辟一条阻力小、路径短的渗透通道，加速混凝土碳化及钢筋电化学腐蚀的进程，而混凝土的碳化及钢筋的腐蚀将诱使 RC 板桥底板顺筋裂缝等的产生，使混凝土结构的开裂陷入恶性循环[7-9]。

(2)预应力钢筋混凝土构件抗裂性分析

由于预加力的存在，预应力钢筋混凝土构件截面底缘混凝土在成桥阶段存在一定的预压应力，但随着在服役期间所承受的外荷载水平的增大，底缘混凝土的预压应力不断下降，甚至可能出现混凝土受拉的情形。通过结构关键截面底缘混凝土的应力状态，分析预应力钢筋混凝土构件的抗裂性能，PC 板桥、连续箱梁桥为 A 类部分预应力混凝土构件，简支 T 梁桥为全预应力混凝土构件。对于 A 类部分预应力混凝土构件及全预应力混凝土构件的正截面抗裂性分析，在短期效应组合下，其截面底缘混凝土的应力状态应分别满足式(5-4)、式(5-5)的要求：

$$\sigma_{st}-\sigma_{pc}\leqslant 0.7f_{tk} \tag{5-4}$$

$$\sigma_{st}-0.85\sigma_{pc}\leqslant 0 \tag{5-5}$$

式中：σ_{st}——短期荷载效应组合所产生的截面应力；

σ_{pc}——预应力所产生的截面压应力；

f_{tk}——混凝土的抗拉强度标准值。

以 PC10m 板桥为例，给出其跨中截面短期效应组合下的抗裂性验算结果，如图 5-25 所示。对各地区特重车荷载工况作用下的应力验算结果进行统计分析，验算结果的最大值与平均值分别如图5-26、图5-27所示。由图5-26和图5-27可知：PC板桥、简支T梁桥、连续箱梁桥正截面的抗裂验算结果均未超过相应的限值，然而PC板桥及连续箱梁桥关键截面底缘的混凝土均出现了受拉的情况。

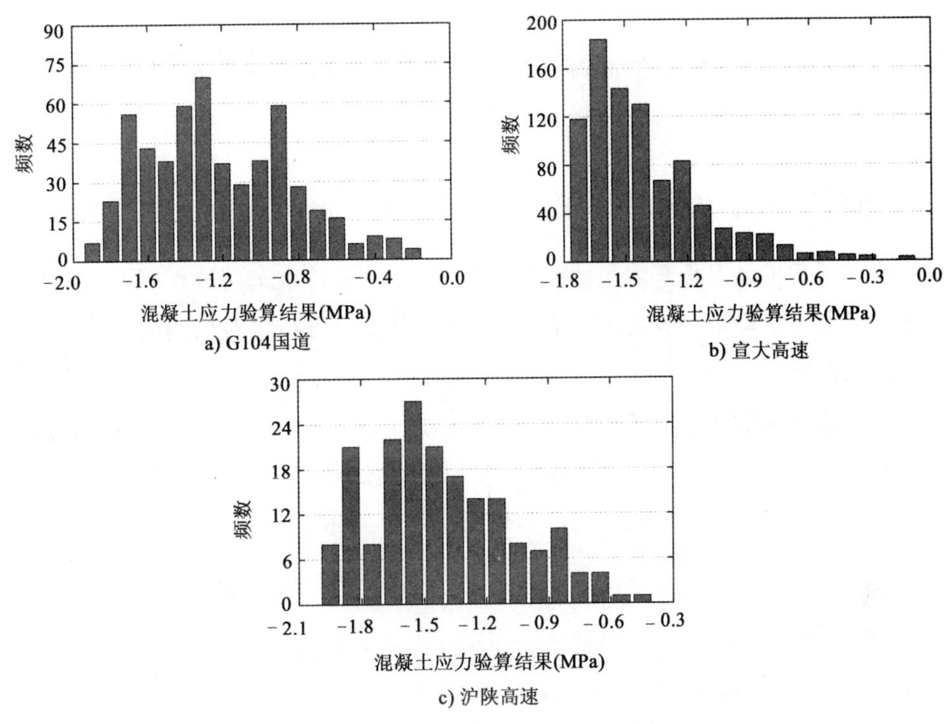

图5-25 PC10m板桥短期效应组合下的抗裂验算

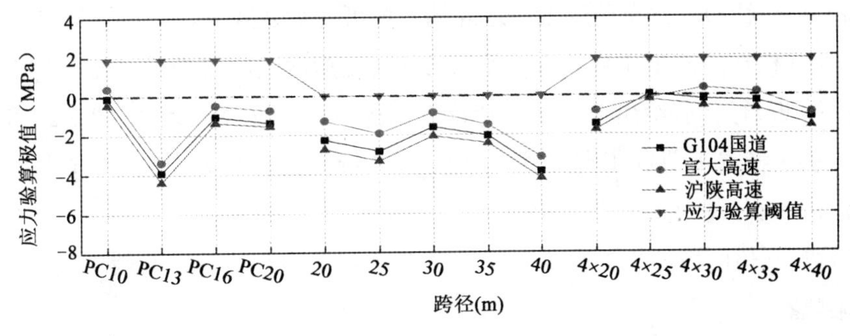

图5-26 应力验算极值

综合钢筋混凝土构件与预应力构件的抗裂性分析结果可知，尽管特重车荷载效应对公路—Ⅰ级设计汽车荷载效应有明显超越，但结构在实际短期效应组合下的抗裂性能仍满足使用要求，主要由于以上结构在配筋设计时均有较大的富余量。

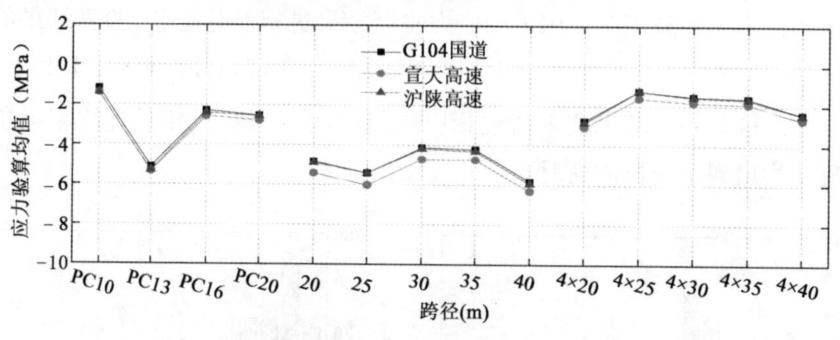

图 5-27　应力验算均值

5.5.3　重载下中小跨径桥梁抗弯承载能力分析

中小跨径梁式桥是以承弯为主的结构，将结构在实际特重车荷载作用下关键截面的荷载效应基本组合与正弯矩效应的抗力值进行对比，根据分析结果对结构的抗弯承载能力安全性进行量化评估。

基于承载能力极限状态的结构安全评价，以每一个特重车工况对结构的最大正弯矩效应为唯一变量，将结构恒载效应、温度效应等作为常量处理，对于每一个特重车工况 i，可根据该工况所对应的最大正弯矩效应确定承载能力评价指标 η_i：

$$\eta_i=[\gamma_{Gi}S_{Gik}+(1+\mu_0)S_{Q1k}+\psi_c\sum_{j=2}^{n}\gamma_{Qj}S_{Qjk}]/R \tag{5-6}$$

式中：S_{Gik}——恒载效应，其分项系数 $\gamma_{Gi}=1.2$；

S_{Q1k}——汽车荷载效应；

μ_0——保守取为路面粗糙度为“一般”时重载车辆冲击系数，具体取值方法见 6.3节；

S_{Qjk}——($j\geqslant 2$)除汽车荷载效应之外的其他可变荷载效应，其分项系数为 $\gamma_{Qj}=1.4$；

ψ_c——根据除汽车荷载效应之外的其他可变荷载效应数量予以确定[10]。

以 RC6m 板桥为例，给出 3 个地区特重车工况 η 值的计算结果，如图 5-28 所示。对所有桥梁在各地区特重车荷载工况作用下的 η 值进行统计分析，η 值的极值与均值分别如图 5-29、图 5-30 所示。由图可知：

(1)各桥型 η 值的极值均未达到 1.0，中小跨桥梁结构在特重车荷载作用下尚未达到承载能力极限状态；

(2)对于同一种桥型，η 值的极值、均值随着跨径的增大并未呈现出明显的递增或递减趋势，而是围绕平均水平出现上下浮动；

(3)RC 板桥、PC 板桥、简支 T 梁桥 η 值的均值在 0.56 上下浮动，而连续箱梁桥 η 值的均值约为 0.72，所以在当前中小跨径桥梁设计和配筋水平下，连续箱梁桥承载能力安全性略低于 RC 板桥、PC 板桥及简支 T 梁桥。

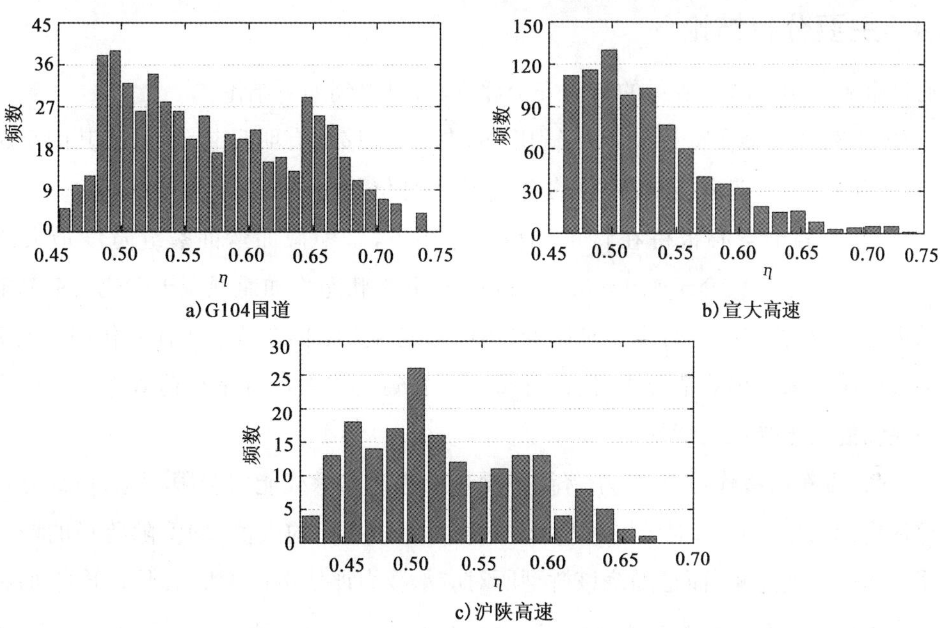

图 5-28 RC6m 板桥特重车工况 η 值计算结果

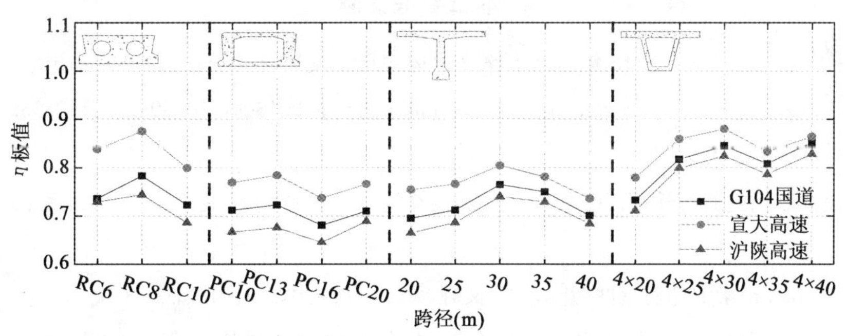

图 5-29 中小跨径桥梁承载能力评估指标极值

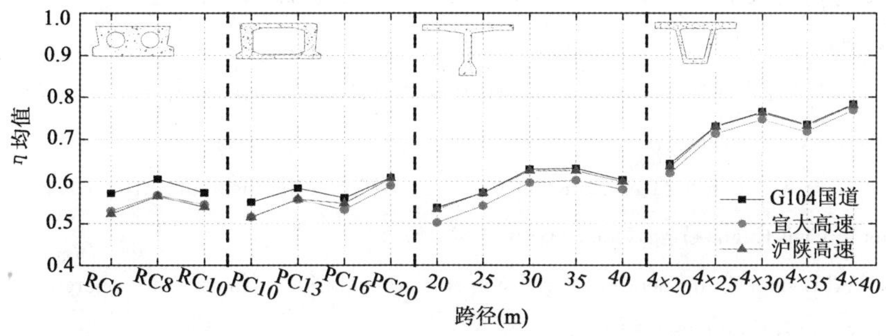

图 5-30 中小跨径桥梁承载能力评估指标均值

5.5.4 主要分析结论

通过重载下中小跨径桥梁的结构安全评价，可以得到如下结论：

(1)中小跨径桥梁在特重车荷载作用下的内力、位移均有明显超限情况，其中小跨径空心板桥梁超限严重且普遍，随着跨径的增大，内力与位移超限情况有明显缓解。

(2)钢筋混凝土空心板桥在特重车荷载作用下，跨中截面弯曲裂缝宽度最大值介于0.13～0.17mm，平均值介于0.1～0.125mm。该开裂状态将加速混凝土碳化及钢筋电化学腐蚀的进程，对结构耐久性带来不利影响；预应力混凝土结构在特重车荷载作用下关键截面底缘混凝土应力未超出规范要求，但部分预应力混凝土结构在特重车荷载作用下出现了关键截面底缘混凝土受拉的情形。

(3)在特重车荷载作用下，中小跨径桥梁尚未达到其承载能力极限状态，但部分桥型承载力评估指标已接近0.9；对于同种桥型，承载力评估指标的极值、均值随跨径的增大并未出现明显的递增或递减，而是围绕该桥型所对应承载力评估指标平均水平上下波动；在当前中小跨径桥梁设计和配筋水平下，连续箱梁桥承载能力安全性略低于RC板桥、PC板桥及简支T梁桥。

本章参考文献

[1] 交通运输部综合规划司. 2012年公路水路交通运输行业发展统计公报[EB/OL]. http://www.moc.gov.cn/zhuzhan/zhengwugonggao/jiaotongbu/guihuatongji/201304/t20130426_1403039.html. 2013-10-31/2015-5-20.

[2] 中华人民共和国交通运输部. 中华人民共和国交通行业公路桥涵通用图[M]. 北京：人民交通出版社，2008.

[3] E. C. Hambly. 桥梁上部构造性能[M]. 郭文辉，译. 北京：人民交通出版社，1982.

[4] 中华人民共和国行业标准. JTG D60—2015 公路桥涵设计通用规范[S]. 北京：人民交通出版社，2015.

[5] 中华人民共和国行业标准. JTG/T J21—2011 公路桥梁承载能力检测评定规程[S]. 北京：人民交通出版社，2011.

[6] 中华人民共和国行业标准. JTG D62—2004 公路钢筋混凝土及预应力混凝土桥涵设计规范[S]. 北京：人民交通出版社，2004.

[7] Aldea C, Karr A.. Effect of cracking on water and chloride permeability of concrete[J]. Journal of Materials in Civil Engineering，1999. 11(03)：181-187.

[8] Djerbi A and Bonnet S. Influence of traversing crack on chloride diffusion into concrete[J]. Cement and Concrete Research，2008. 38：877-883.

[9] 王有志，王广洋，任锋，等. 桥梁的可靠性评估与加固[M]. 北京：中国水利水电出版社，2002.

[10] 袁阳光. 重载下中小跨径桥梁响应特征、安全评价及限载研究[D]. 西安：长安大学，2015. 6.

第6章　正常及重载交通下桥梁冲击系数谱研究

冲击系数是车辆过桥时对结构产生的动力效应的增大系数。根据《公路桥涵设计通用规范》(JTG D60—2015)的规定，汽车荷载冲击力的设计计算采用汽车荷载静力效应乘以冲击系数来表达。

本章分别从现场实测及动态可视化仿真两种分析手段着手，研究正常交通荷载及重载下桥梁的冲击系数，分析路面粗糙度等级、车质量、车速等因素对冲击系数的影响。计算获取正常及重载交通下的桥梁冲击系数谱，对不同路面粗糙度等级、不同车型尤其是特重车的冲击系数概率分布特性进行探讨，在此基础上对特重车冲击系数的合理取值方法进行回归分析。

6.1　正常交通荷载下冲击系数谱实测

冲击系数的获取包括现场实测与理论或仿真分析两种，现场实测方法是了解车-桥耦合相互作用并获得冲击系数的一个直接可靠的途径，但如何从实测动响应曲线中获取静力响应极值仍为当前研究的一个难题。本节以一座连续梁桥为例，建立冲击系数实测分析方法，并对实际车流作用下桥梁的冲击系数谱进行分析。具体流程如图6-1所示。

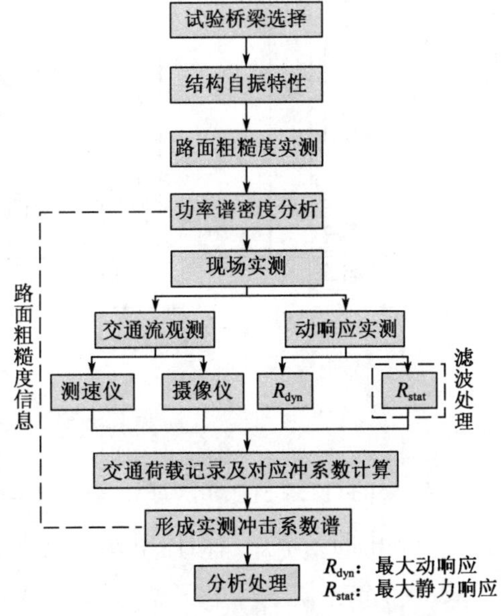

图6-1　公路桥梁冲击系数谱实测分析流程

6.1.1　试验桥概况及自振特性

试验桥采用河北省廊坊市廊泊公路改扩建工程永定河大桥，如图6-2所示，单跨标准跨径$L=25.0$m，单幅桥面净宽为12m，共3个车道，主梁间距2.2m，单幅共6片T梁，T梁之间的连接形式为刚接。上部结构采用先简支后连续预应力混凝土T梁，预制吊装施工，每孔设置6道横隔梁，采用6孔1联，全桥共3联。下部结构为钻孔灌注桩基础，双柱式墩，桩直径1.5m，柱直径1.3m。T梁混凝土采用C50，钢绞线采用高强度低松弛270级 ϕ^s15.24mm的钢绞线[1]。图6-3为永定河大桥试验跨测试断面的详细结构尺寸、内梁和边梁的构造尺寸、T梁之间的连接形式及挠度的测试位置。

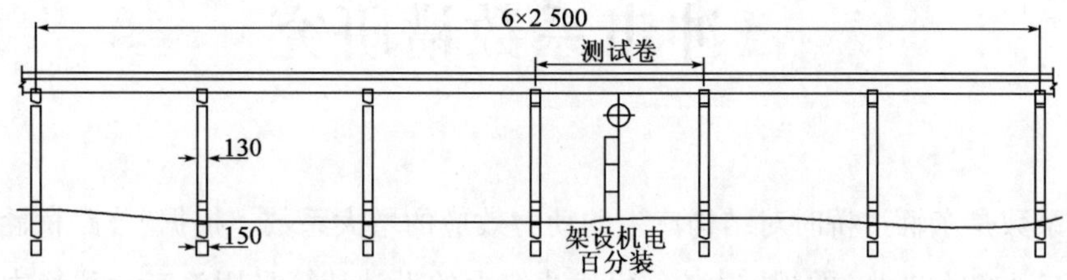

图6-2 永定河大桥1联桥跨布置图(尺寸单位:cm)

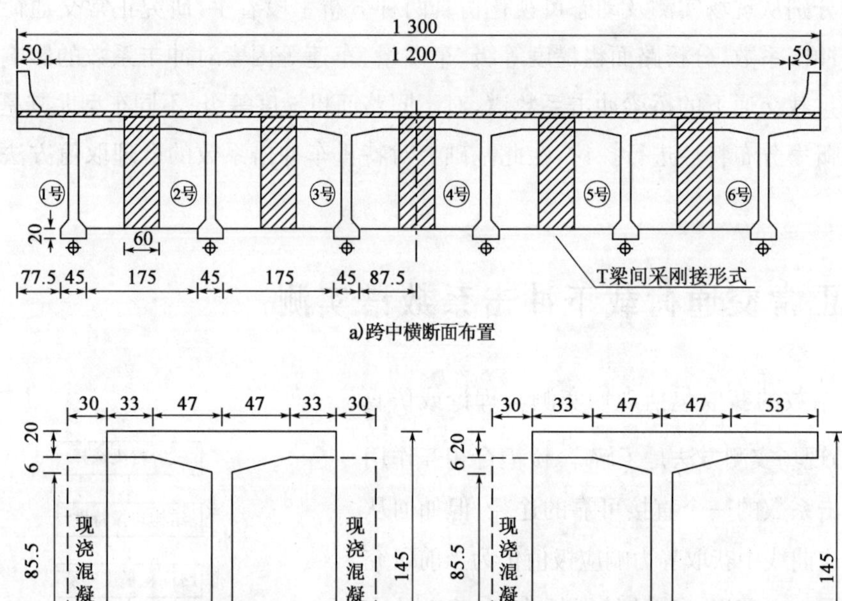

图6-3 结构主要尺寸(尺寸单位:cm)

桥梁的自振特性对于冲击系数的研究至关重要，为精确计算该桥的自振特性，使用ANSYS中的8节点六面体单元(Solid65单元)建立上部结构三维实体分析模型，模型共74 880个节点、139 608个单元，如图6-4所示。表6-1为桥梁自振频率及相应的振型描述。

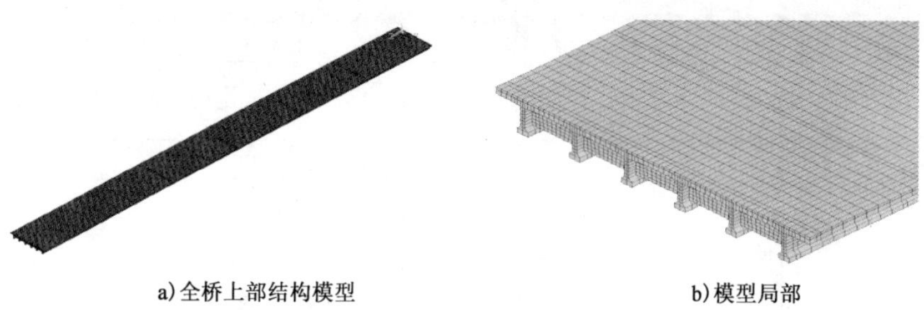

图 6-4　连续 T 梁桥有限元模型

自振频率及自振特性　　表 6-1

阶　次	自振频率(Hz)	振 型 描 述
1	5.383	边跨正对称竖弯
2	5.388	边跨正对称扭转
3	7.086	中跨次边跨反对称竖弯
4	7.353	中跨次边跨反对称扭转

6.1.2　交通荷载观测及动响应实测

现场实测包括交通荷载观测及动响应实测两部分。交通荷载观测断面及动响应测试断面均选择第 4 跨跨中位置(图 6-2),交通荷载观测采用雷达测速仪、录像机以及人工辅助记录相结合的方式对桥址处的交通荷载进行观测记录,雷达测速仪可对车辆的行驶速度进行即时采集,并通过人工录音记录至录像机,使过往车辆与车速记录结果一一对应;录像机用于记录过桥车辆的到达时间、车型、车辆横向行驶车道位置。在第 4 跨跨中位置梁底架设机电百分表,并在桥面安装加速度传感器,采用动态测试仪采集随机车流通过时测试断面的位移、加速度响应信号。整个交通荷载数据采集系统如图 6-5 所示。图 6-6 分别为一轻一重两个典型车辆过桥时 2 号梁、4 号梁的动挠度测试结果。

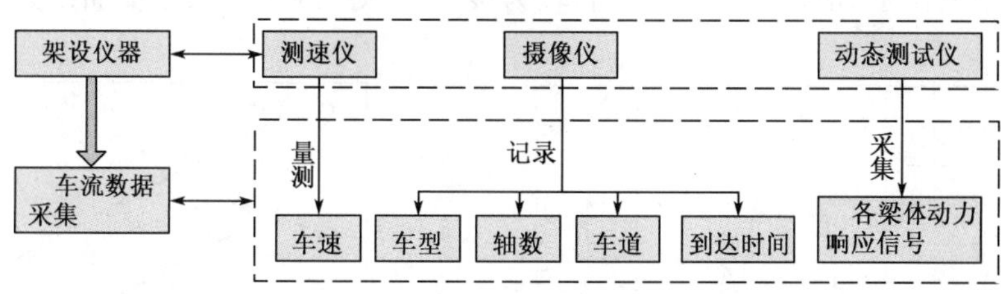

图 6-5　数据采集系统

6.1.3　路面粗糙度实测及功率谱密度分析

路面粗糙度是影响车桥系统耦合振动的重要因素之一,现有的车-桥耦合振动研究均一致认为随着路面粗糙度的等级变差,冲击系数明显增大。为此,进行正常交通荷载下的冲击

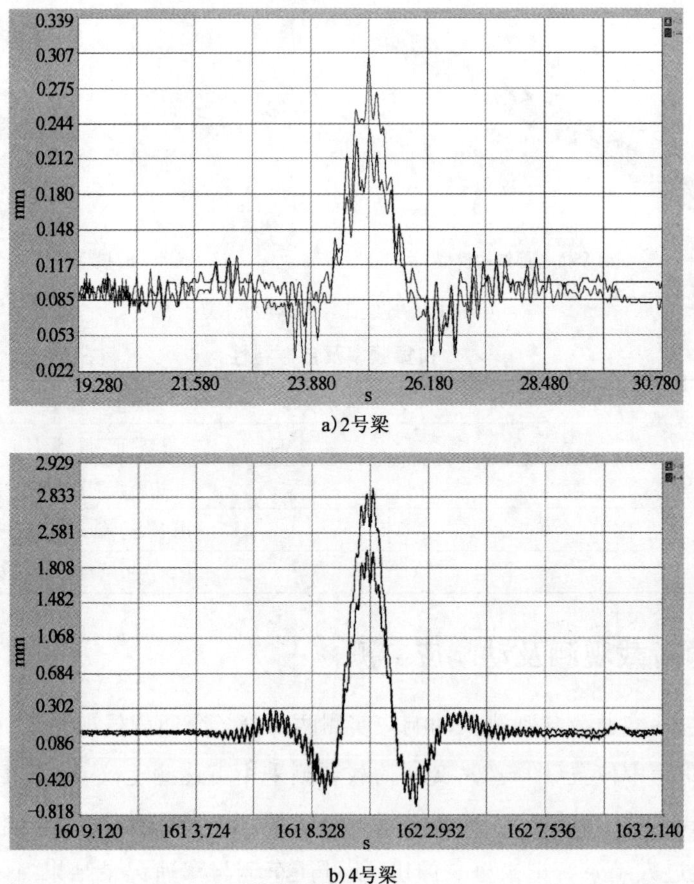

a) 2号梁

b) 4号梁

图 6-6　2 号梁、4 号梁车辆过桥动挠度测试结果

系数谱实测之前，先确定桥面的路面粗糙度状况，选择试验桥第 4 跨，采用精密水准仪进行路面粗糙度测量，测量间距为 0.25m，对其进行功率谱密度分析，并与 ISO 提供的等级为“很好”“好”及“一般”三条功率谱密度函数进行了对比，如图 6-7 所示。从图 6-7 可以看出，实测功率谱密度位于“很好”与“好”之间，较为接近“很好”的功率谱密度曲线。

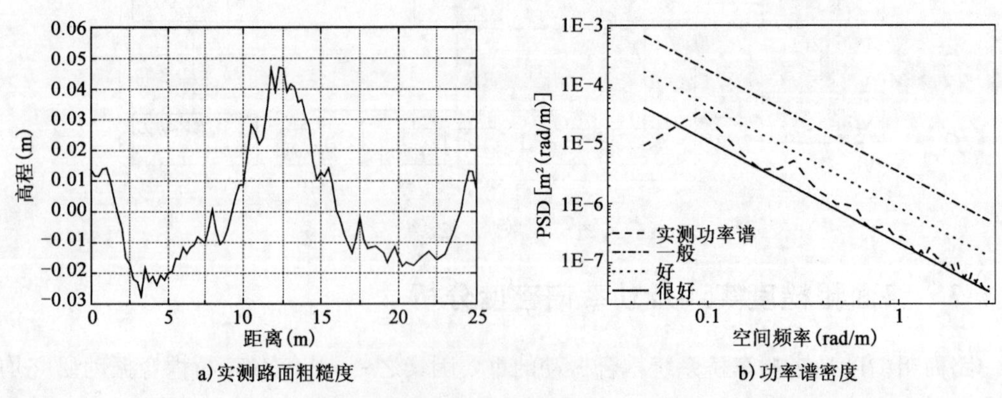

a) 实测路面粗糙度　　b) 功率谱密度

图 6-7　实测纵向路面粗糙度及其功率谱密度

6.1.4　桥梁动响应冲击系数确定

冲击系数 μ 的计算方法为：

$$\mu = \frac{R_{dyn} - R_{stat}}{R_{stat}} \tag{6-1}$$

式中：R_{dyn}——最大动响应；

R_{stat}——最大静响应。

从实测动响应信号中分别获取最大动响应及最大静响应即可确定冲击系数。最大动响应 R_{dyn} 可以由实测动响应峰值直接获取，而最大静响应 R_{stat} 的获取方法通常有 3 种：理论分析、静力荷载试验实测以及通过滤除掉实测动响应的动力部分。在此选择第 3 种方法获取最大静响应。

滤波是信号处理的一种最基本且重要的技术，利用滤波器可以从复杂的信号中提取所需要的信息。为获得车辆过桥时结构产生的静力响应极值，剔除车辆过桥时产生的冲击效应，对采集到的动态信号进行滤波是一种理想的处理方法。

滤波器按功能(即频率范围)分类包括：低通滤波器、高通滤波器、带通滤波器、带阻滤波器及梳状滤波器。通过对各种滤波处理方法进行比较分析认为：Butterworth 滤波器具有通带内极大平坦、过渡带与阻带单调衰减等良好的幅频特性[2-3]。模拟 Butterworth 滤波器的设计方法已经相当成熟。相对于模拟滤波，数字滤波具有精度高、灵活性好、可靠性高等明显优势，并且可以针对信号处理的要求，通过修改参数来改变滤波特性。

设计低通 Butterworth 数字滤波器，首先，需要从实际出发，运用对车-桥耦合体系的预期判断和对测得的动态信号的初步分析，确定所需要的设计要求范围；然后，通过对幅频特性和衰减特性等数字滤波器参数的试算、调整，最终确定合适的参数以获得较好的滤波效果。

低通截断频率的确定原则是[4]：确保几乎所有的静力频率响应在低于截断频率的情况下发生，且几乎所有高于该截断频率的动力频率响应都被过滤掉，这样就可以过滤掉实测响应的动力部分，并且估计由移动车辆引起的桥梁静力响应。

为确定桥梁与车辆的振动特性，选取车辆单车过桥时桥梁振动加速度及 2 号梁的动挠度曲线进行幅频分析，如图 6-8 所示。由两条幅频曲线可以看出，每条幅频曲线均对应 2 个卓越频率，第 1 个卓越频率位于 3.08Hz 附近，第 2 个卓越频率对应于 5.18Hz。桥梁幅频曲线不仅包含桥梁振动信息，还包含车辆振动信息，试验桥的实体模型计算频率为 5.383Hz，可以基本判断 5.18Hz 为桥梁的竖向振动基频。根据 O'Connor 等[5]的研究，典型的车辆“车体振动”频率介于 2～5Hz 的范围内，3.08Hz 应是由车辆振动引起的。通过对不同车型驶过桥梁的频谱特性进行分析，低通截断频率最终取为 2.5Hz。

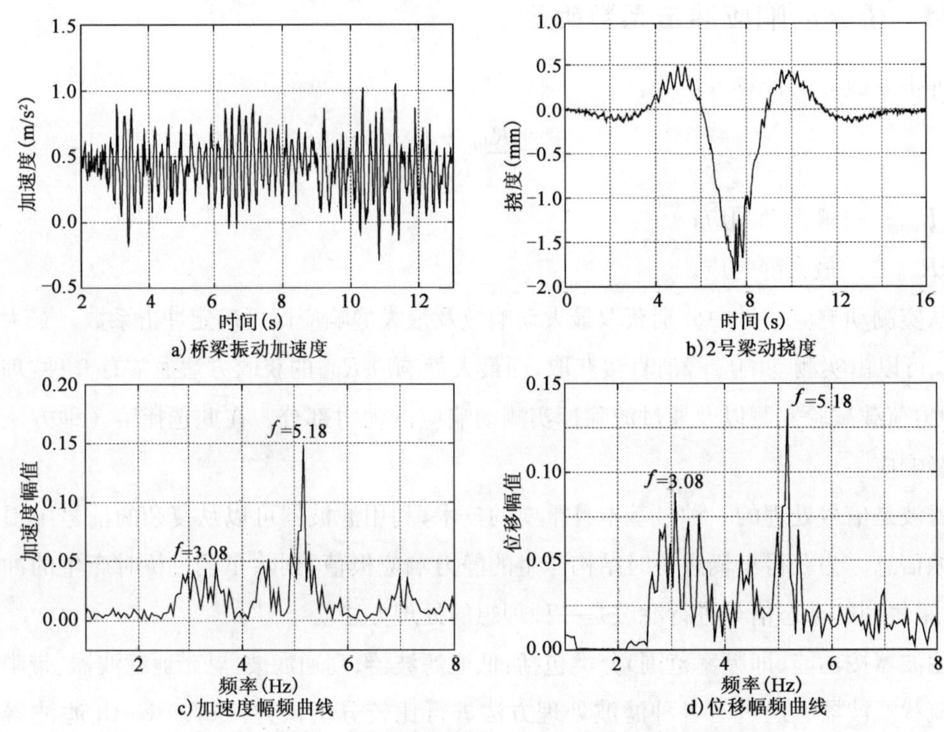

图 6-8 振动加速度和动挠度时程曲线及相应幅频曲线

设计滤波器时需要考虑的另一个重要参数是滤波的阶次。若保持低通截断频率不变，滤波阶次越高，其幅频持性越好[2]，低频检测信号保真度越高，实测响应的过滤效果越好，滤波阶次最终选取为 10。图 6-9 为使用低通截断频率为 2.5Hz、滤波阶次为 10 的低通 Butterworth 滤波器滤波前后车辆过桥响应信号对比。

6.1.5 实测冲击系数影响因素分析

由实际车流作用下的动响应实测结果获取与之相应的冲击系数样本，由于实测冲击系数样本数量有限，在此，仅分析车质量、车速对冲击系数的影响。

6.1.5.1 车质量影响

桥面车辆通行情况分为单车过桥及多车过桥（车辆并行或车队过桥）两种情况，为研究以上两种车辆通行情况对冲击系数的影响，分别将两种情况的动力位移响应结果区分以研究其冲击系数。对单车及多车驶过桥梁时 2 号、4 号梁的动挠度进行分析，根据所记录的数据，挑选 2h 内 99 个较好的单车过桥工况及 34 个多车过桥工况的实测冲击系数，两种车辆通行情况对应的冲击系数均值如图 6-10 所示。从图 6-10 看出，不论是 2 号梁还是 4 号梁，多车过桥工况的冲击系数都要略小于单车过桥。

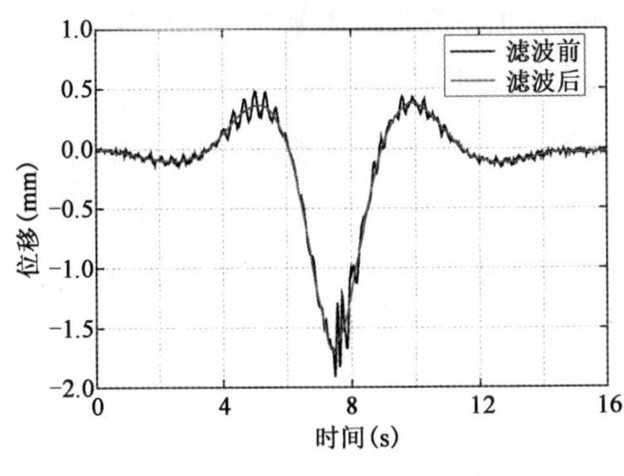

图 6-9　滤波前后动挠度时程曲线对比

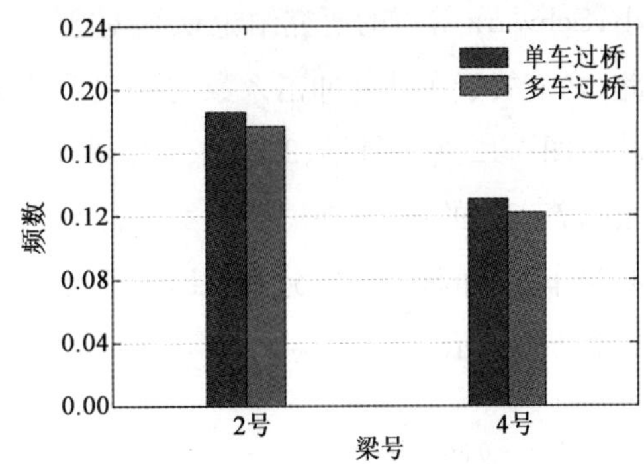

图 6-10　单车及多车过桥工况下冲击系数统计结果对比

已有研究中指出冲击系数与车质量有关。车质量与车型有关，同时又和车辆的装载状态有关，不同车型的空载自重各不相同，且装载状态是随机的。图 6-11 为单车及多车工况下冲击系数与动挠度之间的关系。由图 6-11 可知：冲击系数随着动挠度的增加而减小，即冲击系数随着车质量增加呈现总体下降的趋势。

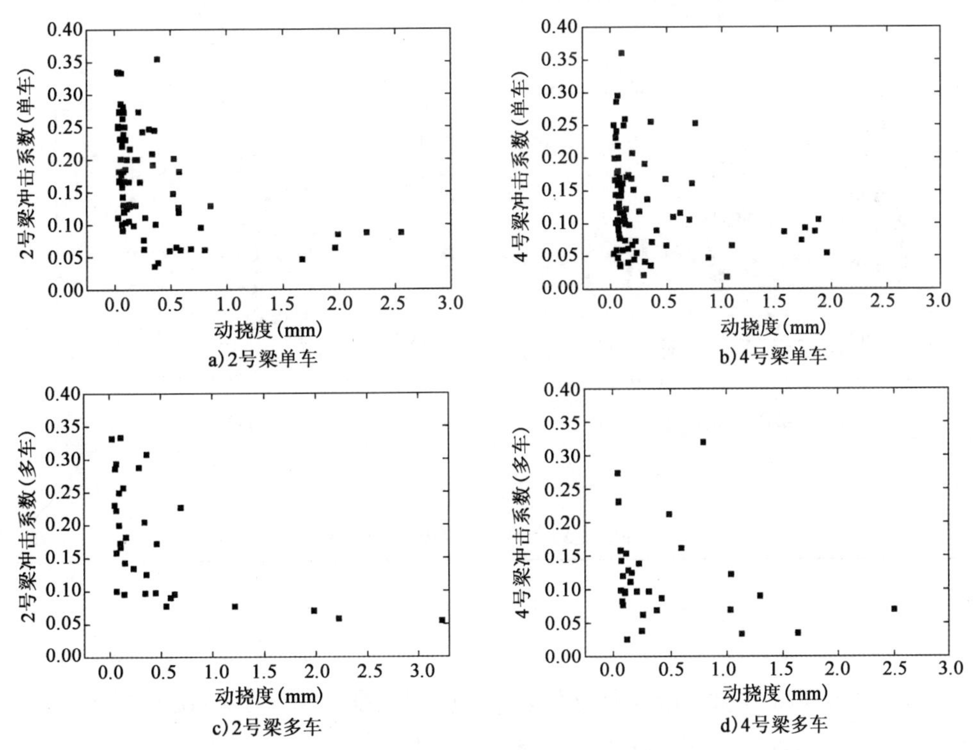

图 6-11　单车及多车过桥工况下冲击系数与动挠度的关系

6.1.5.2　车速影响

车速对冲击系数的影响在理论方面和试验方面均有相关研究。Hwang 等[6]的研究指出，轻车引起的冲击系数随着速度的增加而增大，但重车引起的冲击系数随着速度增大而减小;Schwarz 等[7]的研究结论认为对于同样的轴距,冲击系数随着速度的增加而增大。因此,之前关于车速与冲击系数之间关系的研究是不尽相同的。

图 6-12 为 1 号梁、2 号梁、4 号梁、5 号梁冲击系数与车速之间的关系,由图可知,冲击系数随着车速的增加,在一个较宽的范围内具有整体逐渐增大的趋势。为进一步分析冲击系数与车速之间的关系,分别对以上 4 片梁实测冲击系数与车速之间的相关性进行分析,结果见表 6-2 所示。

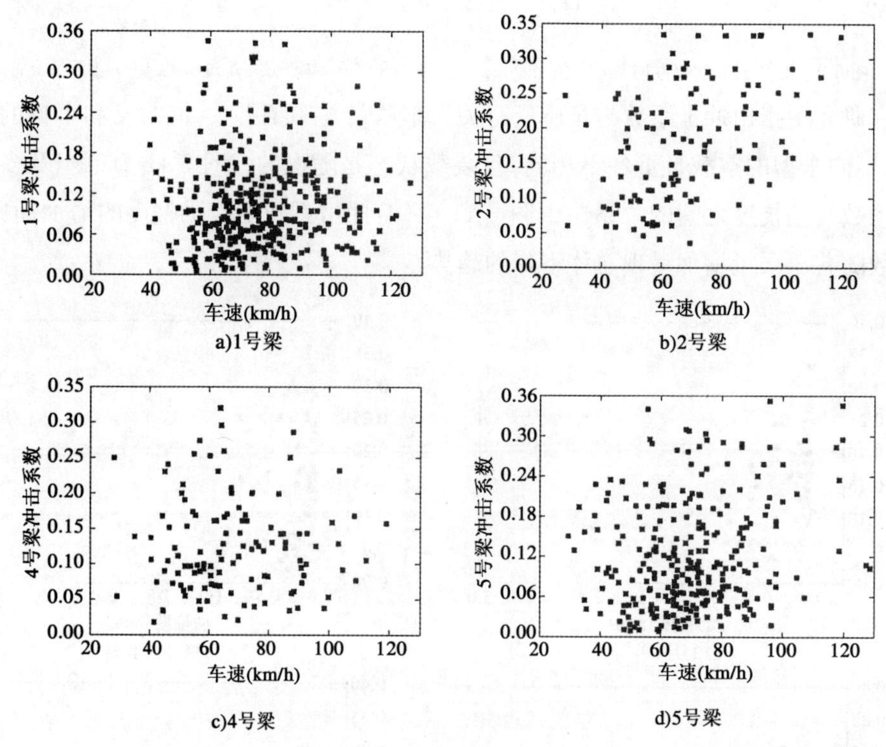

图 6-12　冲击系数与车速的关系

冲击系数与车速之间的相关系数　　表 6-2

梁号	1	2	4	5
相关系数	0.068 4	0.223 7	0.085 2	0.1727

由表 6-2 可知:4 片梁冲击系数与车速之间的相关系数均大于 0,说明冲击系数与车速之间是正相关关系,但 4 片梁所对应相关系数数值均远小于 1.0,说明冲击系数与车速的相关性较弱。所以尽管冲击系数和车速之间的关联性不强,但随着车速的增加,冲击系数在总体变化趋势上是增加的。我国规范对各级公路的设计时速具有明确规定,例如对于设计荷载等级为公路—Ⅰ级的高速公路与一级公路,设计时速为 60～120km/h,规范冲击系数取值方法的确定应考虑对车辆行驶速度的规定。

6.1.6　实测冲击系数统计分析

即使对于同一辆车、同一座桥，多次冲击系数现场实测得到的仍是一组分散的数据，因此，冲击系数不是一个确定的数值，如果要得到用于设计的一个该系数的单值，需要知道这些分散数据的统计特征。Kim[8]和李扬海[9]等已经用统计方法推导出了现场收集的动力荷载系数值的累计分布函数和其他统计参数。

对所采集的冲击系数数据采用K-S检验法按极值-I型分布进行拟合检验，表6-3给出了检验结果，表中MaxD_n表示分布函数与经验分布函数差值的绝对值的最大值，$D_{n,a}$为临界值，当MaxD_n小于$D_{n,a}$时，表示不拒绝极值-I型分布。从表6-3可以看出，2号和4号梁拒绝服从极值-I型分布而1号和5号梁不拒绝极值-I型分布，可能由于2号和4号梁采集时间较短，样本有限，而1号和5号梁采集时间为4h，采集时间相对较长，样本量较大。图6-13给出了冲击系数实际分布与理论极值-I型分布对比直方图。

各片梁冲击系数K-S检验结果　　表6-3

T 梁 编 号	极 值 I 型		
	MaxD_n	$D_{n,a}$	是否
2号梁	0.109 3	0.090 9	×
4号梁	0.148 3	0.108 8	×
1号梁	0.062 9	0.176 1	√
5号梁	0.075 4	0.169 9	√

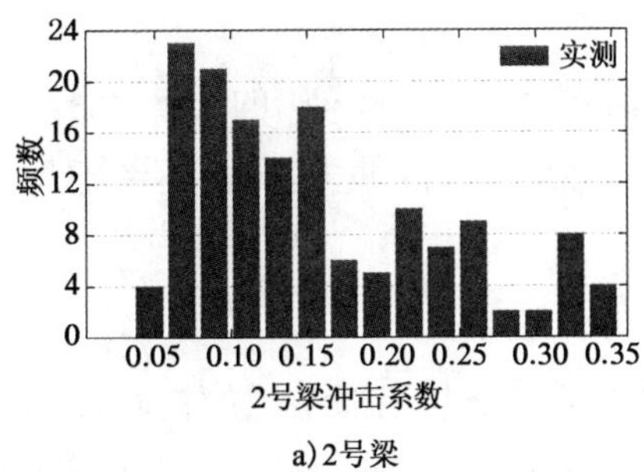

a)2号梁

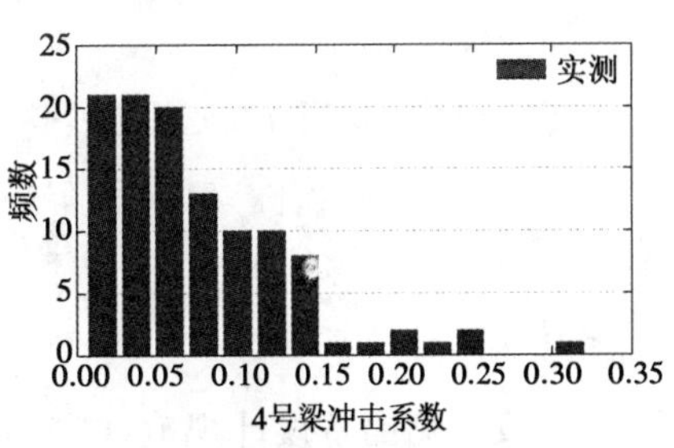

b)4号梁

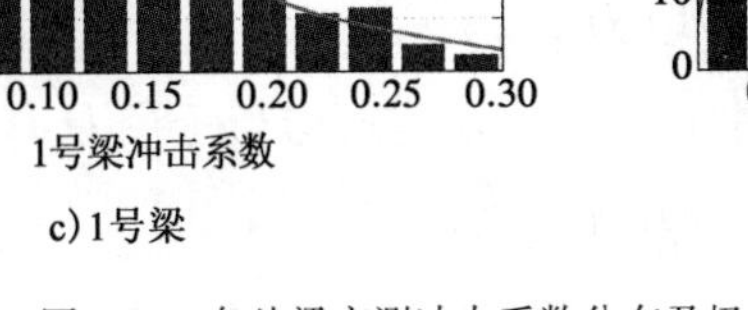

c)1号梁

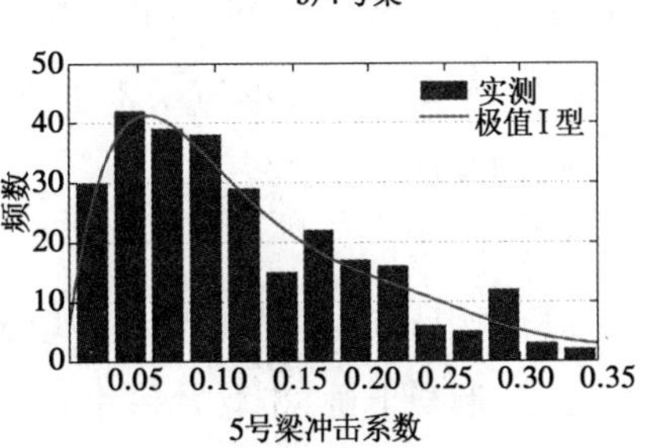

d)5号梁

图6-13　各片梁实测冲击系数分布及极值-I型分布拟合结果

目前,根据采集到的分散冲击系数样本确定冲击系数设计单值的通常做法[5],是采用实测冲击系数样本一定百分比的置信区间内的最大值作为冲击系数设计值。但是在样本的选择上还有一定的争论,因为冲击系数与车重有关,车重越小,冲击系数越大,因此,有的研究建议剔除样本中轻车引起的冲击系数,但这样的冲击系数偏不安全。在采用样本对总体做估计时,由于样本是随机的,采用不同的样本得出的结论一般不一致,数理统计中采用区间估计法。基于保守考虑,本节采用 4 片梁实测冲击系数全部样本的 95%的置信区间来确定冲击系数设计值,通过计算发现在置信区间百分比范围内冲击系数的最大值大约为 0.248。

6.1.7 实测冲击系数与各规范值对比分析

目前,各国桥梁设计规范对冲击系数的取值方法并不相同,但大致可分为 3 种取值方法:加载长度的函数、结构振动基频的函数和车辆轮轴数量的函数。将实测冲击系数研究结果与各国规范冲击系数取值进行对比,分析我国规范冲击系数取值水平及合理性。

(1)美国

美国目前有两种不同的设计规范,即:1996 AASHTO 标准公路桥梁设计规范和 1998 AASHTO LRFD 桥梁设计规范。前者的冲击系数为加载长度的函数,即

$$\mu = \frac{15.4}{L + 38.1} \tag{6-2}$$

式中:μ——冲击系数,不大于 0.3;

L——加载长度,m。

在新的 AASHTO(LRFD)规范中,定义活载为一个 HS20 的重车和一个大小为 9.3kN/m的均布荷载的组合。对于重车采用大小为 0.33 的冲击系数,不考虑均布荷载的冲击效应。

(2)加拿大

1983 版的安大略路桥设计规范(OHBD)引进了一个与上部结构的初始挠曲频率有关的偏保守的动力增大系数。1991 OHBD 规范对冲击系数做了很大改变,冲击系数为轮轴的函数。所有的重车均采用大小为 0.25 的冲击系数值,0.4 和 0.3 这两个较大的冲击系数值分别用于单轴和双轴车。

(3)欧洲各国

BS5400 桥规中规定:冲击系数统一取为 0.25。

德国、法国(混凝土桥)和意大利冲击系数的表达式均与跨径 L 有关,表达式分别如下:

$$\mu = 0.4 - 0.008L \tag{6-3}$$

$$\mu = \frac{0.64}{0.2L + 1} \tag{6-4}$$

$$\mu = \frac{(100-L)^2}{100(250-L)} \tag{6-5}$$

其中，德国规范规定，对于桥跨小于 12.5m 和大于 50m 的情况，动力增大系数分别为 0.3 和 0。

(4)日本

日本冲击系数的表达式与跨径 L 有关：

$$\mu = \frac{20}{L+50} \tag{6-6}$$

我国 85 规范规定冲击系数与跨径有关，而 04 规范规定冲击系数与桥梁基频有关。表 6-4给出了按照统计方法确定的冲击系数与各国规范确定值之间的对比情况，可以看出，我国 04 规范冲击系数取值仅小于 AASHTO(LRFD)规范，其取值水平在各国规范中居于上游水平，除了德国、法国及 AASHTO(Standard)规范之外，实测冲击系数小于其余各国规范计算值，通过实测冲击系数的结果与中国 04 规范值的对比可知，我国当前规范冲击系数的取值偏安全。

实测冲击系数研究结果与各国规范冲击系数的对比　　表 6-4

各国规范	冲击系数	各国规范	冲击系数
AASHTO(Standard)	0.24	法国	0.11
AASHTO(LRFD)	0.33	意大利	0.25
CHBDC	0.25	日本	0.27
BS5400	0.25	中国 04 规范	0.28
德国	0.20	实测冲击系数	0.248

6.2　正常交通荷载下冲击系数谱仿真分析

仍以永定河大桥为研究对象，对桥址处正常交通流进行持续 24h 观测记录，采用 BDANS 对正常交通荷载作用下桥梁的动态响应进行可视化仿真模拟，路面粗糙度分别选择 ISO 标准提供的 5 种等级，分析路面粗糙度等对正常交通荷载冲击系数的影响。

6.2.1　24 小时交通流仿真模拟及冲击系数谱计算

使用交通流信息采集系统对永定河大桥交通流进行持续 24h 观测记录，以 1h 为区间长度将其划分为 24 个交通流时段，全天共采集 5 338 组车辆荷载数据。24h 随机车流各时段交通流量如图 6-14 所示，由图可知：昼间交通流量明显高于夜间，且午前 8 时～11 时及午后 13 时～20 时为出行高峰，其中午后 16 时～17 时交通流量最高，为 405 辆。

24 小时交通流车型组成如图 6-15 所示，由图可知：第 1 类车为交通流中的主体车型，占据车辆总数的 51.7%；第 2～第 4 类车分别占据车辆总数的 9.6%、11.5%、11%；第 5 类车为交通流中的第二大主体车型，其数量占据车辆总数的 16.2%。

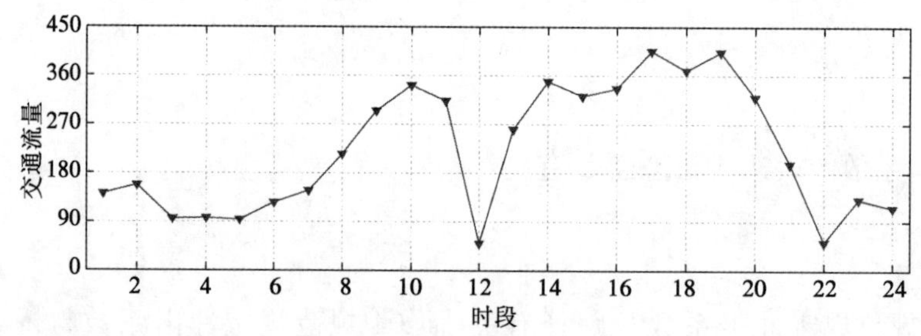

图 6-14　24 时段交通流量

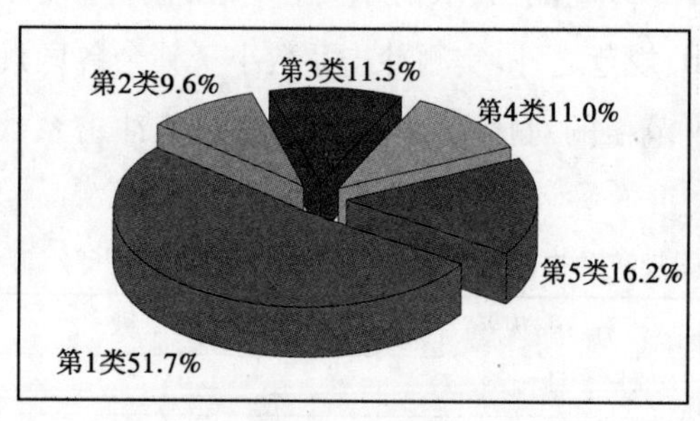

图 6-15　车型组成

24 小时交通流车质量分布如图 6-16a）所示，由图可知：平均车质量为 11.0t，最大车质量达到 89.6t，车质量分布主峰位于 2.5t 附近，主要由于小轿车、越野车为随机车流的主体车型，车质量分布的第 2 个、第 3 个峰值分别位于 15t、45t 附近，分别对应于随机车流中轻型货车及半拖挂卡车。车速分布如图 6-16b）所示，由图可知：平均车速为 82.1km/h，最大车速为 162km/h，车速呈现明显的双峰分布，峰值分别位于 78km/h、98km/h 附近。

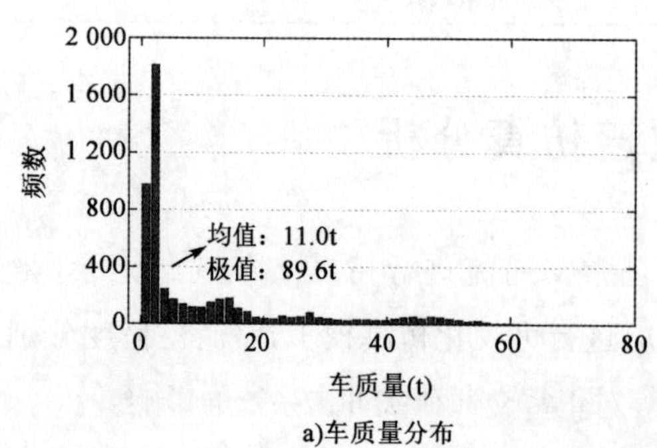

a)车质量分布

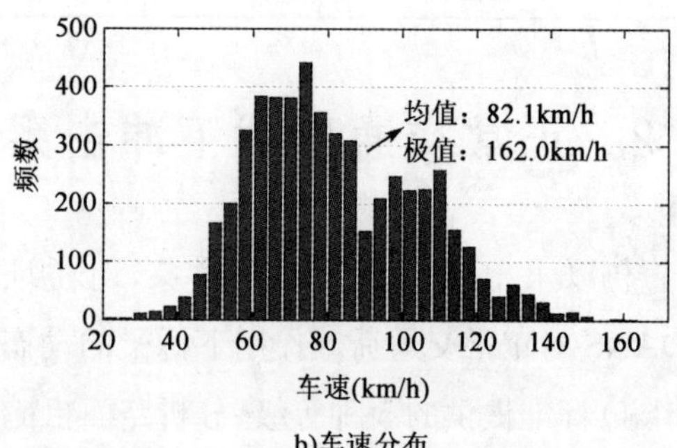

b)车速分布

图 6-16　车质量与车速分布

以每一个时段的交通流构成作为 BDANS 交通荷载输入信息，对 24h 正常交通荷载进行动态可视化仿真分析，计算各时段交通流作用下，第 6 跨 0.4L 处静、动力时程响应，图 6-17为第 17 时段某一时刻交通流的动态可视化仿真分析，当路面粗糙度为“一般”时，3 号梁竖向位移静、动力时程响应如图 6-18 所示，基于图 6-18 分析结果确定该时段冲击系数样本，如图 6-19 所示。

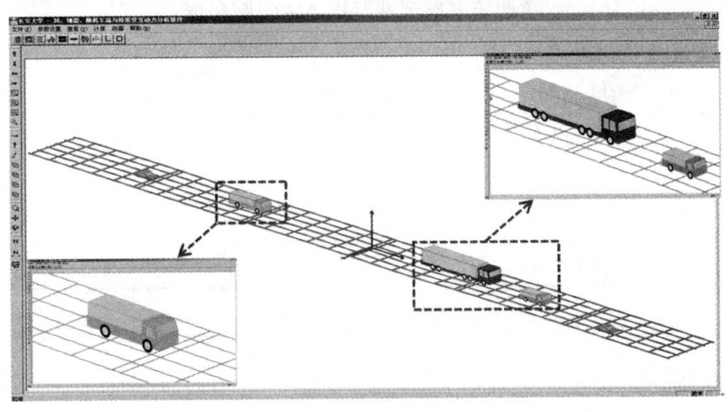

图 6-17　第 17 时段某时刻交通流动态可视化仿真

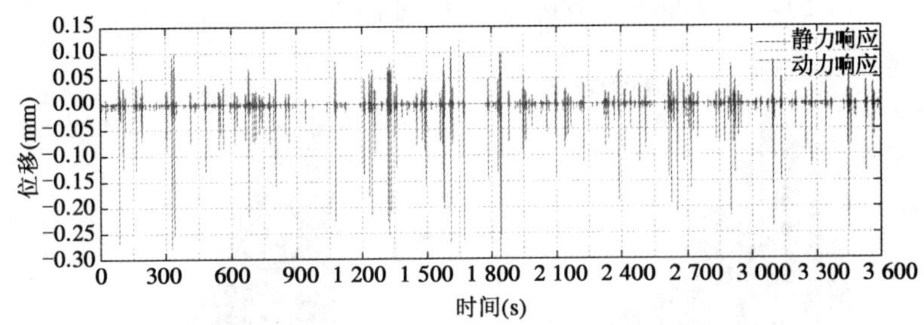

图 6-18　第 17 时段 3 号梁位移静、动力时程响应

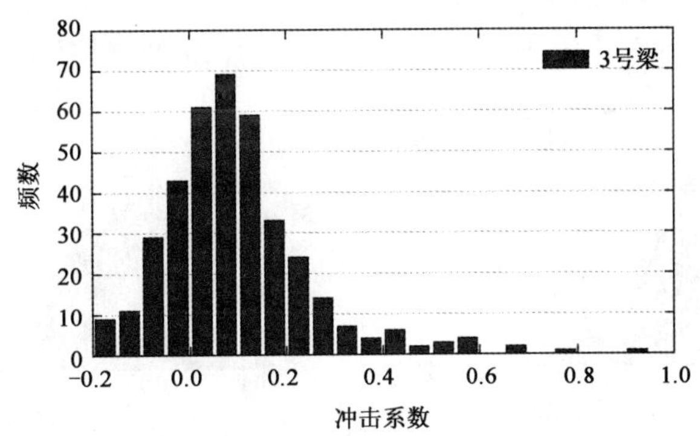

图 6-19　第 17 时段 3 号梁冲击系数样本

6.2.2　路面粗糙度对冲击系数的影响

路面粗糙度是公路桥梁冲击系数大小的重要影响因素。以响应水平较高的 3 号梁为例,研究路面空间路面粗糙度对冲击系数的影响。由 6.1.5 节的分析可知:轻车对桥梁所产生的荷载效应较小但冲击系数较大,为减小轻车对冲击系数分布的影响,不考虑交通流中车质量小于 30t 的车辆,对剩余冲击系数样本进行 K-S 检验,结果如表 6-5 所示。由表 6-5 可知,当路面粗糙度为“很好”“一般”“差”“很差”时,3 号梁冲击系数不拒绝极值-I 型分布,当路面粗糙度为“好”时,3 号梁冲击系数不拒绝正态分布。

路面粗糙度空间变化 K-S 检验结果 表 6-5

空间路面粗糙度	分布类型	Max $\|D_n\|$	$D_{n,a}$	检验结果
很好	极值-I 型分布	0.102 6	0.127 8	√
好	正态分布	0.092 2	0.114 3	√
一般	极值-I 型分布	0.088 7	0.120 6	√
差	极值-I 型分布	0.099 1	0.114 8	√
很差	极值-I 型分布	0.087 5	0.119 7	√

图 6-20a)～e)为 5 种路面粗糙度下，桥梁冲击系数的分布直方图及其分布拟合结果。由图 6-20 可知，冲击系数分布直方图与拟合曲线吻合较好。根据图 6-20 分布拟合结果计算不同置信度所对应的冲击系数取值，并将计算结果与中国 04 规范、加拿大 OHBD 规范及美国 AASHTO(LRFD)规范冲击系数进行对比，如图 6-21 所示。

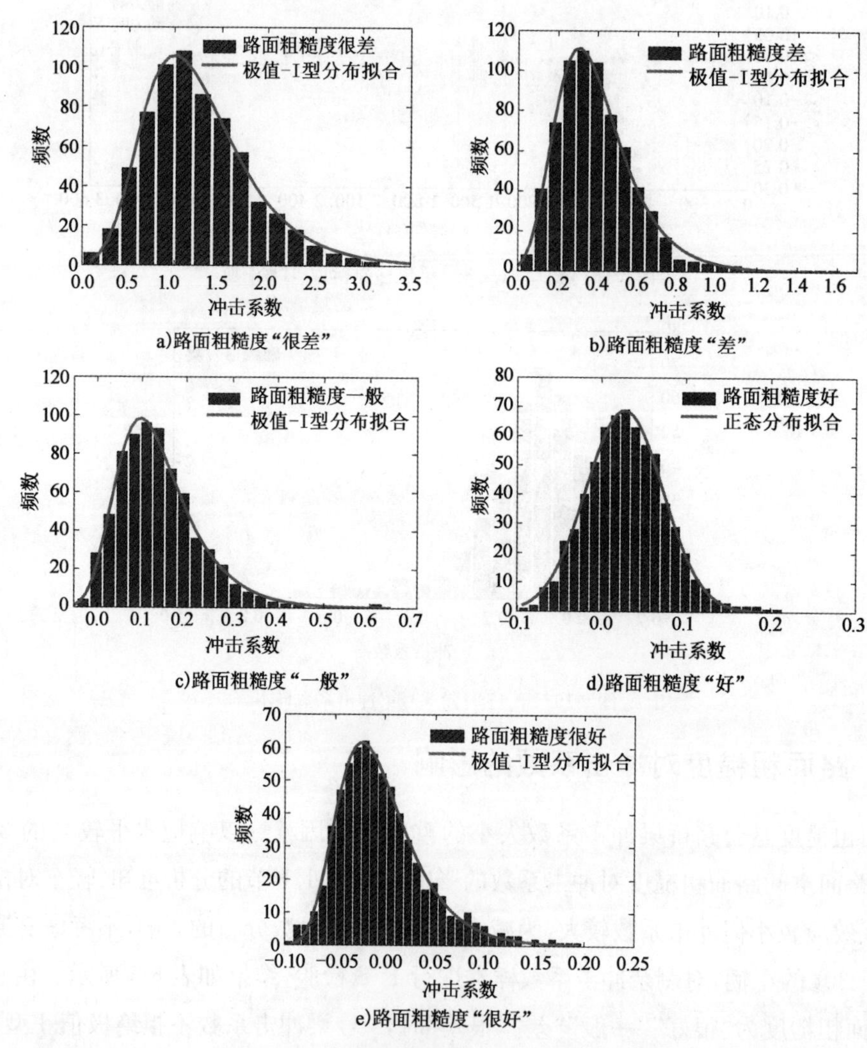

图 6-20 不同路面粗糙度下冲击系数概率分布拟合

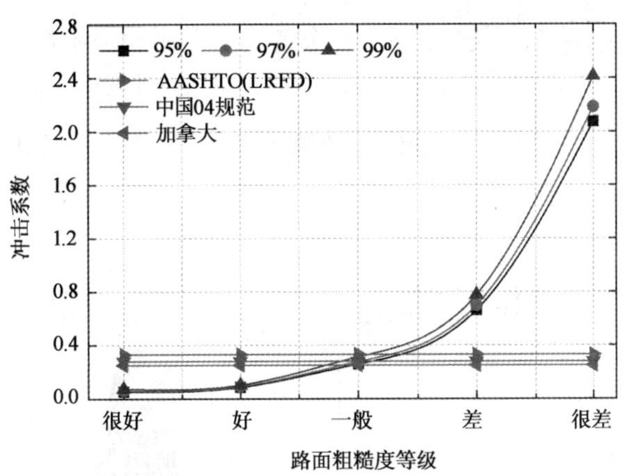

图 6-21　冲击系数取值与规范值对比

置信度水平代表了变量取值小于该分位值的概率大小，从图 6-21 可以看出：

(1)当置信度水平越高时，桥梁冲击系数取值越大，对于同一置信度水平，冲击系数取值随路面平整度的劣化不断增大，且近似呈现指数增长趋势。

(2)路面粗糙度等级为"一般"时，冲击系数取值与各规范值最接近；路面粗糙度等级为"好""很好"时，冲击系数取值低于规范值；当路面粗糙度等级为"差""很差"时，冲击系数取值明显高于各规范取值。

对于运营中的公路桥梁，尤其是高速公路桥梁，为保证运输效率及满足高速行车的要求，各地公路管理部门均会对桥梁结构及路面进行定期养护，路面粗糙度等级出现"差""很差"的可能性很小，根据调查分析，新建公路桥梁路面粗糙度等级一般为"很好"，正常运营中的公路桥梁路面粗糙度等级基于"好"与"一般"之间[10]。中国 04 规范冲击系数取值与路面粗糙度等级"一般"时的分析结果最接近且略高于置信度为 95%的分析结果，说明中国 04 规范冲击系数取值考虑到了实际运营中较不利的情况并具有一定的富余度，取值较为合理。

6.2.3　车型对冲击系数的影响

5 种类型车辆与桥梁结构的耦合振动特性各不相同，为分析各类车型冲击系数的分布规律，以路面粗糙度等级"一般"为例，提取各车型作用下 3 号梁的冲击系数样本，并对其分布进行 K-S 拟合检验。由于第 2 类、第 3 类车辆数量有限但荷载特性相似，分析时将两类车型的冲击系数样本合并进行分析，分析结果见表 6-6。

各类车型 K-S 检验结果　　表 6-6

车辆类型	分布类型	Max $\|D_n\|$	$D_{n,a}$	检验结果
第 1 类车	极值-I 型	0.071 3	0.126 5	√
第 2、3 类车	极值-I 型	0.108 5	0.123 3	√
第 4 类车	极值-I 型	0.244 8	0.112 0	×
第 5 类车	极值-I 型	0.095 6	0.134 5	√

从表 6-6 可以看出，除第 4 类车之外，其余各类型车辆冲击系数样本均不拒绝极值-I 型分布，可能由于第 4 类车所对应冲击系数样本量过少，各车型冲击系数样本分布拟合结果如图 6-22 所示。由图 6-22 可知，样本量较大的第 1 类车、第 5 类车冲击系数分布直方图与极值-I 型分布拟合曲线吻合最好。

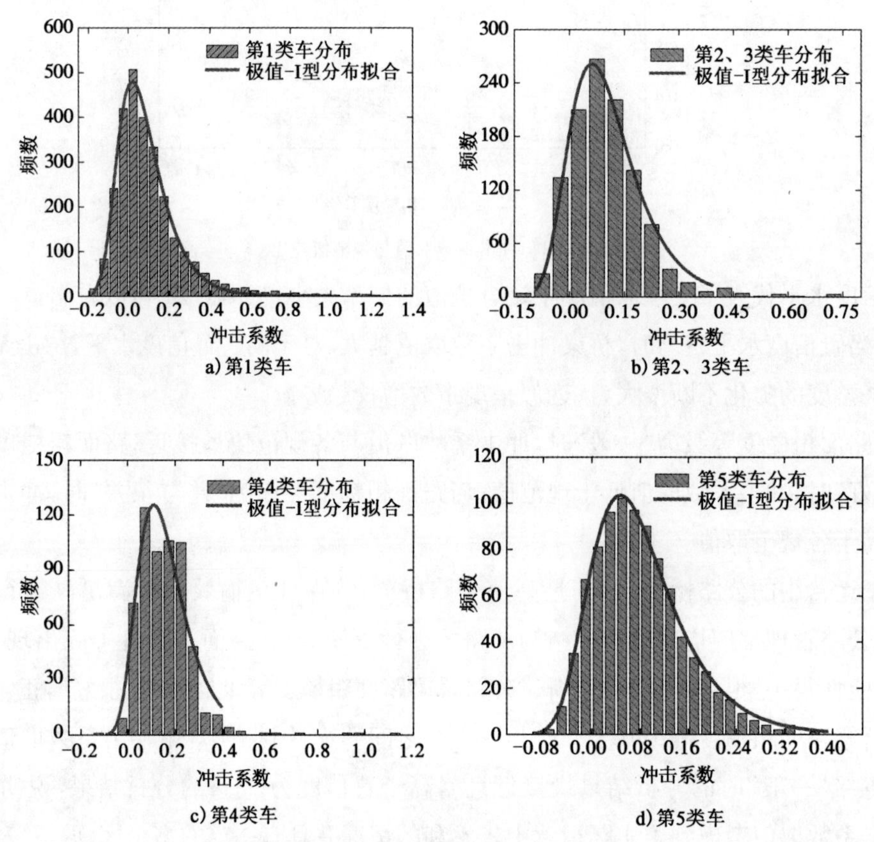

图 6-22 5 种类型车冲击系数分布拟合

基于各类型车辆冲击系数样本确定其置信度为 95%时的冲击系数取值，并与我国 04 规范取值对比，结果如图 6-23 所示。从图 6-23 可以看出，第 1 类车置信度为 95%的冲击系数取值明显大于规范值，第 4 类、第 5 类车均略低于规范值，第 2、3 类车与规范值比较接近。可以推测，用于规范冲击系数取值方法确定的冲击系数样本中，车辆以第 2、3、4 类车为主。车型组成将会在很大程度上影响冲击系数的最终分析结果，与规范冲击系数取值方法修订相关的下一步研究，应更加注意实际中车型比例的影响。

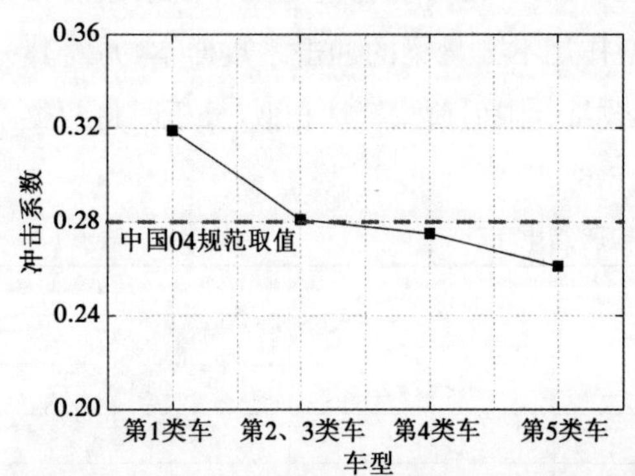

图 6-23 各车型置信度 95%冲击系数取值与规范值对比

6.3　重载下冲击系数谱仿真分析

车辆冲击系数随车质量的增大而减小，但轻型车辆荷载水平较低，计入冲击系数的车辆动力效应对结构的运营安全仍不足以构成严重威胁，相反重型车辆尤其是特重车，由于其对结构所产生的静力效应较大，即使在冲击系数较小的情况下，其荷载效应仍有可能对结构的运营安全构成威胁。

本节以高速公路典型装配式简支 T 梁桥为研究对象，基于交通荷载调查得到的特重车荷载信息，对特重车过桥进行动态可视化仿真分析并获取其冲击系数样本，据此研究特重车冲击系数分布特性及合理取值方法，对在役桥梁的安全评价等工作具有重要意义。

6.3.1　装配式简支 T 梁桥动力特性

选择交通运输部《桥梁上部构造通用图》中荷载等级为公路—I 级、路基宽度 24.5m、左右幅分离、跨径为 20m、25m、30m、35m、40m 的 5 座装配式简支 T 梁桥为研究对象，结构具体参数及建模过程详见 5.2 节。表 6-7 为装配式简支 T 梁桥前五阶振型振动频率。我国当前桥梁冲击系数通过结构的振动基频确定，图 6-24 分别为 5 座简支 T 梁桥振动基频及冲击系数计算结果随跨径的变化情况，可见装配式简支 T 梁桥振动基频及冲击系数的理论计算结果均随跨径的增加而下降。

装配式简支 T 梁桥前五阶振动频率（单位：Hz）　　表 6-7

阶次	L=20m	L=25m	L=30m	L=35m	L=40m
第一阶	7.538	5.523	4.591	4.015	3.386
第二阶	8.308	6.215	5.135	4.533	3.950
第三阶	21.335	21.814	18.144	15.811	13.251
第四阶	30.357	22.325	18.470	16.039	13.451
第五阶	30.776	22.540	20.561	16.682	13.514

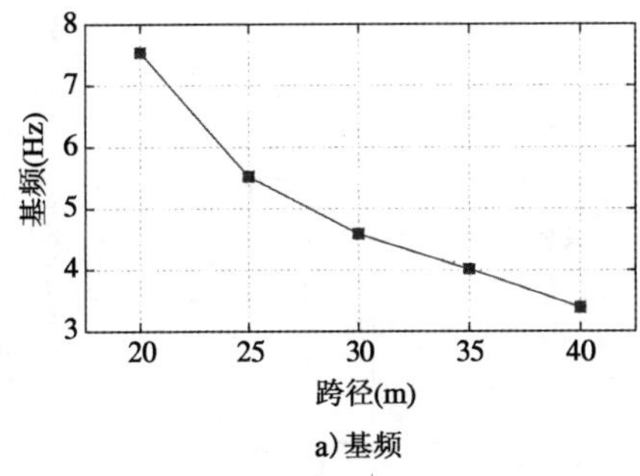

a）基频

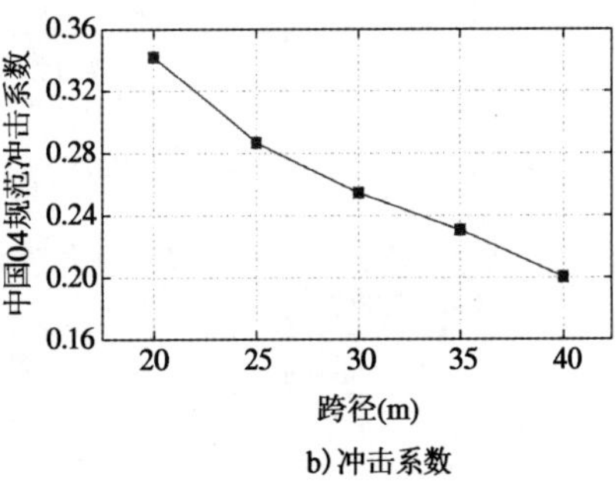

b）冲击系数

图 6-24　装配式简支 T 梁桥振动基频及冲击系数规范取值

6.3.2 特重车冲击系数计算及概率分布特性

特重车荷载信息选用宣大高速的 881 个特重车荷载工况，使用 BDANS 对每一个特重车荷载工况进行动态可视化仿真分析，得到结构关键截面的静、动力响应，并根据定义确定每一个工况对应的冲击系数，分析中路面粗糙度等级依次选用"很好""好""一般""差""很差"5 种。

中小跨径桥梁位移响应通常不控制结构设计，梁式桥强度安全主要由其抗弯强度控制，以正弯矩效应冲击系数为对象研究特重车冲击系数的分布特性。当路面粗糙度选择"很好"时，40m 简支 T 梁桥 3 号梁正弯矩效应冲击系数谱如图 6-25 所示。

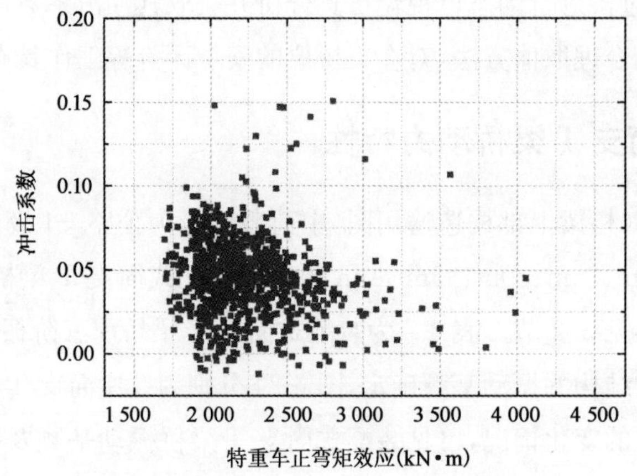

图 6-25 40m 简支 T 梁 3 号梁冲击系数谱

对各简支 T 梁桥在不同路面粗糙度下 3 号梁的特重车冲击系数进行概率分布拟合，分布类型及分布参数见表 6-8，由表 6-8 可知，特重车冲击系数除少数不拒绝正态分布外，大部分情况下均不拒绝极值-I 型分布。以 40m 简支 T 梁桥为例，给出 3 号梁特重车正弯矩冲击系数的分布及拟合结果，如图 6-26 所示，可见极值-I 型分布或正态分布能够完好地反映冲击系数的分布情况。

特重车冲击系数分布类型及分布参数 表 6-8

桥型	路面粗糙度	统计参数			分布类型	分布参数	
		均值	标准差	变异系数			
$L=20$m	很差	0.889	0.33	0.371	极值-I 型	$\hat{\alpha}=3.887$	$\hat{\beta}=0.740$
	差	0.231	0.153	0.662	极值-I 型	$\hat{\alpha}=8.383$	$\hat{\beta}=1.162$
	一般	0.152	0.078	0.513	极值-I 型	$\hat{\alpha}=16.44$	$\hat{\beta}=1.117$
	好	0.061	0.039	0.639	极值-I 型	$\hat{\alpha}=32.89$	$\hat{\beta}=1.043$
	很好	0.039	0.021	0.538	正态分布	$\hat{\mu}=0.039$	$\hat{\sigma}=0.021$
$L=25$m	很差	0.977	0.35	0.358	正态分布	$\hat{\mu}=0.977$	$\hat{\sigma}=0.350$
	差	0.321	0.151	0.470	正态分布	$\hat{\mu}=0.321$	$\hat{\sigma}=0.151$
	一般	0.14	0.077	0.550	极值-I 型	$\hat{\alpha}=16.656$	$\hat{\beta}=0.105$

续上表

桥型	路面粗糙度	统计参数			分布类型	分布参数	
		均值	标准差	变异系数			
$L=25\text{m}$	好	0.063	0.037	0.587	正态分布	$\hat{\mu}=0.063$	$\hat{\sigma}=0.037$
	很好	0.012	0.029	2.417	极值-I型	$\hat{\alpha}=44.226$	$\hat{\beta}=-0.001$
$L=30\text{m}$	很差	0.935	0.363	0.388	极值-I型	$\hat{\alpha}=3.533$	$\hat{\beta}=0.772$
	差	0.335	0.156	0.466	极值-I型	$\hat{\alpha}=8.221$	$\hat{\beta}=0.265$
	一般	0.123	0.081	0.659	极值-I型	$\hat{\alpha}=15.834$	$\hat{\beta}=0.087$
	好	0.051	0.033	0.647	极值-I型	$\hat{\alpha}=38.865$	$\hat{\beta}=0.036$
	很好	0.014	0.023	1.643	极值-I型	$\hat{\alpha}=55.763$	$\hat{\beta}=0.004$
$L=35\text{m}$	很差	0.654	0.493	0.754	极值-I型	$\hat{\alpha}=2.602$	$\hat{\beta}=0.432$
	差	0.339	0.117	0.345	极值-I型	$\hat{\alpha}=10.962$	$\hat{\beta}=0.286$
	一般	0.132	0.073	0.553	极值-I型	$\hat{\alpha}=17.569$	$\hat{\beta}=0.099$
	好	0.032	0.036	1.125	极值-I型	$\hat{\alpha}=35.626$	$\hat{\beta}=1.016$
	很好	0.002	0.02	10.000	极值-I型	$\hat{\alpha}=64.127$	$\hat{\beta}=-0.007$
$L=40\text{m}$	很差	0.948	0.37	0.390	正态分布	$\hat{\mu}=0.948$	$\hat{\sigma}=0.370$
	差	0.337	0.118	0.350	极值-I型	$\hat{\alpha}=10.869$	$\hat{\beta}=0.284$
	一般	0.145	0.062	0.428	极值-I型	$\hat{\alpha}=20.686$	$\hat{\beta}=0.117$
	好	0.038	0.033	0.868	极值-I型	$\hat{\alpha}=38.865$	$\hat{\beta}=0.023$
	很好	0.008	0.009	1.125	正态分布	$\hat{\mu}=0.008$	$\hat{\sigma}=0.009$

6.3.3　特重车冲击系数合理取值方法研究

基于各简支T梁桥不同路面粗糙度等级对应的特重车冲击系数样本，取各样本的0.95分位值，并将其与中国04规范值进行对比，结果如表6-9、图6-27所示。从表6-9与图6-27可以看出：

(1)特重车冲击系数随路面平整度的劣化而增大，路面粗糙度等级"一般"对应结果与规范值最接近，并且当跨径为20m时略小于规范值，当跨径为30～40m时略大于规范值；

(2)路面粗糙度等级为"一般""好""很好"对应冲击系数0.95分位值随跨径的增大而降低，主要由于结构刚度随跨径的增大而降低，但路面粗糙度为"差"与"很差"对应结果随跨径的增加不再呈现单调下降的趋势。

特重车冲击系数0.95分位值　　表6-9

桥梁跨径	路面粗糙度等级				
	很差	差	一般	好	很好
$L=20\text{m}$	1.505	0.517	0.297	0.133	0.074
$L=25\text{m}$	1.551	0.569	0.284	0.124	0.066
$L=30\text{m}$	1.613	0.626	0.274	0.113	0.057
$L=35\text{m}$	1.555	0.556	0.269	0.107	0.039
$L=40\text{m}$	1.555	0.556	0.260	0.099	0.023

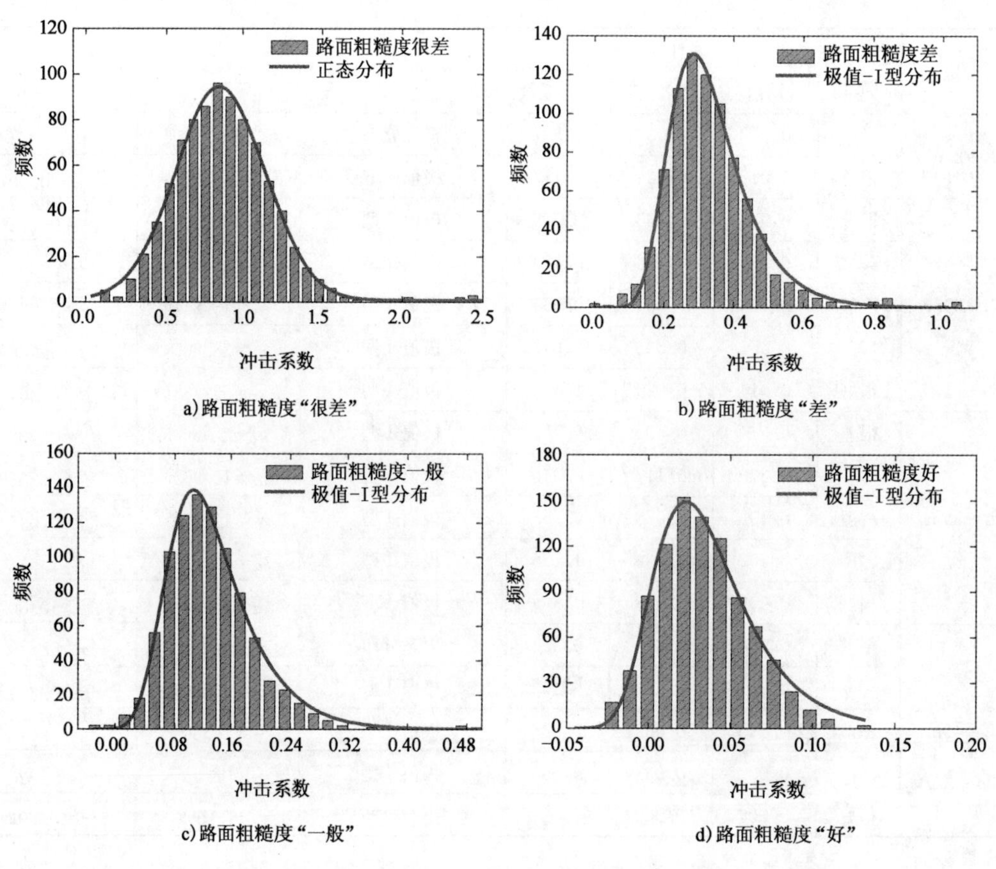

图 6-26　40m 简支 T 梁特重车冲击系数分布拟合

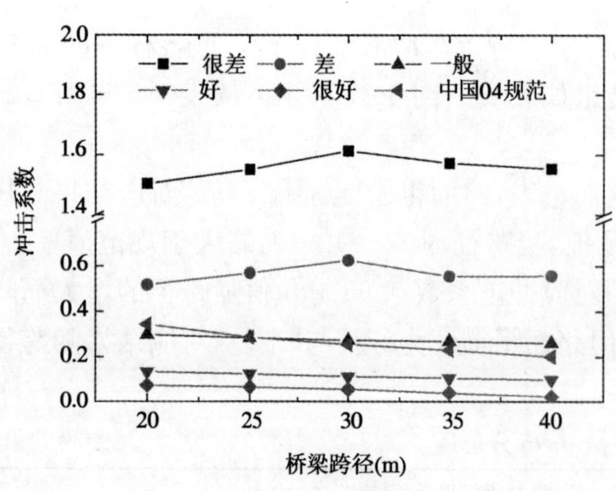

图 6-27　不同路面粗糙度冲击系数 0.95 分位值与规范值的对比

使用基频确定结构动态放大系数（*DAF*）取值是世界各国规范中的主流方法之一。桥梁结构的基频反映了结构的尺寸、类型、建筑材料等动力特性内容，它直接反映了冲击系数与桥梁结构之间的关系，只要桥梁结构的基频相同，在同样条件的汽车荷载下就能得到基本相同的冲击系数。不同路面粗糙度等级所对应特重车冲击系数分析结果与规范值差异较大，为研究特重车冲击系数的合理取值方法，首先使用式（6-7）所示的单对数函数对路面粗糙度等级“一般”时动态放大系数与结构基频之间的关系进行回归分析[11]：

$$\mu = a - b\ln(f + c) \tag{6-7}$$

式中：μ——冲击系数；

f——结构振动基频；

a、b、c——回归系数，回归分析结果如表 6-10 及图 6-28 所示。

特重车 *DAF* 与结构基频回归分析结果 表 6-10

拟合类型	回归系数		相关系数		函数关系
	a	b	c	r^2	
与基频 f 关系	0.213 34	−0.042 53	−0.395 84	0.995 1	$\mu=0.213\,34+0.042\,53\ln(f-0.395\,84)$

其次，基于路面粗糙度等级为“一般”时的特重车冲击系数与结构基频的关系，引入修正系数 m_c，对同一基频下不同路面粗糙度等级的冲击系数进行修正。m_c 的确定方法为：根据表 6-10 的分析结果，取各路面粗糙度等级冲击系数 0.95 分位值与路面粗糙度等级“一般”的比值的平均水平，作为各路面粗糙度等级冲击系数取值的修正系数，m_c 计算结果如式(6-8)。对特重车冲击系数修正计算结果的适用性进行验证，结果显示各路面粗糙度等级所对应修正计算结果置信度水平均高于 92%，见表 6-11。可以认为修正之后的特重车冲击系数取值方法具有较好的适用性。

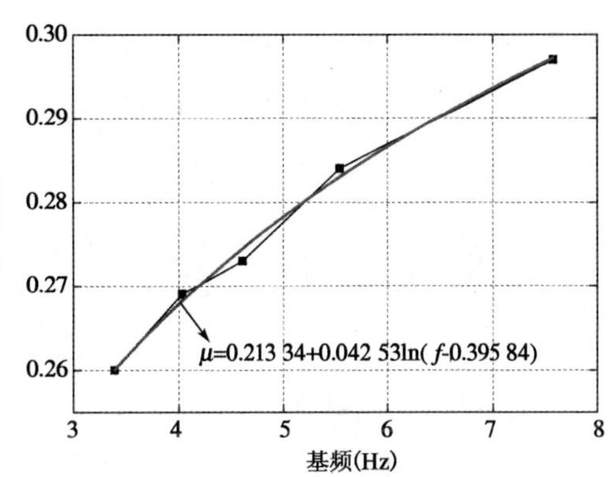

图 6-28 特重车冲击系数与结构基频关系（路面粗糙度等级“一般”）

$$m_c=\begin{cases}5.9 & \text{“很差”}\\ 2.3 & \text{“差”}\\ 1.0 & \text{“一般”}\\ 0.5 & \text{“好”}\\ 0.3 & \text{“很好”}\end{cases} \tag{6-8}$$

不同路面粗糙度冲击系数修正计算结果 表 6-11

桥梁跨径	修正系数 m_c				
	5.9(很差)	2.3(差)	1.0(一般)	0.5(好)	0.3(很好)
L=20m	1.752 (98.4%)	0.683 (99.2%)	0.297 (95%)	0.149 (93.6%)	0.089 (99.1%)
L=25m	1.670 (97.6%)	0.651(98.6%)	0.283 (95%)	0.142 (98.3%)	0.085 (93.2%)
L=30m	1.617 (96.9%)	0.630 (97.8%)	0.274 (95%)	0.137 (98.6%)	0.082 (92.0%)
L=35m	1.581 (96.8%)	0.616 (98.2%)	0.268 (95%)	0.134 (96.2%)	0.080 (99.5%)
L=40m	1.534 (98.1%)	0.598 (98.5%)	0.260 (95%)	0.130 (96.7%)	0.078 (99.9%)

6.4 主要分析结论

根据冲击系数的实测与仿真分析，可以得到如下结论：

(1)多车过桥工况所对应冲击系数略小于单车过桥，冲击系数随着车质量的增大呈现整体下降的趋势，并与车辆行驶速度存在较弱的正相关关系。

(2)路面粗糙度对冲击系数影响明显，当路面粗糙度为“一般”时，分析结果与规范取值较为接近；路面粗糙度为“很好”“好”时，分析结果低于规范值；当路面粗糙度为“差”“很差”时，高于规范值。考虑到公路管理部门对路面进行定期的维护与更新，实际路面粗糙度大多处于“很好”“好”或“一般”的状态，我国04规范冲击系数取值能够囊括路面粗糙度“一般”的情况，取值较为合理。

(3)当冲击系数样本充足时，各类型车辆对应冲击系数不拒绝极值-I型分布，且不同类型车辆所对应冲击系数不同。对于永定河大桥，第1类车辆置信度为95%的冲击系数取值明显高于我国04规范取值，第2类、第3类车辆与我国04规范取值较为接近，第4类、第5类车辆则略低于我国04规范取值；

(4)特重车冲击系数除少数情况不拒绝正态分布之外，大部分情况均不拒绝极值-I型分布，基于路面粗糙度等级为“一般”时特重车 *DAF* 与结构基频的关系，引入修正系数 m_c，对同一基频下不同路面粗糙度等级的特重车 *DAF* 进行修正，修正计算结果所对应置信度水平均高于92%，具有较好的适用性。

本章参考文献

[1] 李永庆. 基于模型修正的梁格法车桥耦合振动程序开发和验证[D]. 西安：长安大学，2010.

[2] 李钟慎. 基于MATLAB设计巴特沃斯低通滤波器[J]. 信息技术，2003. 27(3)：49-52.

[3] 王济，胡晓. MATLAB在振动信号处理中的应用[M]. 北京：中国水利水电出版社，2006.

[4] Asheboa B, Chan T H T, Yu Ling. Evaluation of dynamic loads on a skew box girder continuous bridge. Part II: Parametric study and dynamic load factor [J]. Engineering Structures, 2007. 29(6): 1064-1073.

[5] Connor C O, Chan T H T. Dynamic Wheel Loads From Bridge Strains[J]. Journal of Structural Engineering, 1988, 114 (8): 1703-1723.

[6] Hwang E S, Nowak A S. Simulation of dynamic load for bridges[J]. Journal of Structural Engineering, 1991, 117(5): 1413-34.

[7] Schwarz M, Laman JA. Response of prestressed concrete I—girder bridges to live load[J]. Journal of Bridge Engineering, 2001, 6(1): 1-8.

[8] Kim S, Nowak A. S. Load distribution and impact factors for I—girder bridges[J]. Journal of Bridge Engineering,1997,2(3):97-104.

[9] 李扬海,鲍卫刚,郭修武,等. 公路桥梁结构可靠度与概率极限状态设计[M]. 北京:人民交通出版社,1997.

[10] Han W S, Wu J. ,Cai C S and Chen S R. Characteristics and Dynamic Impact of Overloaded Extra Heavy Trucks on Typical Highway Bridges[J]. Journal of Bridge Engineering, 2015, 20(2):05014011.

[11] 舒涛. 基于实测随机车流样本的桥梁冲击系数谱研究[D]. 西安:长安大学, 2014.

第7章 基于可靠度理论的中小跨径桥梁车辆限载研究

在公路货运周转量逐年增长的背景下，为了迎合运输市场及运输业者的需求，车辆生产商通过各种改装手段不断提高卡车的实际装载能力，而卡车装载能力的提升直接导致了运力供过于求及运价不断走低，在这种情况下，运输业者与卡车司机出于对利益最大化的追逐，又将使该现象不断陷入恶性循环，最终形成了当前公路货运市场运价扭曲、无序竞争的激烈局面，由经济利益贯穿的“货主-运输业者-车辆生产、改装厂家”的超载超限链条，使公路超载超限运输久治不愈、屡禁不止[1-2]。

针对超载超限运输普遍存在的情况，国家相关部门及地方政府已出具了多套相关的治超标准，其中包括全国治超领导小组办公室颁布的《超限超载车辆认定标准图解》[3]以及《道路车辆外廓尺寸、轴荷及质量限值》(GB 1589—2004)[4]。本章分别以工程结构可靠度理论与BDANS中的移动荷载分析模块为理论基础及分析计算平台，研究中小跨径桥梁对典型重载卡车车质量的限载质量，并据此分析目标可靠指标、区域荷载特性对车辆限载结果的影响以及当前国家治超标准对中小跨径桥梁车辆限载的适用性。

7.1 车辆限载研究技术路线

与结构的安全设计类似，车辆限载标准的制定是受国家经济条件制约的风险决策过程。基于可靠度理论的车辆限载研究，包含以下几个步骤：

(1)应选择目标可靠指标，即最终确定的限载方案在付诸执行之后，结构服役期间可靠度水平的下限。依据《工程结构可靠性设计统一标准》(GB 50153—2008)[5]中关于公路桥梁结构设计目标可靠指标的相关规定，安全等级为一级、二级、三级的延性破坏构件设计目标可靠指标分别为4.7、4.2、3.7，据此选择六级目标可靠指标，依次为：5.0、4.7、4.5、4.3、4.0、3.7。

(2)选择需要进行限载研究的目标车型，不同于前人研究的是，基于可靠度理论的中小跨径桥梁车辆限载研究将针对单个车型逐个展开，根据交通荷载调查分析结果选择典型重载载货车作为车辆限载研究的目标车型，见表7-1所示。表7-1中目标车型包括3轴载货车、4 轴载货车、5 轴载货车及 6 轴载货车，其中，3 轴载货车均为整车，4 轴载货车包括整车及半拖挂载货车，5 轴、6 轴载货车均为半拖挂载货车。所选择的目标车型基本可以涵盖当前阶段我国公路运输中的所有常规重载载货车。

公路桥梁车辆限载研究目标车型　　表 7-1

车型	轴数	BDANS 编码	车型来源	图示轴距（cm）
大货车 V8	3	3-1	3 个地区	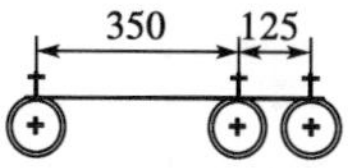 350　125
		4-1	G104 国道	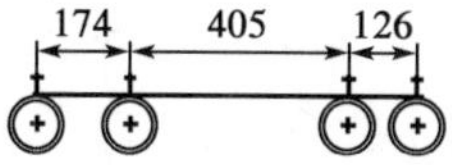 174　405　126
大货车 V9	4	4-2	宣大高速	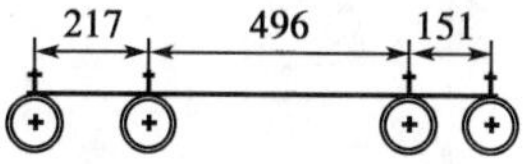 217　496　151
		4-3	沪陕高速	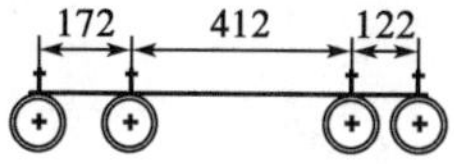 172　412　122
拖挂车 V11	4	8-1	宣大高速	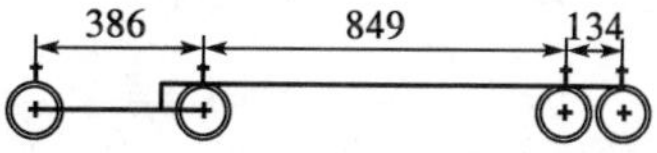 386　849　134
		8-2	沪陕高速	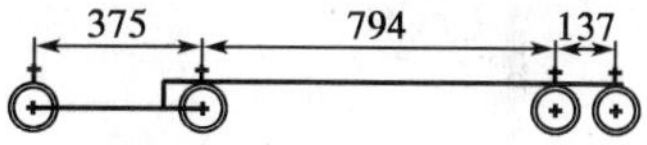 375　794　137
拖挂车 V12	5	9-1	G104 国道	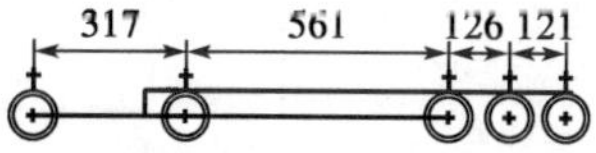 317　561　126　121
		9-2	宣大高速	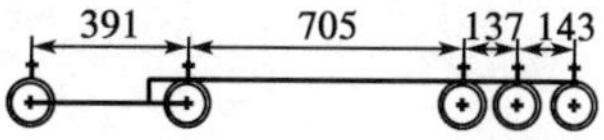 391　705　137　143
		9-3	沪陕高速	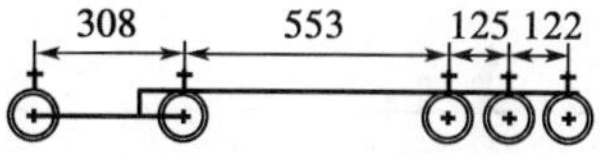 308　553　125　122
拖挂车 V14	5	10-1	G104 国道	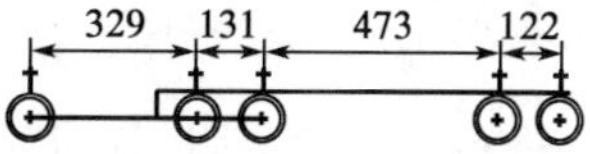 329　131　473　122
		10-2	宣大高速	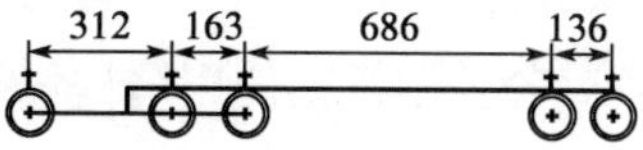 312　163　686　136
		10-3	沪陕高速	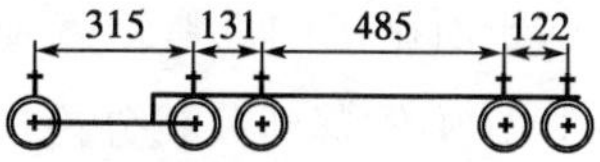 315　131　485　122

续上表

车型	轴数	BDANS编码	车型来源	图示轴距(cm)
拖挂车 V15	6	11-1	G104国道	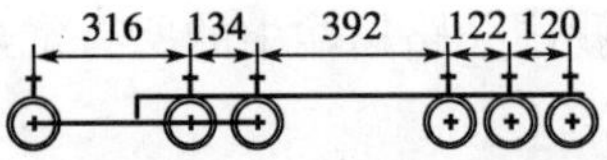 316 134 392 122 120
		11-2	G104国道	 295 130 688 122 121
		11-3	G104国道	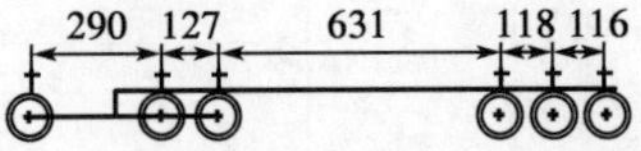 290 127 631 118 116
		11-5	宣大高速	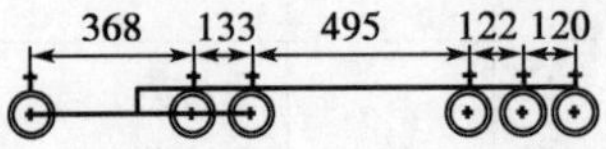 368 133 495 122 120
		11-6	宣大高速	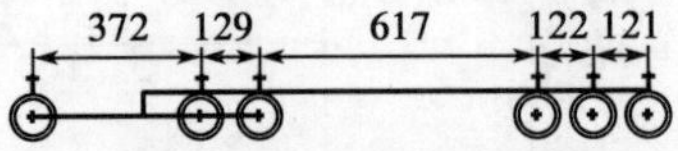 372 129 617 122 121
		11-8	沪陕高速	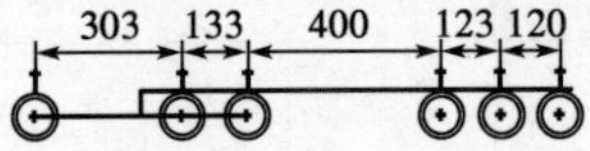 303 133 400 123 120
		11-9	沪陕高速	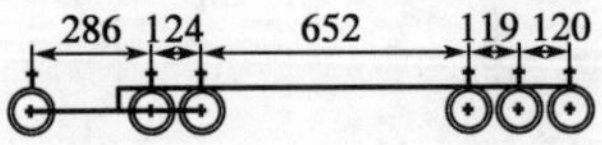 286 124 652 119 120
拖挂车 V16	6	11-4	G104国道	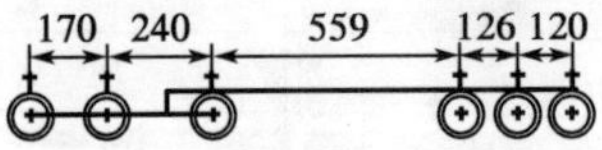 170 240 559 126 120
		11-7	宣大高速	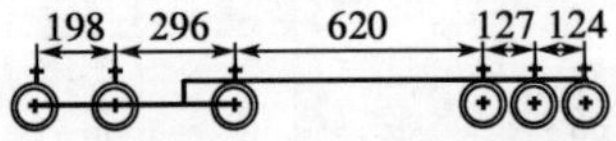 198 296 620 127 124
		11-10	沪陕高速	 165 251 566 123 120

(3)确定限载研究的控制桥梁。第5章的分析中列举了包括钢筋混凝土空心板桥、预应力混凝土空心板桥、简支T梁桥、连续箱梁桥在内的17座典型中小跨径桥梁,若选择17座桥梁逐一进行限载研究,过程过于烦琐且没有必要,若从中挑选出对限载结果起控制作用的代表桥梁进行研究,计算过程将得到大量简化且不会影响最终分析结果。

(4)对各控制桥梁使用结构可靠度理论反向迭代各目标可靠指标所对应的正弯矩效应阈值。

(5)基于所确定的正弯矩效应阈值,反算各目标可靠指标所对应的各车型的限载车质量。BDANS中的移动荷载分析模块具有确定阈值下的车重连续搜索功能,即:基于给定的车辆荷载效应阈值(正弯矩、负弯矩、剪力、位移)及车辆过桥工况,可连续搜索计算出特定车型所对应的最大车辆总质量。

对于中小跨径桥梁，车辆过桥工况主要包括以下 5 种：

(1)单车行车道过桥；

(2)单车超车道过桥；

(3)双车沿不同车道跟驰过桥；

(4)双车沿同一车道跟驰过桥；

(5)(同一车型)双车并行过桥，分别如图 7-1 所示，其中，同一卡车车型双车并行过桥在实际中出现的概率最小。结合实际中可能出现的车辆过桥工况，针对各个车型分别进行车辆限载研究时，可供选择的分析工况包括单车工况、跟驰工况及该车型的双车并行过桥工况。选择双车并行工况作为车辆限载研究的分析工况可以囊括实际中可能存在的最不利情况。下文研究中有关各车型的限载质量均是由双车并行过桥工况分析得到。基于可靠度理论的中小跨径桥梁车辆限载研究具体流程，如图 7-2 所示。

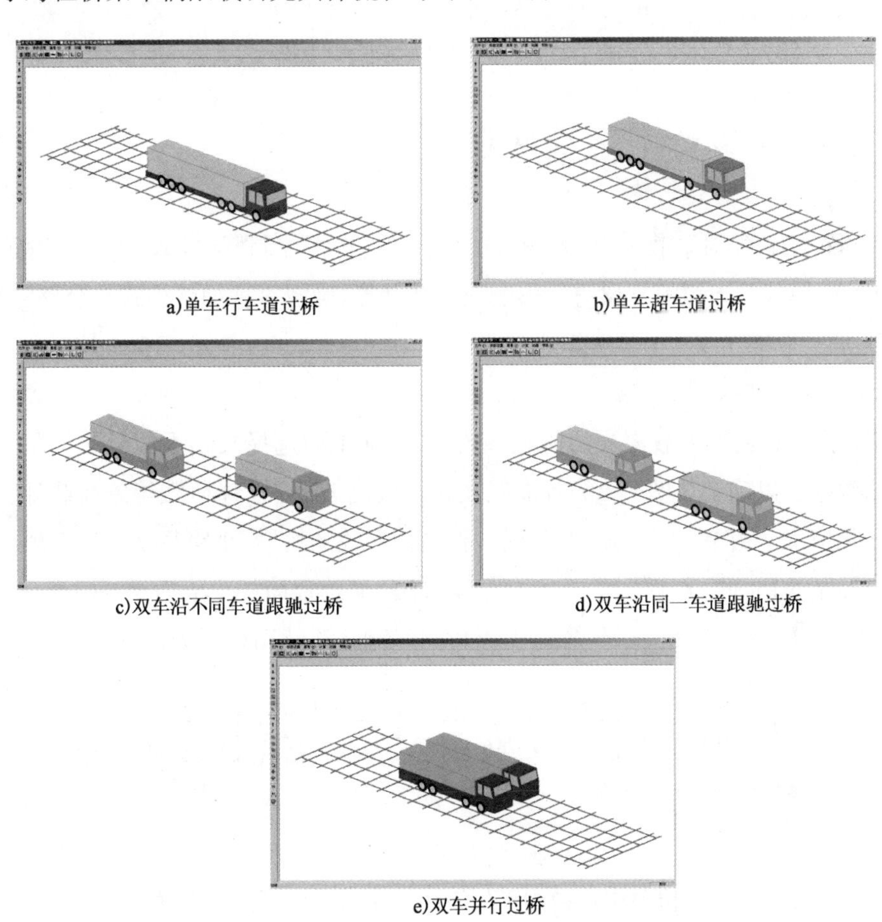

a)单车行车道过桥　b)单车超车道过桥

c)双车沿不同车道跟驰过桥　d)双车沿同一车道跟驰过桥

e)双车并行过桥

图 7-1　中小跨径桥梁车辆过桥工况

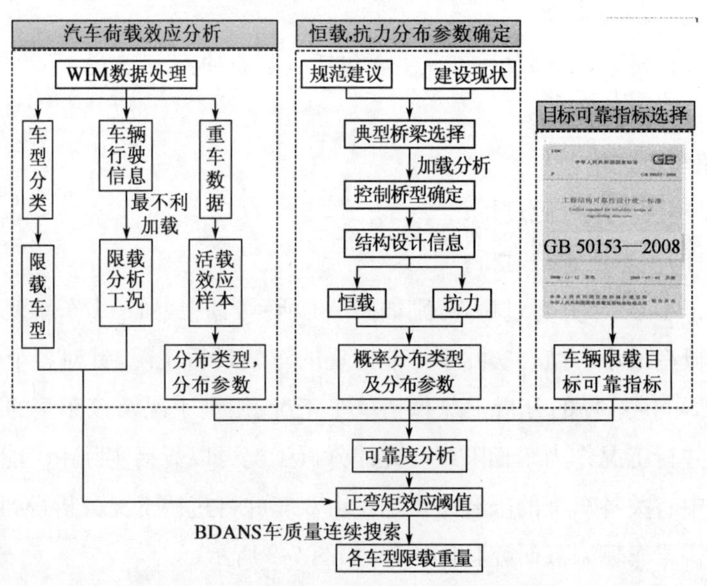

图 7-2　中小跨径桥梁车辆限载研究流程

7.2　车辆限载控制桥梁选择

为分析桥梁跨径对限载结果的影响，在此基础上选择控制桥梁，基于实际车辆荷载提取6种典型加载模式对虚拟简支梁进行影响线加载计算，确定每种加载模式与公路—I级设计汽车荷载等效的荷载水平，虚拟简支梁跨径依次为：6m、8m、10m、13m、16m、20m、25m、30m、35m、40m。

图7-3为6种典型加载模式的荷载参数，其中轴距的选择及轴重的分配均基于实际交通流监测数据予以确定。图7-4为各加载模式与公路—I级设计荷载等效荷载计算结果随跨径的变化情况。由7-4图可知：对于同一种结构形式的桥梁，小跨径桥梁对车辆限载研究的结果起控制作用，但8m跨径简支梁有可能取代6m跨径简支梁成为控制因素。初步选择RC6m、RC8m、PC10m板桥、20m简支T梁桥、4×20m连续箱梁桥为控制桥梁。

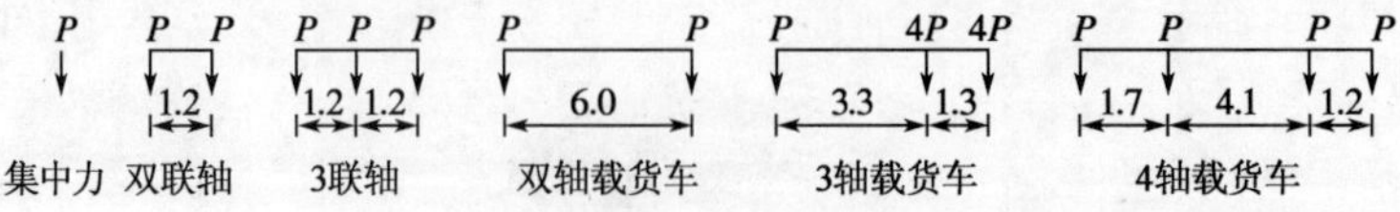

图 7-3　加载模式(轴距单位：m)

为进一步从以上5座桥梁中选择用于最终限载车质量计算的控制桥梁，以公路—I级设计正弯矩效应为荷载效应阈值，以双车并行为车辆过桥工况，计算各目标车型与公路—I级设计汽车荷载等效车质量，最终计算结果如图7-5所示。由图7-5可知：对各车型最终限载分析结果可能起到控制作用的桥梁有 RC6m、PC10m 板桥及 4×20m 连续箱梁桥。

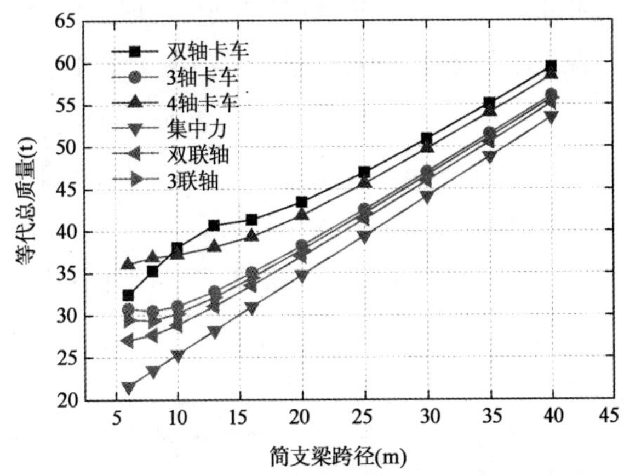

图 7-4　各加载模式等代质量随跨径变化情况

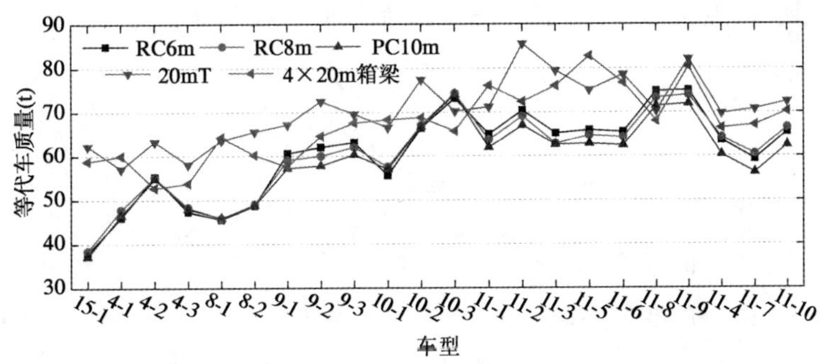

图 7-5　各车型与公路—I级设计汽车荷载的等效车质量

7.3　工程结构可靠度理论简介

7.3.1　工程结构可靠度基本概念

可靠度是对结构可靠性的概率度量，即：结构在预定的时间和条件下，完成预定功能的概率。预定的时间：在结构可靠度分析中，考虑各参数与时间的关系时所采用的基准时间，对于桥梁结构一般取其设计基准期；预定的条件：正常的设计、施工与运营条件，不考虑人为过失的影响；预定的功能：结构的安全性、适用性与耐久性。

在可靠度理论中，与结构安全相关的主要参数均使用随机变量表示，如：结构抗力、恒载效应、活荷载效应等。记结构关键截面的抗力为随机变量 R，荷载效应为随机变量 S，则结构在运营阶段的功能函数为[6]：

$$Z = R - S \tag{7-1}$$

显然:当 $Z>0$ 时,结构处于安全运营的状态;$Z<0$ 时结构失效。原则上,在结构的设计中 R 不应小于 S ,然而由于二者均按照随机变量进行处理,$R-S<0$ 的情况是存在的,使用概率论度量这种情况发生的概率,即结构的失效概率 P_{f},如式(7-2):

$$P_f = P(Z<0) = P[(R-S)<0] \tag{7-2}$$

图 7-6 为随机变量 R、S 的概率密度函数曲线,在二者曲线的重叠区域内,若 $R<S$,则结构失效,失效概率水平与重叠区域的面积大小有关。

为得到 P_{f} 的求解方法,苏联数学家尔然尼钦[7]于 1947 年提出了一次二阶矩理论的基本概念,当 R 、S 服从正态分布时,结构的安全指标为:

$$\beta = \frac{m_{\mathrm{R}} - m_{\mathrm{S}}}{\sqrt{D_{\mathrm{R}} - 2D_{\mathrm{RS}} + D_{\mathrm{S}}}} \tag{7-3}$$

式中:m_{R}、m_{S} —— R、S 的平均值;

D_{R}、D_{S} —— R、S 的方差;

D_{RS}—— R、S 的协方差,当 R、S 相互独立时,$D_{\mathrm{RS}}=0$。

当 R、S 服从对数正态分布时,结构的安全指标为:

$$\beta = \frac{\ln\left(\frac{m_{\mathrm{R}}}{m_{\mathrm{S}}}\right) - 0.5\ln\left(\frac{1+V_{\mathrm{R}}^2}{1+V_{\mathrm{S}}^2}\right)}{\sqrt{\ln[(1+V_{\mathrm{R}}^2)(1+V_{\mathrm{S}}^2)]}} \tag{7-4}$$

式中:m_{R}、m_{S} —— R、S 的平均值;

V_{R}、V_{S} —— R、S 的变异系数。

图 7-7 给出了随机变量 Z 的概率密度曲线,P_{f} 即为 $P(Z<0)$,结合尔然尼钦的理论与 Z 的分布,图 7-7 中从 $Z=0$ 至 $Z=m_Z$ 的距离可用 σ_Z 度量:$m_Z=\beta\sigma_Z$,即 P_{f} 与 β 之间存在一一对应的关系,现推导 P_{f} 与 β 之间的换算关系:

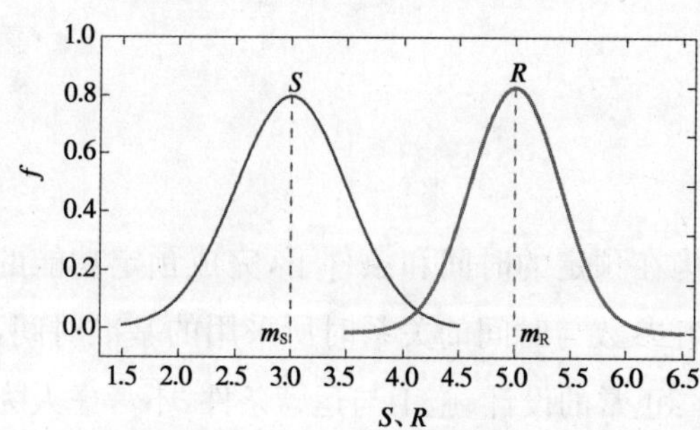

图 7-6 R、S 概率密度函数曲线

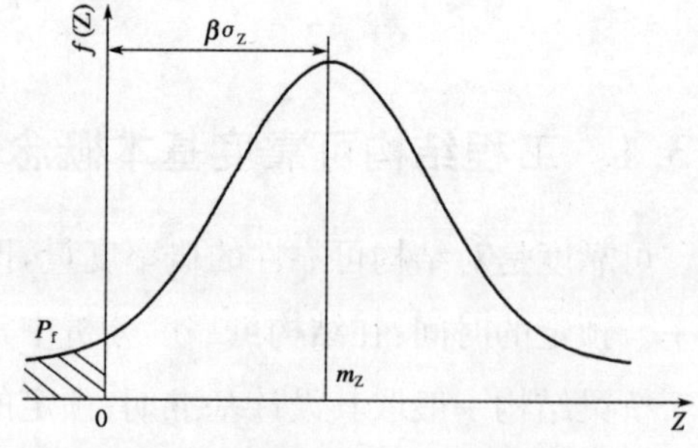

图 7-7 随机变量 Z 的概率密度曲线

(1)根据失效概率的定义:

$$P_{\mathrm{f}} = P(Z<0)$$

$$= \int_{-\infty}^{0} \frac{1}{\sqrt{2\pi}\sigma_z} \exp\left[-\frac{(z-m_z)^2}{2\sigma_z^2}\right] \mathrm{d}z \tag{7-5}$$

(2)将正态随机变量标准化,引入服从标准正态分布的随机变量 t:

$$\begin{cases} t = \dfrac{z - m_z}{\sigma_z} \\ dz = \sigma_z dt \end{cases} \tag{7-6}$$

$$\begin{aligned} P_f &= \int_{-\infty}^{-\frac{m_z}{\sigma_z}} \frac{1}{\sqrt{2\pi}} \exp(-\frac{t^2}{2}) dt \\ &= 1 - \Phi(\frac{m_z}{\sigma_z}) \\ &= 1 - \Phi(\beta) \\ &= \Phi(-\beta) \end{aligned} \tag{7-7}$$

式中:Φ(·)——标准正态分布函数。

7.3.2 一次二阶矩理论

在工程结构可靠性分析中,抗力、恒载效应、汽车荷载效应等被作为随机变量处理,基于给定的概率分布,估算失效概率或者可靠指标,并采用均值与标准差作为主要统计参数,对设计表达式进行线性化处理的方法,即为一次二阶矩方法。根据对随机变量分布类型的处理方法,一次二阶矩方法又分为两种情况:

(1)假定各随机变量的分布类型为正态或对数正态分布,不考虑其实际分布情况,对结构或构件的可靠度进行解析计算,在分析时,使用泰勒级数在平均值处展开并忽略高阶项,称为中心点法;

(2)基于随机变量的实际分布情况,将非正态随机变量进行当量正态化处理,并在设计验算点处迭代计算结构运营可靠指标,即为验算点法。

中心点法计算简单,对可靠指标介于1.0～2.0之间的结构正常使用极限状态的可靠性分析较为适用,但该方法不考虑随机变量的实际分布,且对非线性的极限状态函数在均值处展开,忽略非线性项,计算误差较大。相比之下,验算点法不仅能够考虑随机变量的实际分布,且近年来经过 Lind[8] 等学者的发展完善,可以在工作量增加不多的情况下,实现对可靠指标高精度的迭代计算。本文在基于可靠度理论进行车辆限载研究时,将基于验算点法开展。

以极限状态方程 $Z = R - S = 0$ 为例,说明设计验算点的意义,R、S 均服从正态分布,对 R、S 进行标准化处理,其坐标转化如图 7-8 所示,R'、S' 均为标准正态随机变量,且与原随机变量的转换关系为:

$$\begin{cases} S = S'\sigma_S + m_S \\ R = R'\sigma_R + m_R \end{cases} \tag{7-8}$$

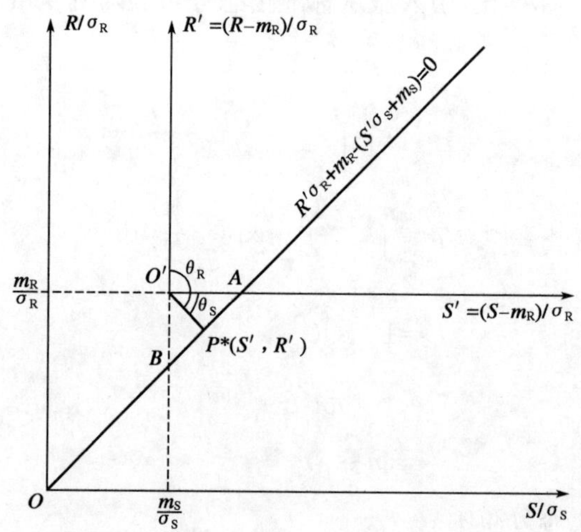

图 7-8　随机变量 R、S 标准化处理及坐标转换

将式(7-8)代入极限状态方程,得到:

$$R'\sigma_R - S'\sigma_S + m_R - m_S = 0 \tag{7-9}$$

将式(7-9)两边同除以 $-\sqrt{\sigma_R^2+\sigma_S^2}$,并进行变量替换:

$$S'\cos\theta_S + R'\cos\theta_R - \beta = 0 \tag{7-10}$$

其中:

$$\cos\theta_S = \frac{\sigma_S}{\sqrt{\sigma_R^2+\sigma_S^2}},\cos\theta_R = \frac{-\sigma_R}{\sqrt{\sigma_R^2+\sigma_S^2}},\beta = \frac{m_R - m_S}{\sqrt{\sigma_R^2+\sigma_S^2}} \tag{7-11}$$

结合图 7-8 中的示意,可知:β 为坐标原点 O' 到极限状态方程曲线的距离,垂足 P^* 即为设计验算点(验算点),$\cos\theta_S$、$\cos\theta_R$ 是向量 $O'P^*$ 对随机变量坐标轴的方向余弦,验算点法中结构可靠指标 β 的计算即可转化为寻找验算点的位置,并进一步计算向量 $O'P^*$ 的模。

在原坐标系中,使用方向余弦及 R、S 的统计参数表示 P^* 的坐标:

$$\begin{cases} S^* = \beta\cos\theta_S\sigma_S + m_S \\ R^* = \beta\cos\theta_R\sigma_R + m_R \end{cases} \tag{7-12}$$

基于以上分析可以发现:在已知随机变量统计参数的情况下,即可以确定验算点的位置,并求出 β。

同样的,以上分析流程也可应用于 3 个及更多随机变量所构成的极限状态方程,在此以极限状态方程 $Z=R-S-Q=0$ 为例,给出验算点坐标与随机变量统计参数之间的关系:

$$\begin{cases} R^* = \beta\cos\theta_R\sigma_R + m_R \\ S^* = \beta\cos\theta_S\sigma_S + m_S \\ Q^* = \beta\cos\theta_Q\sigma_Q + m_Q \end{cases} \tag{7-13}$$

$$\beta=\frac{m_{\mathrm{R}}-m_{\mathrm{S}}-m_{\mathrm{Q}}}{\sqrt{\sigma_{\mathrm{R}}^{2}+\sigma_{\mathrm{S}}^{2}+\sigma_{\mathrm{Q}}^{2}}} \tag{7-14}$$

7.3.3 验算点法对非正态随机变量的处理

考虑随机变量的实际分布是验算点法的优势之一，在工程中，结构的抗力、恒载效应、活荷载效应往往服从非正态分布，例如：对数正态分布、极值-I 型分布等。在使用验算点法计算 β 时，可通过当量正态化方法将非正态随机变量转化为与之相对应的正态分布，Rackwitz-Fiessler 法（RF 法）是国际安全度联合委员会推荐的方法，本文的研究中将借鉴 RF 法进行当量正态化转换的原则，对所涉及的非正态随机变量进行处理。

RF 法对非正态随机变量（X）进行当量正态化转换的原则为：

（1）在验算点处，当量正态变量（X'）的概率分布函数值与原随机变量的概率分布函数值相等；

（2）在验算点处，当量正态变量的概率密度函数值与原随机变量的概率密度函数值相等。

由 $F_{X'}(x^*)=F_X(x^*)$，得：

$$m_{X'}=x^*-\Phi^{-1}[F_X(x^*)]\sigma_{X'} \tag{7-15}$$

由 $f_{X'}(x^*)=f_X(x^*)$，得：

$$\sigma_{X'}=\frac{\phi[\Phi^{-1}F_X(x^*)]}{f_X(x^*)} \tag{7-16}$$

作为一种典型情况，当 X 服从对数正态分布时，$Y=\ln X$ 服从正态分布，记 X 的均值与变异系数分别为 m_X、V_X，其当量正态变量的均值与标准差分别为：

$$m_{X'}=x^*\left(1-\ln x^*+\ln\frac{m_X}{\sqrt{1+(V_X)^2}}\right) \tag{7-17}$$

$$\sigma_{X'}=x^*\sqrt{\ln[1+(V_X)^2]} \tag{7-18}$$

7.4 基于可靠度理论的车辆限载

7.4.1 关键问题处理

基于可靠度理论的中小跨径桥梁车辆限载，首先，须构造合理的极限状态方程，并确定其中主要随机变量的分布类型及分布参数；其次，基于选定的目标可靠指标反向迭代对应的汽车荷载效应分布，并确定荷载效应阈值。中小跨径桥梁是以承弯为主的结构，抗弯强度为结构强度安全的控制因素，选择正弯矩效应为内力控制因素进行分析。

(1)极限状态方程构建及参数处理：对于简支体系的桥梁，极限状态方程中仅考虑抗力、恒载效应与汽车荷载效应，对于连续箱梁桥尚应考虑其他可变荷载效应及钢束次内力等的影响。在分析时，将结构抗力、恒载效应、汽车荷载效应处理为随机变量，而超静定结构的温度效应等作为常量，结构的极限状态方程如式(7-19)：

$$Z = R - G - Q - m \tag{7-19}$$

式中：R、G、Q、m——分别为结构抗力、恒载效应、汽车荷载效应及其他可变荷载效应。

(2)抗力、恒载效应分布类型及分布参数：将抗力与恒载效应作为随机变量进行处理时，由于样本获取难度较大，国内外相关的研究成果相对匮乏。根据李扬海等[9]的研究，结构关键截面的抗力可按照服从对数正态分布的随机变量处理，恒载效应作为正态分布随机变量，其分布参数见表 7-2。

抗力、恒载效应分布类型及分布参数 表 7-2

随机变量	分布类型	均值/标准值(K)	变异系数(δ)
R	对数正态	1.226 2	0.141 4
G	正态分布	1.014 8	0.043 1

(3)汽车荷载效应分布类型与分布参数：汽车荷载效应在实际中往往服从非正态分布，可通过当量正态化方法得到其当量正态化随机变量，本研究使用其当量正态变量进行分析，并根据其分布参数确定车辆限载的正弯矩效应阈值。分析时，将汽车荷载效应分布的均值作为未知量，通过计算实际汽车荷载效应的变异系数，对均值进行迭代计算。

(4)正弯矩效应阈值确定：根据李文杰等[10]的研究，即使在严格管控的情况下，超载运输的现象仍然无法杜绝，合理的限载标准的制定，应使得限载之后的实际车辆荷载效应分布的主峰值位于限载标准附近，且该分布的变异系数应尽可能的小，即正弯矩效应阈值的选择，并非严格要求所有车辆所产生的荷载效应小于该值，而是实际车辆荷载效应的宏观分布应与目标可靠指标所对应的正弯矩效应分布尽可能接近。在此，取目标可靠指标所对应正弯矩效应分布的均值作为正弯矩效应阈值。

7.4.2 汽车荷载效应变异性分析

不同地区由于经济发展程度、公路运输功能及车型组成等的差异，汽车荷载效应概率分布特性及荷载效应变异性差别较大。为分析汽车荷载效应变异性对荷载效应阈值的影响程度，分别迭代计算变异系数为 0.2、0.3、0.4、0.5、0.6、0.7 时，RC6m 板桥各目标可靠指标所对应的正弯矩效应阈值，其结果如图 7-9 所示。由图可知：随着变异系数的增大，正弯矩效应阀值明显下降，变异系数的确定对荷载效应阈值的影响不可忽略。

李扬海等[9]基于 20 世纪 90 年代的车流数据对汽车荷载效应的变异系数(δ)进行了研

究,其研究结果显示:一般运行状态车流的正弯矩效应变异系数为0.2526,密集运行状态为0.1205;进入21世纪,李文杰[10]基于大量WIM数据,分析了简支梁、连续梁在一般运行状态与密集运行状态下汽车荷载效应分布的变异系数,其结果表明:对于一般运行状态下的简支梁桥,变异系数均超过了1.0,而对于密集运行状态下的简支梁桥变异系数在0.6上下浮动。

在此,基于实测车辆荷载数据对不同交通流特性下汽车荷载效应的变异系数进行研究,并确定各地区限载控制桥梁的正弯矩效应变异系数。小轿车对结构所产生的荷载效应较小但数量庞大,剔除WIM数据中的小轿车数据,仅保留卡车数据对汽车荷载效应变异系数进行研究。图7-10、图7-11分别为3个路段的载货车车型组成及车质量分布情况,由图可知:3个路段载货车车型组成差异较大,G104国道与沪陕高速均以3轴、4轴载货车为主,而宣大高速载货车组成中以6轴载货车为主;3个路段载货车车质量均呈现多峰分布,主要由于载货车种类多样及装载状态不统一。

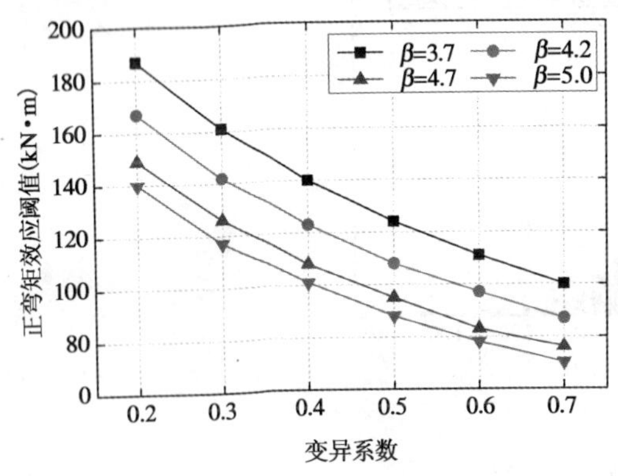

图7-9 变异系数对RC6m板桥正弯矩效应阈值的影响程度分析

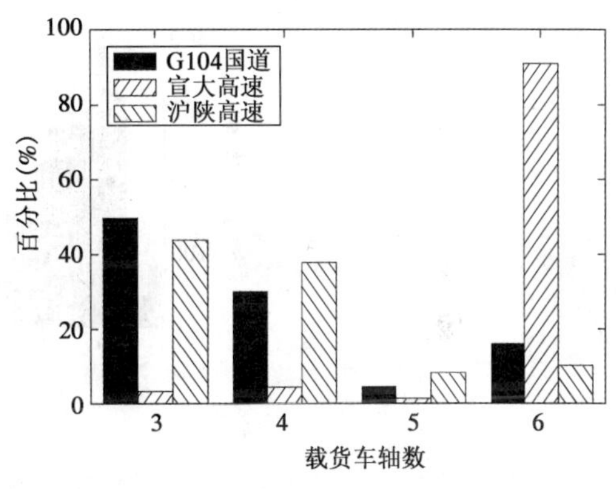

图7-10 载货车轴数百分比

基于3个路段实测载货车荷载数据对跨径为6~50m的虚拟简支梁进行正弯矩效应影响线加载,并计算正弯矩效应变异系数,结果如图7-12所示。由图7-12可知:随着跨径的增大,不同交通荷载特性所对应正弯矩效应变异系数变化规律不同,但其变化幅度整体较小。国内其他学者针对变异系数的研究成果同样差异较大,主要由于变异系数受各地区汽车荷载水平、车型组成、桥梁跨径等因素影响较大。在当前阶段,试图寻找一个普遍适用的变异系数几乎是不可能的,但可基于大量数据的计算分析,对变异系数的分布范围进行大致确定。

7.4.3 汽车荷载效应阈值计算

基于G104国道、宣大高速及沪陕高速正弯矩效应变异系数的分析结果,确定3个地区所对应控制桥梁活载效应变异系数,见表7-3。根据验算点法迭代分析过程及建立的极限状态方程,使用MATLAB编制迭代分析程序计算各目标可靠指标所对应的正弯矩效应阈值，其结果如图 7-13 所示。可见，随着目标可靠指标的增大，各控制桥梁所对应正弯矩效应阈值近似呈现线性递减的趋势。

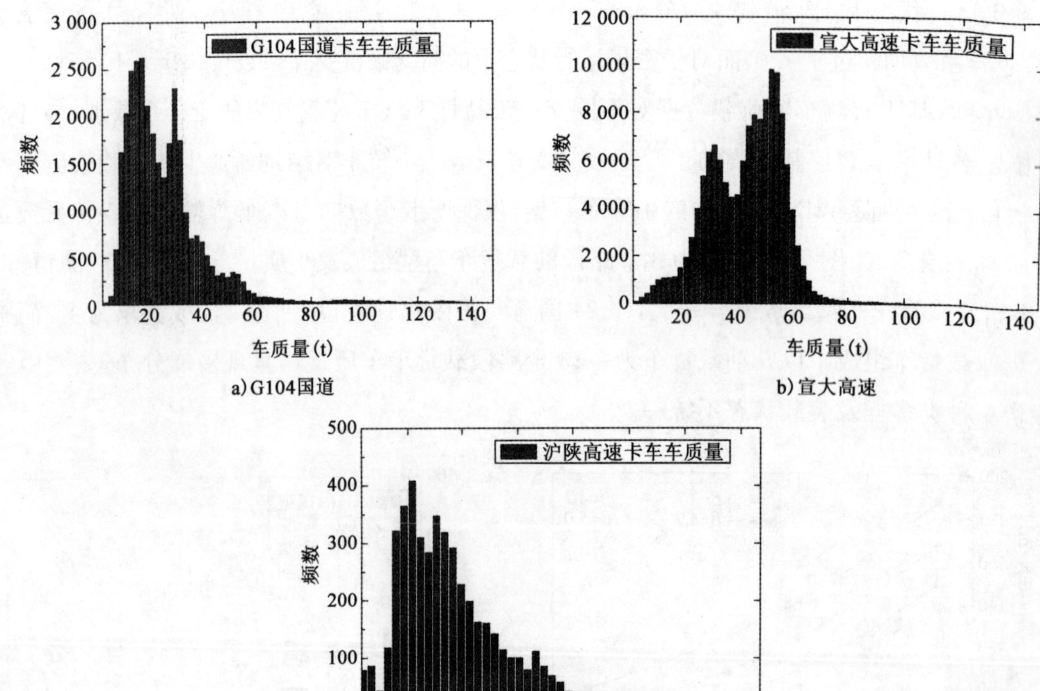

a) G104国道

b) 宜大高速

c) 沪陕高速

图 7-11　实测载货车质量分布

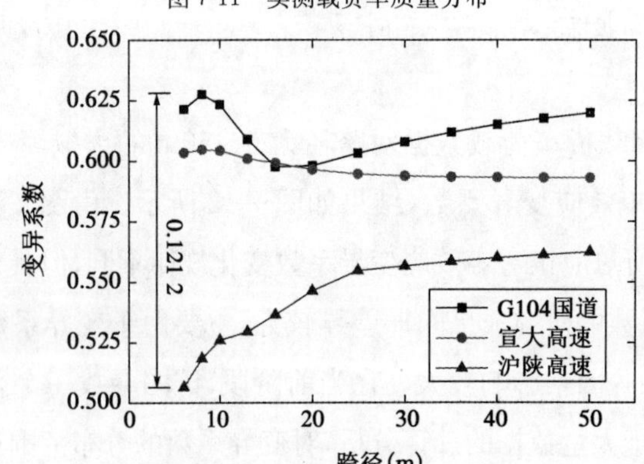

图 7-12　不同交通流特性正弯矩效应变异系数随跨径变化规律

控制桥梁正弯矩效应变异系数　表 7-3

桥　型	G104 国 道	宜 大 高 速	沪 陕 高 速
RC6m 板桥	0.621 4	0.603 5	0.506 4
PC10m 板桥	0.623 4	0.604 4	0.526 0
4×20m 箱梁	0.604 5	0.597 7	0.543 8

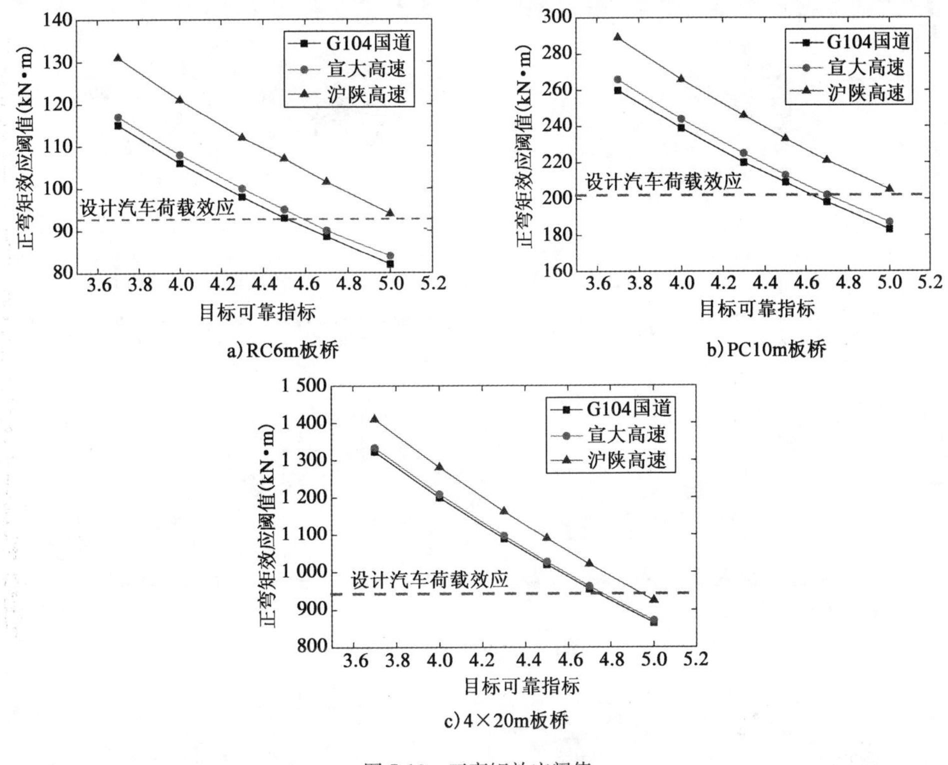

图 7-13　正弯矩效应阈值

7.4.4　各车型限载质量计算及结果分析

根据计算得到的正弯矩效应阈值，使用 BDANS 对各车型在各目标可靠指标下的限载车质量进行搜索计算。图 7-14a)、图 7-14b)分别为 PC10m 板桥对 3 轴载货车 V6 及 4 轴载货车 V10 的车质量搜索计算截图，图 7-14c)、图 7-14d)分别为 4×20m 连续箱梁桥对 5 轴货车 V14 及 6 轴载货车 V15 的车质量搜索计算截图。

不同地区各车型车辆限载分析结果如图 7-15 所示。从图中可以看出，随着目标可靠指标的增加，各地区各车型对应的限载车质量均逐渐下降。基于可靠度理论确定车辆限载标准时，应选择最佳的目标可靠指标，若目标可靠指标过高，对应的车辆限载质量过低，势必影响货物运输效率，反之，若选用过低的目标可靠指标，对应的车辆限载质量过高，将会给公路基础设施的安全运营埋下隐患。区域车辆限载标准的制定应充分结合本地区的实际情况，力求在货运效率与基础设施保护之间寻求最佳的平衡点。

在中国当前的载货车载重规制体系中，主要依据载货车轴数确定车辆限载质量。在国家治超标准的基础上，部分地区已经根据本地区具体情况制定了区域车辆限载标准。为分析区域荷载特性差异对车辆限载质量的影响，图 7-16 通过取同轴数车型限载质量的平均水平，给出了目标可靠指标为 4.7 时 3 个地区对 3 轴、4 轴、5 轴及 6 轴载货车限载分析结果。

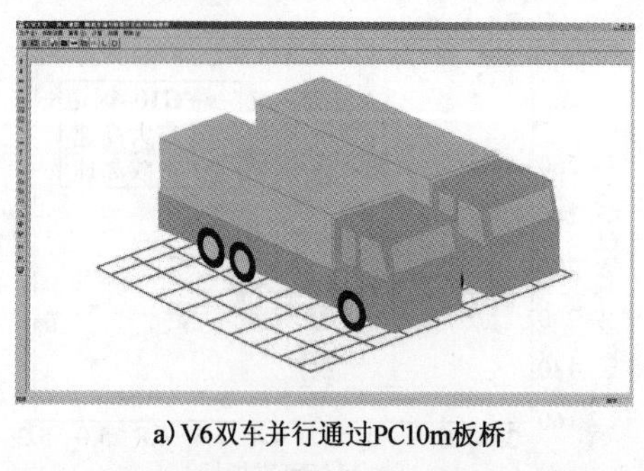

a) V6双车并行通过PC10m板桥

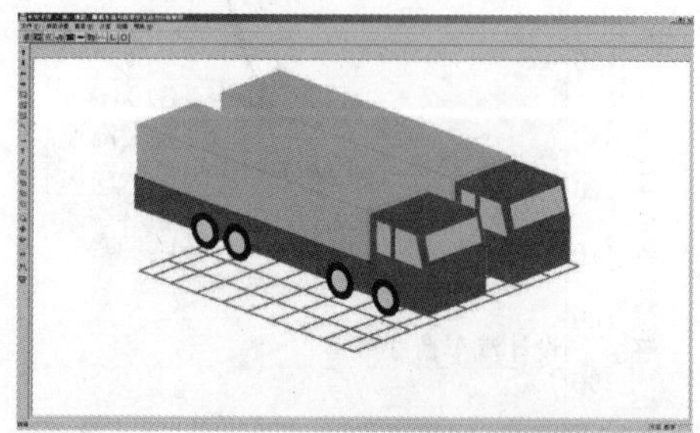

b) V10双车并行通过PC10m板桥

c) V14双车并行通过4×20m箱梁桥

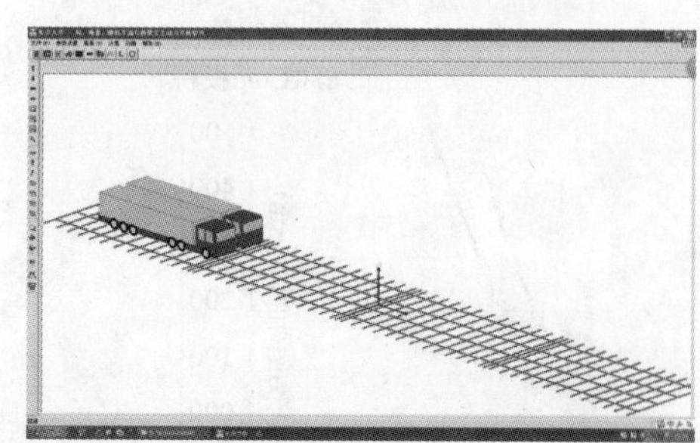

d) V15双车并行通过4×20m箱梁桥

图 7-14　车质量搜索计算截图

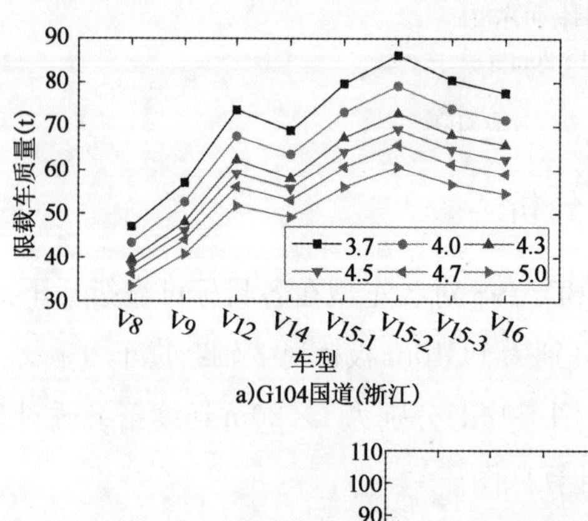

a)G104国道(浙江)

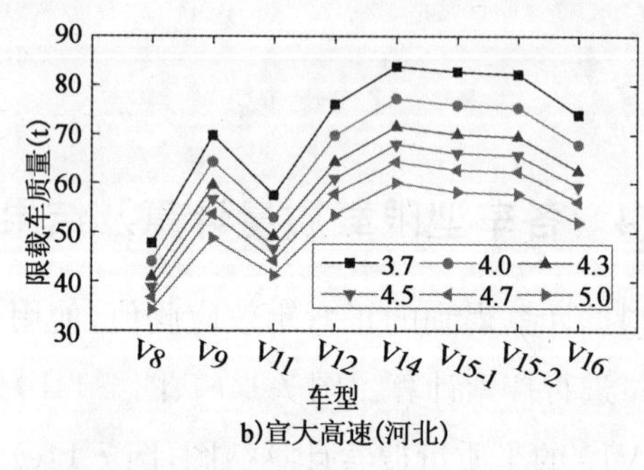

b)宣大高速(河北)

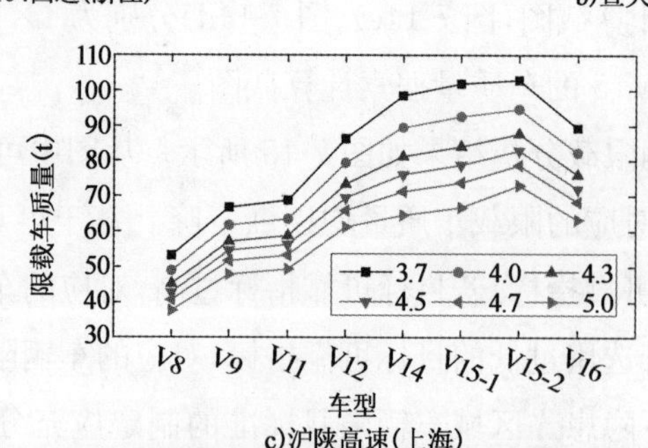

c)沪陕高速(上海)

图 7-15　不同地区各车型限载分析结果

由图 7-16可知,不同路段所对应同一轴数载货车的限载质量并不相同,其差距最高可达到10t 左右,所以不同地区由于区域荷载特性的差异,其车辆限载工作可以在国家治超标准的基础上制定最符合本地区实际情况的标准。然而在无特殊考虑的情况下,限载目标可靠指标应选择结构设计目标可靠指标或略高于该值的水平[11]。

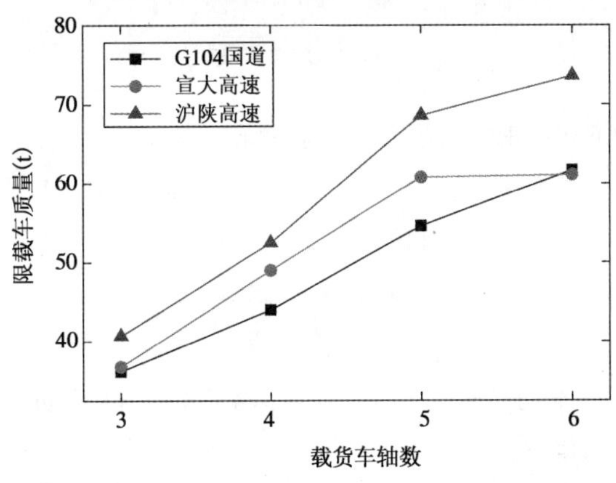

图 7-16　目标可靠指标 4.7 对应卡车质量

国家治超标准的颁布使各地区治超工作规范化、标准化，在较大程度上缓解了超载运输对基础设施的压力。为分析国家治超标准对中小跨径桥梁车辆限载的适用性，选择结构设计目标可靠指标 4.5 及更高水平目标可靠指标 4.7、5.0 对应的限载分析结果与国家治超标准进行对比，如图 7-17 所示。从图中可以看出，G104 国道、宣大高速目标可靠指标 4.5 所对应结果与国家治超标准比较接近，而其余结果均明显高于国家治超标准。可以认为，当前所采用的国家治超标准能够保证大部分地区中小跨径桥梁结构的整体受力安全。

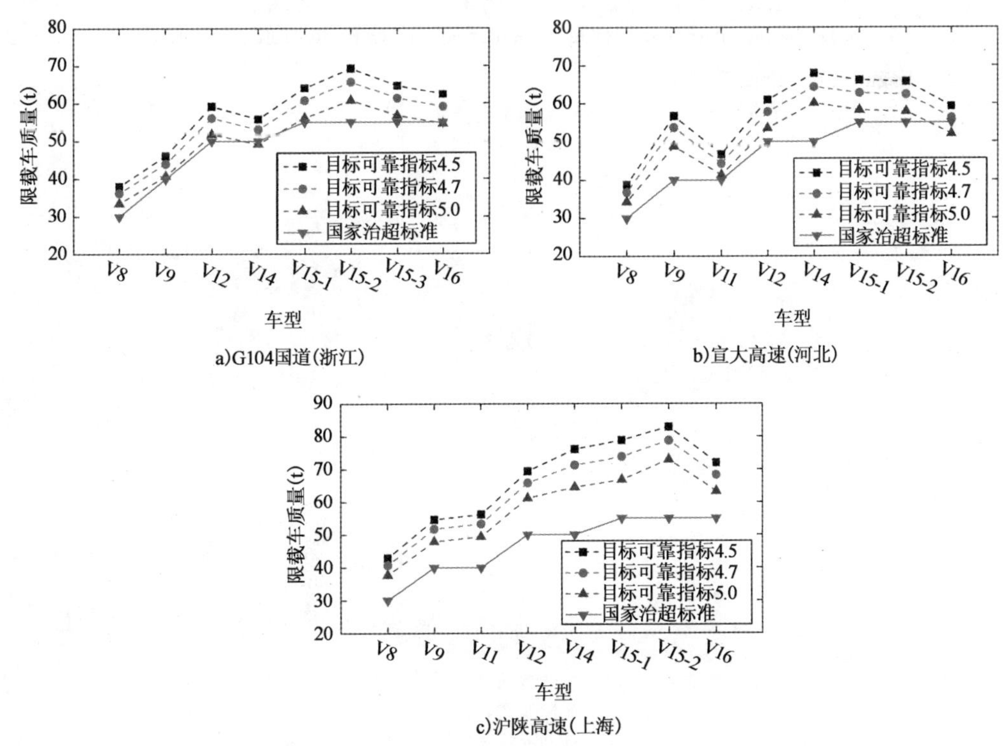

图 7-17　不同地区车辆限载分析结果与国家治超标准对比

本章参考文献

[1] 杭文. 公路货运车辆载重规制策略研究[D]. 南京:东南大学,2005.

[2] 陈荫三. 运用经济杠杆长效治理超载超限运输[J]. 中国公路学报,2001,17(02):94-99.

[3] 中华人民共和国交通部,中华人民共和国公安部,中华人民共和国国家发展和改革委员会. 超限超载车辆认定标准图解[EB/OL]. http://www. chinahighway. com/news/2004/79839. php. ,2004-08-24/2015-05-16.

[4] 中华人民共和国国家质量监督检验检疫总局,中国国家标准化管理委员会. GB 1589—2004 道路车辆外廓尺寸、轴荷及质量限值[S]. 北京:人民交通出版社,2004.

[5] 中华人民共和国住房和城乡建设部,中华人民共和国质量监督检验检疫总局. GB 50153—2008 工程结构可靠性设计统一标准[S]. 北京:人民交通出版社,2008.

[6] 赵国藩,曹居易,张宽权. 工程结构可靠度[M]. 北京:科学出版社,2011.

[7] Ржаницын,А. Р.. Строительная промышленность[M]. No8. 1947.

[8] Lind NC. Consistentpartial safety factors[J]. ASCE,1971,97(06),No. ST6.

[9] 李扬海,鲍卫刚,郭修武,等. 公路桥梁结构可靠度与概率极限状态设计[M]. 北京:人民交通出版社,1997.

[10] 李文杰. 公路桥梁车辆荷载研究[D]. 大连:大连理工大学,2009.

[11] Michel Ghson. Development of truck weight regulations using bridge reliability model[J]. Journal of Bridge Engineering,2000. 5:293-303.